高校图书馆读者服务与档案管理探索

王秀文　于丽娜　孙　悦　著

吉林科学技术出版社

图书在版编目（CIP）数据

高校图书馆读者服务与档案管理探索 / 王秀文, 于
丽娜, 孙悦著. -- 长春 : 吉林科学技术出版社, 2021.8
　ISBN 978-7-5578-8554-0

　Ⅰ.①高… Ⅱ.①王… ②于… ③孙… Ⅲ.①院校图
书馆 – 图书馆服务 – 研究②院校图书馆 – 档案管理 – 研究
Ⅳ.①G258.6

　中国版本图书馆CIP数据核字(2021)第159876号

高校图书馆读者服务与档案管理探索

著	王秀文　于丽娜　孙　悦
出 版 人	宛　霞
责任编辑	张伟泽
封面设计	刘　芸
制　　版	北京亚吉飞数码科技有限公司
幅面尺寸	185 mm × 260 mm　　1/16
字　　数	260千字
印　　张	12.125
印　　数	1—1500册
版　　次	2021 年 8 月第 1 版
印　　次	2022 年 5 月第 2 次印刷

出　　版	吉林科学技术出版社
发　　行	吉林科学技术出版社
地　　址	长春市净月区福祉大路 5788 号
邮　　编	130118
发行部传真/电话	0431-81629529　81629530　81629531
	81629532　81629533　81629534
储运部电话	0431-86059116
编辑部电话	0431-81629518
印　　刷	保定市铭泰达印刷有限公司

书　　号	ISBN 978-7-5578-8554-0
定　　价	75.00元

前 言 PREFACE

随着计算机技术的飞速发展，计算机在图书馆读者服务工作中得到了广泛应用，使得图书馆的服务内容、服务方式和服务手段都发生了天翻地覆的变化，这就要求图书馆员必须及时掌握新技术，不断进行知识更新，以便能为读者提供优质服务。因此，各高校图书馆都在利用一切条件对图书馆员进行岗位培训，促进图书馆员的知识结构优化和业务素质提高，以满足读者在新形势下的不同需求。

众所周知，读者需求是图书馆存在和发展的基础，没有读者需求，图书馆就没有了运行的动力，也就没有了本身发展壮大的理由；要提高图书馆馆藏的利用率，发挥文献在传递知识、交流情报中的价值，必须有一种读者服务的新观念：图书馆如果要想赢得读者，实现自身的社会价值，必须以读者需求为基础，把服务读者放在首位，并且要讲究服务效率，提高服务质量。简而言之，图书馆工作的成败、兴衰、存亡，均系于读者。古今中外的许多政治家、思想家、科学家和艺术家，都与图书馆有着深厚的感情，他们借助图书馆的丰富藏书，经过长期的自我充实提高，结合自己丰富的实践经验，取得了辉煌的成就，这从另一侧面证实了图书馆读者服务工作的重要性。

高校档案管理模式是组织管理高校档案的方式，档案管理模式涉及档案机构的组织领导、规章制度、管理内容和管理办法等众多方面，对高校档案工作地发展极其重要。目前，高校在教学、科研、建设等方面投入较大，重视程度较高，然而在档案管理工作上却参差不齐，部分学校档案工作问题不少，存在档案管理模式不清晰，管理过程不规范，管理手段落后，档案资源浪费等情况。特别是在信息时代背景下，大量的数字资源没有得到安全、可靠、有效的保管，直接阻碍档案工作地发展，影响数字化校园的实现。因此，结合时代发展的要求，需要创新高校档案管理模式，提高高校档案管理服务质量，保证数字信息实时保存，最大化开发档案信息的价值。随着信息时代的不断推进，高校档案管理逐步走上了数字化、规范化的信息建设道路。高校档案的信息化建设是国家引领的发展方向，更是其自身价值更完美体现的必经之路。

本书在编写过程中，曾参阅了相关的文献资料，在此谨向作者表示衷心的感谢。由于水平有限，书中内容难免存在不妥、疏漏之处，敬请广大读者批评指正，以便进一步修订和完善。

CONTENTS

目　录

第一章　读者服务工作概述 ·· 1

　　第一节 读者服务工作的内容 ······························ 1

　　第二节 读者服务工作的原则 ······························ 7

　　第三节 读者服务工作的发展 ····························· 11

第二章　高校图书馆读者服务创新的理论和实践 ·········· 15

　　第一节 相关理论 ·· 15

　　第二节 管理理念创新 ····································· 20

　　第三节 服务内容深化 ····································· 22

　　第四节 服务方式转变 ····································· 24

　　第五节 人力资源改革 ····································· 25

第三章　高校图书馆读者服务对象 ···························· 28

　　第一节 理论基础 ·· 28

　　第二节 高校图书馆读者的特点 ························· 32

　　第三节 高校图书馆读者的心理和行为探究 ·········· 36

　　第四节 高校图书馆读者的需求探究 ·················· 42

　　第五节 高校图书馆个性化服务 ························· 47

第四章　高校图书馆读者服务 ································· 54

　　第一节 高校图书馆服务创新 ·························· 54

　　第二节 高校图书馆服务社会化 ························· 57

　　第三节 创客理念与高校图书馆服务工作 ············· 60

　　第四节 高校图书馆面向信息弱势群体提供服务 ······ 64

　　第五节 高校图书馆与女性阅读服务 ·················· 68

　　第六节 高校图书馆与儿童阅读推广 ·················· 72

　　第七节 高校图书馆与思想政治教育 ·················· 76

第五章　新形势下图书馆读者服务工作 ······················ 80

第一节　图书馆读者服务工作影响因素及对策 ……………………… 80

第二节　图书馆拓展读者服务工作的新领域 ………………………… 84

第三节　微博使用下的图书馆读者服务策略 ………………………… 87

第四节　图书馆读者服务中读者意见处理机制 ……………………… 91

第五节　图书馆读者服务质量评价指标 ……………………………… 94

第六章　档案信息管理 ………………………………………………… 98

第一节　档案鉴定与收集 ……………………………………………… 98

第二节　档案信息资源开发 …………………………………………… 100

第三节　档案利用的方式 ……………………………………………… 103

第四节　档案实体管理的原则 ………………………………………… 107

第五节　档案信息化与档案数字化的关系 …………………………… 110

第七章　高校档案电子文件管理 ……………………………………… 115

第一节　电子文件的概念和特点 ……………………………………… 115

第二节　电子文件管理的目标和原则 ………………………………… 117

第三节　电子文件的形成与分类 ……………………………………… 119

第四节　电子文件的鉴定与归档 ……………………………………… 122

第五节　电子文件的保管 ……………………………………………… 127

第八章　高校档案的信息资源及其开发 ……………………………… 130

第一节　档案信息资源的定义 ………………………………………… 130

第二节　档案信息资源的组织和整合 ………………………………… 132

第三节　档案信息资源开发的意义与原则 …………………………… 139

第四节　档案信息资源开发的途径和要求 …………………………… 142

第五节　档案信息资源开发的障碍和措施 …………………………… 145

第九章　高校图档案信息管理的发展 ………………………………… 148

第一节　高校图书馆的信息共享与空间建设 ………………………… 148

第二节　图书馆的知识与服务 ………………………………………… 149

第三节　现在及未来发展的论述 ……………………………………… 160

第十章　信息时代高校档案信息管理与创新 ………………………… 162

第一节　高校档案信息管理现状 ……………………………………… 162

第二节　信息时代高校档案馆的发展 ………………………………… 167

第三节　信息时代高校档案信息管理的创新路径 …………………… 177

参考文献 ………………………………………………………………… 186

第一章 读者服务工作概述

在信息技术快速发展的今天，图书馆作为信息传递的重要场所，更多的是为读者提供快捷有效的服务。读者服务工作简称"读者工作"，就是组织读者进行利用图书馆资源的各项活动。读者工作是直接与读者接触的第一线工作，它在现代图书馆工作中占有极其重要的位置，既是图书馆文献交流系统的中间环节、社会宣传教育系统的组成部分，也是图书馆工作的外在表现。本章全面介绍了读者服务工作的相关内容，探索读者服务工作的发展历程和方向。

第一节 读者服务工作的内容

所谓"读者服务"工作，是指图书馆根据读者对文献的需求，充分利用图书馆资源直接向读者提供文献和信息的一系列活动，也称为"读者工作"或"图书馆服务它是一种特殊的服务，是利用图书馆资源所进行的文献服务，其目的就是通过开发利用图书馆的各项资源，为读者提供快捷有效的信息服务。它是整个图书馆工作中最活跃、最富有生命力的因素。读者服务工作的内容主要包括情报服务工作、参考咨询工作、文献借阅工作和增值服务工作。

一、情报服务工作

"图书情报工作"是图书馆工作和情报工作的统称。它将图书馆的文献管理功能与情报工作的文献、情报检索功能相结合，建立既有较高的收集、加工、管理文献水平，又有现代化服务手段和方式的图书情报系统。图书情报服务工作是图书情报工作的重要组成部分，是利用图书馆资源，以各种服务形式，为读者提供知识或情报的直接性服务，是图书馆通向社会的桥梁。

图书情报服务工作的内容，按其性质可分为组织读者和组织服务两个主要部分。组织读者和组织服务的工作十分复杂，所以图书情报服务工作的管理也应看作是图书情报服务工作的一个重要部分。

（一）组织读者

读者是图书情报服务的对象，是服务过程中最活跃并且经常变化的因素。组织读者、研究读者是开展图书情报服务工作的前提，是为读者服务的关键。由于读者的类型多样，他们对文献的需求也各不相同。组织读者的工作大体包括四项内容。

1. 划分读者的类型

划分读者的类型是为了掌握不同读者的阅读特点，以便更好地开展图书情报服务工作。

2. 研究读者的阅读规律

这是有针对性地开展图书情报服务工作的必要条件，其内容包括读者构成的成分特征、读者阅读的需求和阅读需求的动机，以及不同时期读者的需求特点、倾向、趋势等，并在此基础上研究读者的阅读规律。

3. 发展读者

即根据各图书馆的性质、任务，将适合本馆服务范围的人发展为读者，并进行登记。发展读者是组织读者的重要环节，是了解读者情况、研究读者动态、进行读者统计的重要依据。

4. 读者培训

发挥读者的能动因素，更有效地发挥情报服务作用，必须有目的、有计划地经常开展读者培训。读者培训的方法很多，主要有在校培训和在职培训两种。在校培训：我国很多高校开设了"文献检索与利用"课程，这是在校培训的典型形式。学生是潜在的情报用户。"文献检索与利用"课程的开设，具有深远的社会意义，是系统培训用户的开端。在职培训：各图书情报机构、学会、学术团队不定期举办"文献检索与利用"培训班、讲习班、短训班，以及"怎样利用图书馆，怎样利用文献"的专题讲座和专题展览，编辑读者培训用科普读物、读者指南、读者手册，开设计算机检索、联机检索培训班等，这些都是读者培训的有效方法。

（二）组织服务

组织服务是图书情报服务工作的中心环节，即利用文献资料开展各种读者活动。从服务的内容来看，包括阅览服务、个人和集体外借服务、馆际互借服务、邮寄借书服务、馆外流通服务、文献通报服务、书目服务、检索服务、咨询服务、情报调研服务、情报交流服务、编译服务、图书宣传服务等。从服务场所和服务设备的设置来看，包括馆内服务场所的设置、馆外流通场所及设备的设置、各种复制设备、视听设备、自动化设备的设置。从服务的方式来看，包括口头方式、文字方式、直观宣传方式。

（三）图书情报服务工作的管理

图书情报服务工作的管理，是指以有效地利用文献资料，发挥人力和设备的作用，加快文献资料的传递速度，提高阅读指导和服务的质量为主要目的的组织管理。其主要包括：图书外借处、阅览室编制藏书目录和相应的读者目录为读者服务；合理地组织人力和利用各种设备，最大限度地发挥人力物力作用；对服务效果进行分析评价，以寻求最佳的服务方案。

二、参考咨询工作

图书馆参考咨询工作属于读者服务工作的范畴，是图书馆重要的基础业务工作之一，旨在充分挖掘图书馆馆藏文献信息的最大潜能，使之有效地为科技转化为生产力服务。因此，与一般的阅览服务相比，参考咨询工作在满足读者（或社会）对文献的需求方面要深入和广泛得多。也就是说，参考咨询工作是图书馆工作中最能发挥文献作用的一项工作，其服务的针对性和有效性都比较强，图书馆是否开展参考咨询工作和参考咨询工作的能力与水平高低，是衡量它的读者服务能力与服务质量的重要标志。

什么是参考咨询工作？目前国内外尚无统一的说法。一般认为，参考咨询工作是针对读者的特定需求，有计划地组织相关文献，并通过一定的方式向读者提供具体的文献、文献知识或文献检索途径的一项服务工作。因此，参考咨询工作的实质是协助读者解决工作、学习中的疑难问题，负有教育及传播知识的责任。

（一）参考咨询工作的内容

参考咨询工作的内容十分丰富，大致包括如下五方面内容：

1. 文献调查工作

通常是针对参考咨询工作的具体对象的需求调查与之相关的文献。

2. 书目工作

这是参考咨询工作的核心，主要形式是针对科研生产课题编制二次文献，为读者检索所需文献资料提供工具。不同类型的图书馆，其书目工作的要求、原则、方法有所不同。

3. 参考工作

该工作是直接报道信息、提供情报的工作。其一般有三种方式，一是编写三次文献，二是进行专题文献报道和文献述评，三是编制参考工具书。

4. 文献检索工作

文献检索工作是参考咨询工作的一个重要内容。大范围的文献检索工作可以利用国际文献库和联机检索方式获得世界各国的最新文献资料。目前，一般图书馆只能完成国内中文文献资料的检索工作。

5. 文献提供工作

参考咨询工作中文献提供工作的服务对象是图书馆的重点读者，提供给他们的文献内容、类型、数量等，都比提供给一般读者的要多，大型图书馆甚至还可以提供古籍善本为重点读者服务。

（二）参考咨询工作的特点

概括来说，参考咨询工作的特点主要有：一是参考咨询工作是随着图书馆的发展而逐渐形成的，是与图书馆其他工作既相互联系又相对独立的一项工作。二是参考咨询工作是图书馆最能发挥文献作用的一项工作，因此，不论采用何种形式，其目的都是充分挖掘馆藏书刊文献资料的潜力，使其有效地为科研、生产服务。三是参考咨询工作是图书馆现代化的标志之一，在发挥图书馆情报职能方面，应义不容辞地担负起责任，不仅发挥本馆藏书的作用，而且帮助读者了解广阔的情报源。四是参考咨询工作的方式方法非常灵活并富有弹性，各类型图书馆应根据自身的具体条件，以发挥馆藏的特长为着眼点开展工作。五是图书馆的参考咨询工作有情报化的趋势，它可以成为专门承担情报职能的一种工作。因此,图书馆必须有一支既懂图书情报理论又有专业知识的参考咨询队伍,即参考咨询工作要求图书馆馆员的业务素质更加全面。

（三）参考咨询工作的方式

参考咨询工作的方式,主要有以下内容:一是解答咨询。二是编制书目索引。三是定题服务。即针对某个特定课题,系统检索文献资料,主动提供对口文献情报的一种服务方式。图书馆可指派有经验的或与该课题有关的专业人员负责,或由一小组负责完成。四是专题文献研究。参考咨询工作人员研究的对象,不是学科的具体课题,而是某学科或某专题的文献资料。五是书刊展览。实质是专题文献展览,一般有三种形式,第一是专题工具书展览,第二是专题研究资料展览,第三是围绕某个学术讨论会,组织相关书刊而举行的临时展览。六是累积资料。这是一项日常或基础工作,有两种形式,一是有计划有步骤地集体收集有关资料,二是工作人员随手收集自己分工负责的学科范围内的资料。

三、文献借阅工作

文献借阅工作也是读者服务的一个重要环节,主要包括文献外借服务和文献阅览服务两个部分。

（一）文献外借服务

"自由安排,独立使用"是文献外借服务十分突出的特点,但文献外借服务也有局限性,它不能满足读者的全部阅读需求。有些文献借不到,有些文献规定不能外借;能外借的文献,往往又有借阅范围、品种、册数和借阅时间的限制。因此,图书馆读者服务工作者在充分发挥文献外借服务功能的同时,还要采用其他服务方法,最大限度地满足读者的阅读需求。

根据服务对象、文献来源、外借方式等方面的差别,文献外借服务主要有下列六种形式:

1. 个人外借

个人外借是图书馆为读者服务的最基本的方式。读者可以凭图书馆发放的借书证,以个人读者的身份在图书馆内设置的借书处外借馆藏文献。按照读者外借文献的需求和馆藏文献的种类以及读者成分的不同,图书馆可以分别设置功能不同的借书处,用于满足读者的不同需求。个人外借是图书馆文献流通数量最大的外借方式。

2. 集体外借

集体外借是图书馆为群体读者服务的方式。按照图书馆的规定办理集体借书证,由专人负责,代表小组成员或单位读者向图书馆借书处集体外借批量文献,以满足集体读者和单位读者共同的阅读需求。集体外借与个人外借不同,集体外借一次外借的文献品种多、数量大、周期长,在借阅周期内,读者可以自由地交换、调阅自己所需要的文献,从而减少了个人往返图书馆外借文献的时间。这种服务方式在方便读者、满足读者阅读需求的同时,还有利于图书馆合理分配有限的文献,缓和供求矛盾,节省接待读者的时间。

因此，这种方式被公共图书馆、学校图书馆、科学专业图书馆普遍使用。

3. 馆际互借

馆际互借也是一种外借方式，是图书馆为了满足读者的阅读需求，帮助读者从其他图书馆借阅文献的一种服务方式。为了解决馆藏无法满足读者特殊阅读需求的问题，图书馆之间、图书馆与文献情报部门之间，往往直接建立馆藏互借关系，通过邮寄或直接外借等方式，为读者间接借阅所需文献。这种外借服务方式不仅适用于本地区图书馆之间、图书馆与文献情报部门之间，同时还适用于国内图书馆之间甚至国际图书馆之间或国际图书馆与文献情报部门之间。因此，这种方式在变馆藏为地区之藏、国家之藏，以至世界之藏，实现资源共享的同时，也打破了读者利用图书馆文献的空间界限。

4. 馆外流通借书

馆外流通借书是通过馆外流通站、流动服务车等手段，将馆藏文献送到读者（用户）身边，开展借阅活动的一种服务方式。馆外流通借书扩大了文献流通的范围，方便了不能直接到馆内借阅文献的读者，密切了图书馆与读者的联系，满足了读者阅读文献的迫切需求。目前，馆外流通借书已经成为许多图书馆主动为读者服务的重要方式之一。

5. 预约借书

预约借书指的是读者向图书馆预约登记自己所需的文献，所需文献入藏或别的读者将文献归还图书馆后，即按照预约登记的先后顺序，通知读者到图书馆办理借阅手续的一种外借服务方式。这种方式在满足读者的借阅需求、方便读者的同时，也降低了文献"拒借率"，提高了馆藏文献的利用率。

6. 邮寄借书

邮寄借书是一种通过邮政运输的手段，将读者所需文献邮寄给读者的服务方式。这种方式的服务对象可以是个人读者，也可以是集体读者或单位读者。开展邮寄借书，为远离图书馆且急需借阅文献的读者（用户）提供了一种行之有效的服务方式。

（二）文献阅览服务

文献阅览服务指的是图书馆利用一定的空间设施，组织读者到图书馆阅读馆藏文献的服务方法，文献阅览服务方式主要有以下四种：

1. 闭架阅览方式

闭架阅览方式，指的是图书馆不允许读者进入书库在书架上自由挑选所需文献，而必须通过图书馆馆员提取图书才能借阅馆藏文献的一种阅览服务方式。在这种阅览服务方式下，读者可以进入阅览室，但不允许进入书库提取所需文献。读者所需文献，只能由阅览室的服务人员代取。因此，读者需要某种文献时，必须按照阅览室的规定，通过查阅目录，填写借书单，由服务人员到书库凭单取书，办理借阅手续后，才能阅读使用。

2. 开架阅览方式

开架阅览方式指的是图书馆允许读者进入阅览室或书库，并在书架上自由挑选、取阅文献的一种阅览服务方式。在这种阅览服务方式下，读者具有高度的自主权。首先，读者进入阅览室或阅览室的辅助书库时，没有任何限制；其次，读者可以在书架上随意挑选文献，取阅文献。因此，这种阅览服务方式深受读者的欢迎，也是现代图书馆服务方式发展的一种趋势。目前，这种开架阅览的方式已被越来越多的图书馆所采用。不过许多开架阅览室为了防止书架被翻乱，要求读者使用代书板。

3. 半开架阅览方式

半开架阅览方式指的是图书馆利用陈列展览的形式，将部分流通量大的文献或最新入藏文献安放在特制的可视书架上，读者可以看到书脊或封面上的有关内容，进行浏览挑选，并通过服务人员提取借阅的一种阅览服务方式。这种阅览服务方式，有人称之为"亮架"制半开架阅览方式，与闭架阅览方式相比，其对读者的开放程度相对高一些。读者在挑选借阅文献时，起码可以亲眼看到文献，不至于盲目填单借阅。

4. 三结合阅览方式

三结合阅览方式指的是在图书馆为读者提供阅览服务时，同时采用开架、半开架和闭架的阅览服务方式。采用这种服务方式的一般做法是：根据馆藏文献的复本多少、新旧程度、参考价值和读者需求等方面的情况，将一部分文献公开陈列在阅览室内，供读者随意阅览；一部分文献陈列在半开架书架上，由服务人员帮助借阅；一部分文献收藏在书库之中，读者查找目录后，通过服务人员办理借阅手续在阅览室内阅读。

四、增值服务工作

在信息时代，图书馆的信息服务必须适应时代的发展要求，逐步从以简单信息服务为重点，转向以信息增值服务为重点。图书馆的组织结构、运作机制、人员结构以及管理模式，也将为顺应信息增值服务工作的发展而做出相应改变。以下提出四种图书馆信息增值服务工作模式。

（一）个性化全程服务模式

个性化全程服务模式就是给读者提供个性化的、全程的服务，并且在服务过程中与读者不断沟通互动的信息增值服务。目前，读者对信息增值服务要求越来越高，已不再满足于一般性的信息服务，而要求图书馆提供解决方案或者高度加工处理后的精品信息。这要求将分散在某个领域或者相关几个领域中的专业知识，加以集成，从中提炼出对读者的研究、发展、开发与创新有用的增值信息或者解决方案。这些服务凝结了馆员的智慧、心力、经验、专业知识，是高层次的信息服务。它要求信息增值服务的工作人员全身心地投入整个服务过程，既要了解问题的解决过程，又要分析读者的需求。

（二）团队服务模式

由于信息增值服务往往是提供解决方案的服务，并且不同读者的专业领域各不相同，甚至有的读者涉及几个不同的专业领域，因此，它对图书馆馆员的知识和能力的要求很高。为了提高服务效率和服务质量，往往需要依靠多方面的人员组成团队来组织和开展服务。首先，整个信息增值服务部门必须有合理的人才结构，可以考虑将资源开发、信息组织、读者教育、信息技术、信息咨询、市场营销和经营管理等方面的人员组成一个大的团队，尤其要吸纳一些具备专业知识的信息咨询专家，提高整个团队的竞争力。其次，针对用户需求进行分类，组成相应的项目组团队，每个项目组也应该有合理的人员结构，既要有熟悉该领域的专家，也要有基础工作人员。

（三）集成化信息服务模式

集成化信息服务模式表现为以图书馆信息资源共享的广泛集成为中心，把计算机、通信、网络和多媒体技术集成到图书馆信息服务中，为有条件的图书馆通过 HTML、XML 和 PHP、JSP 等动态 Web 技术、因特网和开放 IP 地址，将全球的 Web 数据库、学术期刊、商务信息等数字化资源，集成到图书馆主页，供读者使用，利用智能检索、远程提交、下载、BBS 和 WebForm 等为读者提供新型信息服务。这种融传统与现代于一身、集技术与资源为一体的新型服务模式就是全方位、多层次、多角度的多元一体化服务模式。在图书馆集成化信息服务过程中，建立信息网站、开发特色专题数据库、学科导航数据库等。现代的读者需求将越来越复杂，无论是对一、二、三次文献的需求，还是对纸质、电子、声像等静动态信息的需求，都需要图书馆根据读者需求相应地提供检索、文献保障、研究分析、发展预测等全方位的集成化信息服务。

（四）专业化网上服务模式

建立专业化信息数据库和个性化数字图书馆，利用专业化的网上服务界面和网上资源，向专业读者提供个性化服务。专业化的网上服务界面，主要是依靠建立专业网站或数字图书馆，定期动态报道专业化信息资源的最新情况、专业领域的技术动态，为专业读者提供及时的、易接近的专业信息获取窗口。提供专业化的网上资源则要求对专业进行分类和开辟专业搜索渠道，或按照不同专业的具体方向，自行组织和细分数字化资源。

第二节 读者服务工作的原则

一、以人为本原则

从哲学的角度看，所谓"以人为本"，简单地讲就是正确认识和处理人与其他生产要素的辩证关系，重视人的智能、创造力及其主导、能动和决定作用，将人作为"活力源"而形成的关于人的科学理念。

从认识论的角度看，"以人为本"符合辩证唯物主义的认识论。对于图书馆而言，人、时、物、文献管理、信息开发、读者服务等内容纵然千头万绪，但这一切是受人的统帅和支配的，是通过人的工作和劳动去实现的。因此，在人与物的矛盾中，人总是起主导作用的，是矛盾的主要方面。

在读者服务工作中，坚持"以人为本"，指的是在读者服务工作中，不管何时何地，都要"以读者为中心"，要把"为一切读者服务""一切为了读者""满足读者的一切合理需求"作为图书馆读者服务工作的出发点和最终目标。

在图书馆读者工作的内部管理中，坚持"以人为本"的管理思想，重视提高图书馆工作人员的思想文化素质和业务水平，增强他们的向心力和凝聚力，他们工作起来就会有干劲、有热情，读者就能从中受益，图书馆也将因此而成为读者满意的图书馆。

二、充分服务原则

所谓"充分服务"，就是要求读者服务工作人员，全面开发利用图书馆资源，最大限度地满足读者需求，充分发挥图书馆为社会主义物质文明和精神文明服务的职能。图书馆资源是社会共同的财富，每个社会公民都享有充分利用的平等权利，而且文献资源又是一种软资源，它与其他的物质资源有着明显的不同，其最显著的特点就是必须在应用中实现其自身的价值，如不及时应用，则很可能失去其存在的生命力。因而，它是一种活资源。文献信息的使用频率越高，其社会价值就越大，所发挥的作用也越大。因此，充分服务是图书馆事业发展的必然趋势，是社会对读者服务工作的客观要求。

要做到充分服务，必须做到以下几点：

首先，要扩大读者服务范围，提高文献利用的普及率。图书馆是社会文献信息传播与交流的机构，各类型的图书馆除了向本单位、本系统读者提供服务外，还应该向社会开放，为所有的社会成员服务，以扩大文献信息利用的覆盖面，尤其是在市场经济条件下，要采用多种方式，运用公关艺术，尽量扩大读者范围，增加读者数量，提高文献信息利用的普及率。

其次，要做好图书馆资源的开发、利用和宣传报道工作。广泛、深入地揭示、宣传、报道文献信息，是读者服务工作多层次、多途径开发利用图书馆资源的有效措施。图书馆应加强文献信息的开发利用与宣传报道工作，从大量的文献中开发出符合现实需要的、有用的、重要的文献信息。并及时让读者了解文献信息的收藏及开发利用情况，吸引更多的读者利用图书馆资源，把"静态"的文献内容变为动态的、多方面的、多层次的知识信息，从而把图书馆这座知识的宝库，变为人人都能利用的"知识喷泉"。

最后，要注重读者需求的发展与变化。读者需求是读者服务工作的原动力，充分服务原则的基本出发点，就是要挖掘一切潜力，调动一切因素，千方百计地满足读者需求。因此，读者服务必须注重读者需求的发展与变化，尤其是要注重在充分满足读者现实的文献需求基础上，激发读者的潜在需求（包括现实读者未表达出来的文献需求和潜在读者的文献需求）。目前，我国图书馆在读者服务过程中，往往比较注重读者的现实需求而忽略了读者的潜在需求，有的在不了解读者需求变化的情况下闭门造车，生产出一些针对性不强、质量不高、实用性不大的信息产品，造成了图书馆资源的浪费。由于图书馆和读者之间缺乏沟通和了解，许多读者有文献需求但不知去何处满足，而图书馆丰富的资源又无人问津。要改变这种状况，就要深入社会各阶层、深入读者，及时了解和掌握读者需求的发展与变化，并不失时机地向社会各界大力宣传图书馆的社会职能，包括读者文献需求服务的内容和功能、人才、技术、力量、业务范围等，在图书馆与读者之间搭起一座文献信息的供需桥梁，源源不断地向读者输送丰富的知识和信息，从而使大量的、潜在的读者转化为图书馆的现实读者，使读者潜在的文献信息需求转化为现实需求，并以最大的努力来满足读者的这些需求。

三、区分服务原则

区分服务就是要求读者服务人员根据读者的不同需求特点，采取不同的服务方式，提供不同内容、不同范围、不同层次的文献信息。它是由图书馆服务机构的性质、任务和服务方式的多种功能所决定的，是由多层次、多级别的藏书结构与读者结构决定的，也是由图书馆的各项社会职能决定的。

首先，图书馆根据读者的需求和藏书的使用特点，分别设置了具有各种不同功能的部门和机构，如借阅流通部门、参考咨询部门及宣传输导部门等，各个部门按职责分工分别开展多种方式的服务活动，如外借服务、阅览服务、复制服务、咨询服务、检索服务、定题服务、情报服务等。这些多种功能的服务机构和服务方式，决定了读者服务工作的存在方式，必须按照各种机构和部门自身运作的客观规律提供服务。

其次，图书馆的文献资源体系，是一个多级别、多层次的动态结构。不同的内容范围、不同的载体形式、不同的使用方式，组成了动态的文献资源体系。同时，图书馆的读者类型及其需求特点，也是一个多层次、多级别的动态体系结构；不同职业、不同年龄、不同文化程度、不同兴趣爱好以及不同使用权限的读者群，对图书馆的需求也是多级别的体系结构并不断发展变化。图书馆的文献资源体系和读者文献需求体系是相互对应、相互依赖的关系。读者服务工作应当对不同读者分别进行组织，提供不同的服务，这样才能使图书馆资源在区分中保持平衡发展，藏以致用，各得其所。

最后，图书馆是一个有机的整体，其各项社会职能在整体活动的有机联系中，因其固有特点而相互区别。各项社会职能本身的层次结构及功能效果，具有不同的目的和要求，需要采用不同的服务内容和服务方式来实现图书馆的社会教育职能。图书馆的社会教育职能必须根据社会的一般教育、专业教育、思想教育、技术教育、综合教育的不同内容，来分别组织利用文献资源，才能收到应有的教育效果。图书馆的文献信息传递职能，其内容涉及科学研究的各个领域，故本身就需要区分服务；图书馆的文化生活职能，要满足读者不同的兴趣、爱好，也必须贯彻区分服务的原则。

四、科学服务原则

科学服务原则，就是遵循图书馆工作的客观规律，按照科学的思想、科学的态度、科学的方法和科学的管理措施，组织读者服务工作。

科学服务原则，是指在读者服务工作及其研究中，要具有整体性和全局性的思想观念。在具体工作中，要学会用全面的、联系的、发展的观点认识问题。图书馆的读者服务工作与图书馆其他方面的工作存在千丝万缕的联系，经常会产生这样或那样的问题和矛盾，以及读者与读者之间也始终存在着纵横交错的联系，各种矛盾同样不断产生。其中比较突出的矛盾有："供与求"的矛盾、"借与还"的矛盾、"外借与内阅"的矛盾、"管理与使用"的矛盾，以及"分工与协作"的矛盾等。这些矛盾错综复杂，其发展变化又受到一定环境条件的制约。为此，必须从整体出发，综观全局，加强各方面的联系，搞好平衡协调工作，在具体实践中，创造条件，解决好各种问题和矛盾。

所谓"科学的态度"，就是老老实实按科学办事，一切从实际出发，实事求是，尊重客观规律。在服务工作中，要将需要和可能统一起来，将当前需要和长远需要、重点需要和一般需要结合起来，将数量与质量、流通指标和实际效果结合起来，切忌哗众取宠、自欺欺人；不单凭热情、主观意愿和个人兴趣爱好工作，也不片面地追求数量、指标与形式，这就是我们所倡导的科学的态度。

所谓"科学的方法"，是指在长期的读者工作实践中行之有效的系列化的方式、方法。在外借、阅览、咨询书目、检索等服务方式中，要想提高服务质量、提高服务效果，必须运用先进的方法，如统计的方法、分析的方法、比较的方法、系统的方法、控制的方法、信息反馈的方法等。科学的方法之所以科学，就在于它先进、实用和有效。读者工作的实践证明，注意研究并采用先进的、行之有效的科学方法，对于提高图书馆工作水平是非常重要的，常常会达到事半功倍的功效。

所谓"科学的管理措施"，是指科学地组织读者工作所采用的规章制度、先进的技术设备和服务手段。在读者工作中，完整的、系列化的规章制度，包括读者登记规则、外借规则、阅览规则、文献复制规则、入库制度、登记统计制度、开架与闭架制度、岗位责任制度等，是否合理和科学，主要看其是否方便读者、方便管理；是否符合图书馆的工作方针、任务和读者的根本利益。采用先进的技术设备，是现代图书馆的特征之一。任何图书馆，都要创造条件，逐步引进视听设备、文献复制设备、空调设备、机械传输设备、自动通信设备、安全监控装置、自动化防盗设备以及计算机网络设备等，以便不断改善读者的阅读条件，提高读者的阅读效率。

五、资源共享原则

资源共享是当今图书馆事业发展的一个重要课题，也是读者服务工作的基本原则。

关于资源共享的概念，图书馆界的有识之士早在20世纪五六十年代就正式提出了基本的观点，他们认为资源共享是指图书馆与图书馆之间的关系，即图书馆之间相互分享各自的资源，为读者提供更多的服务。后来，这个概念在原来的基础上又有延伸和发展，例如美国匹兹堡大学教授肯特认为："资源共享是图书馆的一种工作方式，即图书馆的全部或部分功能为许多图书馆所共享。"他还认为，图书馆资源不仅仅是藏书，图书馆所拥有的人员、设备、工作成果等都是资源，因而也可以某种方式为许多图书馆所共享。关于资源共享的目的，肯特认为有两个方面：一方面是使图书馆的读者获得更多的文献资料；另一方面是为图书馆的读者提供更多的服务，而且这种服务所需支付的费用比单个图书馆所支付的费用要少得多。

在图书馆读者工作中坚持资源共享的原则，对单个图书馆而言，可以变"一馆之藏"为"地区之藏""国家之藏"以至"世界之藏"，从而更加充分地发挥馆藏文献信息资源的作用。对图书馆事业而言，则可以在尽可能地减轻单个图书馆负担的基础上，充分发挥图书馆事业的群体作用，用群体的集合力量为社会的广大读者提供质量更高、效果更好的服务，从而极大地提高图书馆事业在社会中的地位，更好地发挥其知识宝库的重要作用。为此，不同系统、不同级次的图书馆，都要从为人类文明的进步多做贡献的高度考虑，认真地、积极地加强图书馆之间的联合和合作，把资源共享这个图书馆的重点课题做好。

第三节　读者服务工作的发展

自我国旧式藏书楼"开放藏书，启迪民用"，将藏书对外开放，形成初期的读者服务工作，时至今日已有上百年的历史。随着人类社会政治、经济、文化的发展，特别是科学技术的进步，读者服务工作的内容从室内阅览到图书流通，从闭架借阅、开架借阅到以阅为主、借阅结合，从文献载体地提供到文献信息的开发利用；读者服务方式从本地借阅到馆际互借，从纸质文献的提供到电子文献的阅览，从返还式服务到非返还式服务；读者服务手段从手工借还到微机管理，从人情化服务到数字化、网络化服务；管理模式从以藏为中心到以读者为中心，凡此种种都有了飞跃的发展，并走过了一个由被动到主动、由低级到高级的历程。特别是现代通信技术、数字化技术、网络化技术的发展，赋予现代读者服务工作以更丰富的服务内容、更灵活的服务方式、更先进的服务手段、更科学合理的管理模式。但这一崭新的现代读者服务工作理论，仍然是对上百年读者服务工作的概括与总结，是对传统读者服务工作的继承与发展。

一、文献提供服务的继承与发展

（一）传统的文献服务工作

文献传递服务是图书馆最古老，也是最为传统的读者服务方式。

1. 室内阅览产生于最初的图书馆读者服务工作

自旧式藏书楼对外开放以来，室内阅览作为最早的读者服务方式保存至今：维新派倡导图书馆"开放藏书，启迪民用"，通过开放藏书，以室内阅览的方式来传播改良主义思想和西方科学知识。清政府也颁布了一系列的规章制度，如《京师图书馆及各省图书馆通行章程》《图书馆规程》《通俗图书馆规程》等，用以"保存国粹，输入文明，开通知识"，其服务对象不限于知识分子，也包括"广大劳工和平民"。这期间相继成立了省立公共图书馆及通俗图书馆等，但其服务仍局限于室内阅览的方式。

2. 图书流通

随着平民教育的普及，在启迪民用、普及教育思想的指导下，图书馆的读者服务工作发展到以图书流通为重点。早期的图书流通主要利用各图书馆设立的巡回书库，按一定的路线定期、巡回借阅，五四运动后，图书馆作为宣传新思想、新文化的有力阵地，开展了一些有益的读者服务活动。一些有识之士如沈祖荣、杜定友、刘国钧等极力推崇西方的办馆思想；李大钊认为"有劳工聚集的地方，必须有适当的图书馆""早期图书馆采用文库式，取书手续非常麻烦……主张开架式"。图书馆开架借阅，在当时没有也不可能得到普及。

3. 借阅合一

随着社会政治、经济、文化的发展和全民教育思想的不断深入，人们对图书文献的需要不断扩大，图书馆有限的藏书资源越来越不能满足读者日益增长的文献需要。为加快图书的周转，提高图书的利用率，20 世纪 80 年代，图书馆开始探索以阅为主、借阅结合的读者服务工作的新路子，样本图书阅览室、专业图书阅览室等相继出现，以藏为主的服务模式逐渐被以用为主的服务模式所取代。图书馆逐步走上了全开架式服务之路，图书的外借、阅览逐渐合二为一。

4. 图书流通自动化

20 世纪 80 年代初，伴随着半开架、开架借阅范围的不断扩大，为了使图书流通工作从繁复的劳动中解放出来，有些图书馆开始对图书流通工作计算机管理进行开发。20 世纪 80 年代北京师范大学图书馆引进激光条码阅读器，在北京率先进行图书借阅的计算机管理；20 世纪 90 年代，图书流通的计算机管理系统逐步普及，各种图书馆自动化集成管理系统相继得到开发应用。

5. 资源共享

资源共享是指图书馆之间的协作与联合，萌芽于 20 世纪二三十年代，形成于 20 世纪 50 年代。20 世纪 20 年代，天津通俗图书馆为使更多的人看到新书新报，创办了图书流通代办处；上海通讯图书馆采用邮寄图书的方式，开创了异地借书的先河，打破了地域范围对图书馆借阅的限制。同时有些图书馆编制了各种研究书目、名著提要等，在读者中广为流传，为后来的图书馆之间协作联合、馆际互借打下了一定的基础。

20 世纪 50 年代，我国正式考虑文献资源的共建共享问题，颁布了《全国图书协调方案》，建立了中心图书馆委员会；20 世纪 80 年代，全国高等学校图书馆工作委员会先后主持召开了"成都藏书建设预备会议""大连藏书建设研讨会"，探讨文献资源建设的共建共享问题；20 世纪 90 年代，中国教育与科研计算机网（CERNET）、"211 工程"高等教育文献保障系统（CALIS）相继开通，并签署了《全国文献信息资源共建共享倡议书》《全国图书协调方案》。

（二）网络环境下的文献服务工作

自动化技术、远程传输技术、数字化技术的发展，尤其是网络技术的发展，赋予图书馆文献服务工作以崭新的内容、全新的服务方式、先进的服务手段。

阅读载体从以纸质文献为主发展到各种载体并存。视听资料阅览室、多媒体光盘阅览室、电子文献阅览室相继出现，使阅读范围突破了馆藏的限制，大量的网络资源成为重要的阅读对象。

读者需求不再受时空、地域的限制，有网络的地方就有大量读者群的存在。文献传输不再以邮寄等载体移动的方式为主，发之以 E-mail、FTP、Talent 一类传递下载等非返还式服务方式。

馆际互借突破了传统的纯手工、半手工方式。馆际互借是读者便捷有效地获取文献信息的重要形式，是图书馆之间根据协定相互利用对方馆藏资源以满足本馆读者需要的一种文献外借形式。20 世纪 90 年代，国际标准化组织制定了馆际互借（ILL）协议，以满足人们对电子文献的需要。ILL 协议规定了一套应用层服务，使图书馆在开放系统联结环境下，从事与馆际互借有关的活动。目前，CALIS（中国高等教育文献保障系统）是我国第一套真正依照协议开发的馆际互借系统，并且走上了标准化、网络化发展的道路，实现了真正意义上文献资源的共建共享。

现代远程教育的启动，给图书馆的文献借阅服务提出了新的课题。20世纪90年代末，我国启动了"现代远程教育"实施计划，并在清华大学等几所高校进行了试点。在《面向21世纪教育振兴计划》中提出了"实施远程教育工程，形成开放式教育网络，构建终身学习体系"。目前，CALIS、CERNET（中国教育和科研计算机网）等为现代远程教育的文献提供奠定了坚实的技术基础。

二、网络环境下文献信息开发服务的继承与发展

文献信息的开发服务是图书馆读者服务工作由被动到主动，由低级到高级的重要历史转折，20世纪50年代中央提出了"向科学进军"的口号，各类型图书馆加强了为读者服务的工作，编制了推荐书目、专题书目、联合目录等。20世纪80年代，由于科技进步、社会经济的发展和图书馆自身认识的提高，图书馆的读者服务工作从传统的文献传递逐渐向文献信息开发服务过渡，由被动服务走向主动服务。文献信息开发是一种知识活化和知识再生产的服务活动，它包括对文献信息的序化和活化。

（一）文献信息的序化

文献信息的序化是原始的文献信息开发方式，它通过对文献外在特征和内在特征的揭示，通过对知识的序化方式，提供文献信息的利用。

对文献外在特征的序化，如馆藏期刊目录、馆藏中文图书目录等。

对文献内在特征的序化，即将文献中的知识内容，按分类、主题或专题，使其有序化，以便读者按学科知识的类别或主题查找文献，如图书馆目录、学科专题目录等。

对知识内容的揭示，即通过报道、文摘、述评等方式，揭示文献的知识内容，如期刊篇名索引、文摘、书评等。

对知识的重组开发，即按特定的需要，将文献中的有关信息，通过选择、分析、整合等手段，按一定的体系加以编排的产品，如信息选辑、信息汇编等。

（二）文献信息的活化

文献信息的活化是对全面收集来的信息，经过分析、归纳后提出的综合性的论述或评论，如综述、述评等，在综述、述评的基础上，对事物或问题的未来发展趋势做出预测或提出建议等，这是更高层次的文献信息开发服务。到了20世纪90年代以后，这一知识产品在为领导决策参考、教学科研服务、企业产品开发等方面发挥了越来越重要的作用。

（三）网络环境下的文献信息开发

20世纪末21世纪初，网络技术的发展，使文献信息的开发得到更先进的技术支持。一书各种信息产品的载体形态发生重大变化，印刷文献转为电子文献，如《中文期刊篇名数据库》《中国学术期刊光盘数据库》等。二是信息的来源更为广泛，除本馆的信息

资源外，网上资源更为丰富。三是信息的使用范围更为宽广，信息产品常常发布在自己的网站上或图书馆的主页上，无论是本馆还是其他机构成员，都可以以有偿或无偿的方式使用。四是传播渠道更为便捷，通过网上信息发布、E-mail 等方式提供最新的信息，开发成果研究与因特网连接，开始国际网络检索服务，图书馆设立了电子阅览室，开展对网上文献信息资源的检索服务。

三、网络环境下参考咨询服务的继承与发展

19 世纪 70 年代，美国人廖尔格林在马萨诸塞州伍斯特公共图书馆首次开展参考咨询工作之先河。我国的参考咨询服务发端于 20 世纪 20 年代初，传统的参考咨询服务是指根据读者科研、新产品开发等项目的需要，检索出相关的文献资料，主要是文献的代查和代译工作。

20 世纪 50 年代，为了响应党中央"向科学进军"的号召，一些图书馆开始把加强参考咨询服务的情报职能、为科研服务当作重点来抓，深入广泛地开展参考咨询工作，在开发文献情报资源、深化服务层次、开拓服务领域方面进行全面有益的探索。

20 世纪 80 年代以后，参考咨询工作采取对比的方法，撰写查新报告，逐渐向信息化方向发展。接着国家科委制定了"科技查新咨询工作管理办法"，参考咨询工作走向了规范化的发展道路。随着计算机检索、光盘检索、联机检索在参考咨询服务领域的推广应用，参考咨询服务向更深、更广的方向发展。

20 世纪 90 年代中后期，参考咨询工作走上了网络咨询服务道路。通过丰富的网络资源，为读者提供广、快、精、准的咨询结果，同时也将咨询对象拓展为本馆以外的所有网上读者，通过网络解答读者的目录咨询、专题咨询、信息导航等有关问题。20 世纪 90 年代末，中国国家图书馆在图书馆之间筹建了"全国图书馆信息咨询协作网"，参考咨询工作通过网络向"协作咨询""合作咨询""联合咨询"的方向发展。

另外，图书馆读者服务工作的诸多方面，如信息检索服务、读者教育、网络环境下网上文献资源的整合与利用等，都是在传统的读者服务工作的基础上，借助现代化技术手段，不断深化与发展的。可以说近 20 年来，现代化科学技术的发展，更使读者的服务工作在深度和广度方面发生了深刻的变革，将读者服务工作提高到了一个前所未有的高度。

第二章 高校图书馆读者服务创新的理论和实践

第一节 相关理论

一、图书馆学五定律

印度著名图书馆学家阮冈纳赞多年前提出了图书馆学五定律，其主要内容是：书是为了用的；每个读者有其书；每本书有其读者；节省读者的时间；图书馆是一个生长着的有机体。这五条定律的提出彻底改变了传统图书馆以"收藏"为主的服务观念，强调了图书馆服务的重要性。其中第一定律"书是为了用的"改变了传统图书馆以收藏为主要使命的观念，确立了以利用为根本的服务宗旨。第二定律"每个读者有其书"，是要求图书馆为每一个读者提供图书，强调服务对象。第三定律"每本书有其读者"，要求图书馆的藏书发挥作用，强调服务的针对性，第二、三定律从根本上确立了图书馆服务从书本位到人本位的基本思想，用"为人找书"和"为书找人"这两个短语可十分简练地概括这两个定律。第四定律"节省读者的时间"，强调图书馆服务的效率和效益，图书馆服务的直接作用就是节约读者的时间。第五定律"图书馆是一个生长着的有机体"，概括了图书馆的发展观，馆藏在增长，需求也在变化，因而图书馆服务也需要不断创新和发展。可见，图书馆学五定律既是图书馆服务的基本原理，也是图书馆服务的指导原则。

20世纪90年代中期，美国著名的图书馆学家迈克尔戈曼在阮冈纳赞图书馆学五定律的基础上，又提出了图书馆学的新五定律。第一定律，"图书馆服务于人类文化素质"；第二定律，"掌握各种知识传播方式"；第三定律，"明智地采用科学技术,提高服务质量"；第四定律，"确保知识的自由存取"；第五定律，"尊重过去，开创未来"。可以看出，新五定律的提出有其鲜明的时代特征，更适用于图书馆目前所处的信息环境。新五定律强调的仍然是图书馆的"服务"功能，只是将其提升到现代化服务这一高度。新老五定律的提出，给人们提供了理论基础，说明图书馆的最终目的是为读者提供有效的服务，"服务"是图书馆一切工作的出发点，是图书馆馆员要具有的一个核心理念。

南开大学的柯平教授将新老五定律的服务精神进行了提炼，结合信息时代图书馆服务的发展要求，提出了建立图书馆服务的新五定律：第一定律，"全心全意为每一个读者或用户服务"；第二定律，"服务是'效率、质量与效用'的统一"；第三定律，"提高读者或用户的素养"；第四定律，"努力保障知识与信息的自由存取"；第五定律，

"传承人类文化"。其中，第一定律依然强调的是图书馆的服务本质，从思想上树立"以读者为中心"的服务理念。第二定律强调了服务过程中要注意的原则，即要在最短时间内为读者提供保质保量的信息资源，节省读者的时间，并保证所提供的资源得到充分利用，"效率""质量""效用"三者缺一不可。第三定律强调了现代图书馆的教育职能，要通过培训，努力提高读者或用户的信息获取能力和信息素养，读者通过图书馆的服务，提高了自身的信息素养，也充分体现了高校图书馆"服务育人"的精神。第四定律强调的是图书馆在目前法律环境尚未成熟的条件下，通过采取各种有效的措施，努力保证各种知识与信息能够被读者自由使用，是图书馆服务的理想境界。第五定律是图书馆服务的深远意义，有了图书馆服务，知识和信息得以传播，劳动者素质得到全面提高，进而促进生产力和社会的进步，从长远来说可以促进人类文化的发展。

通过以上对新老五定律的论述可以得出以下结论：无论图书馆如何发展，发展到什么程度，服务是其不变的宗旨。只不过随着时代的发展，面对数字化、网络化的环境，图书馆应该在服务模式、服务内容、服务手段等方面，进行不断的创新，才能不断满足读者的需求。新老五定律对图书馆的服务创新活动具有很好的现实指导意义。

二、服务创新的概念和特征

从广义上讲，服务创新是指一切与服务相关或针对服务的创新行为与活动；从狭义上讲，服务创新就是指发生在服务业中的创新行为与活动。由此可见，服务创新的概念相当宽泛，即服务创新活动不只局限于服务业本身，同样存在于其他产业和部门。服务创新发生的范畴可分为三个层次：服务业、制造业和非营利性的公共部门。由于服务在本质上是一个过程，具有无形性、易逝性和不可储存性等特点，因此服务创新也具有不同于技术创新的独特特征。基于服务本身所具有的特点，服务创新具有以下基本特征：

（一）无形性

技术创新是一种有形的活动，其结果也是一种有形产品，而服务创新则是一个无形的过程，其结果也是一种无形的概念、过程和标准，比如一种新的服务方式、新的服务理念。

（二）多样性

正如前面提到的有关创新的概念，服务创新中不仅包括技术创新，还包括一个更为重要的因素：非技术创新。服务创新的类型不仅包括产品创新、过程创新、市场创新和组织创新，还包括传递创新、形式创新和社会创新等形式。

（三）导向性

相对于技术创新的技术导向性，服务创新则更多地以读者的需求为导向，通过对读者需求的研究，更好地推动服务创新，读者不仅推动服务创新活动，而且还积极地参与到创新过程中。

（四）交互性

服务创新的交互性体现在两个方面：一是与读者的交互沟通，即前面提到的以用户需求为导向，在与读者的互相沟通中进行创新活动，读者的思想是创新的重要来源。二是企业内部的交互作用，包括领导与员工、员工与员工进行的交互作用，即相互学习、交流，把员工头脑中的隐性知识转化为显性知识，达到知识共享的效果，以更好地推动创新活动的进行。企业内部这种交互作用尤为重要，质量的好坏也直接影响到创新的效果。

（五）渐进性

服务创新的过程实际上就是在原有服务的基础上进行提高的过程，过程是渐进性的，较少有根本性的创新。

三、服务创新的动力

正确认识和把握高校图书馆服务创新的动力，是实施服务创新战略的前提。高校图书馆服务创新的驱动力包括多方面，既包括图书馆内部行为主体的驱动，也包括外部因素的驱动。在这里，将高校图书馆服务创新的驱动力分为内在和外在两个方面，每个方面都包含了各种不同要素，这些要素组合在一起对图书馆的创新活动产生影响。

（一）高校图书馆服务创新的内在动力

1.可持续发展战略

可持续发展战略是高校图书馆有关自身发展的一个长期规划，也是指导高校图书馆开展各项服务活动的根本准则。高校图书馆将创新作为可持续发展战略的重要组成部分，同时以可持续发展战略来促使创新活动系统有效地进行，这样才能在日益激烈的竞争环境中谋求自身的发展，获得竞争优势。

2.图书馆馆员

高校图书馆的服务是一个图书馆馆员和读者之间一系列交互作用的过程，图书馆馆员在高校图书馆服务创新活动中起着关键性的作用。首先，图书馆馆员在与读者的交互过程中能够最直接地掌握读者的需求，从而产生较多的创新思想。同时图书馆馆员还能根据自身的知识和经验为高校图书馆提供有价值的创新思路。其次，高校图书馆的各种创新活动也是由内部的图书馆馆员来具体实施的，而且图书馆馆员在实施过程中能及时发现问题，解决问题。这就使图书馆馆员成为高校图书馆服务创新的重要驱动力之一。

（二）高校图书馆服务创新的外在动力

1.政策环境

为适应知识经济时代快速发展的要求，党和政府制定并实施了"科教兴国"战略，通过发展科学技术与教育来推动经济的发展。高校是国家创新体系中"知识创新"的重要基地，而高校图书馆作为高校的一个重要部门，应该将自身的创新纳入整个国家的创新体系。新修订的《普通高校图书馆规程》指出："高等学校图书馆是学校的文献信息中心，是为教学和科学研究服务的学术性机构，是学校信息化和社会信息化的重要基地。"

这就要求高校图书馆充分利用现代信息技术，努力建设包括馆藏实体资源和网络虚拟资源的文献信息资源，并对这些资源进行科学的加工整理和管理维护，以便更好地为教学科研服务。

2. 技术环境

网络化、数字化技术的发展，给高校图书馆的服务带来了前所未有的机遇和挑战，同时，技术的进步也是高校图书馆服务创新的两个重要动力。只有通过新技术的应用，才能不断改进服务手段，更新服务内容，使读者充分享受到新技术带来的便利条件。

3. 竞争环境

在互联网高速发展的今天，各种基于互联网的信息服务提供商也越来越多。越来越多的读者也将注意力集中到这些服务提供商身上，比如通过各种搜索引擎来查找所需的信息，还有各种专业的知识服务供应商，如"中国知网""万方数据""重庆维普"等。这些竞争者无疑对高校图书馆的服务带来了挑战，同时也是高校图书馆服务创新的动力。高校图书馆只有充分发挥自身的专业优势，不断地创新服务内容，才能使自身获得竞争优势，立于不败之地。

4. 读者信息需求的不断发展、变化

在网络化、数字化环境下，读者对信息的需求从广度和深度上都发生了巨大的变化，对所提供信息的质量也有了更高的要求。同时，读者获取信息的方式也越来越依赖网络。概括地说，网络化、数字化环境下，读者对信息的需求有以下特点。

（1）多样化

在网络环境下，传统文献已经不再是主要的信息源，读者对电子型、数字型文献的需求增多。即读者对信息的需求不再仅局限于传统的印刷型文献，正在向电子化、数字化、网络化信息资源的方向发展，信息需求也呈现出全方位、社会化趋势，不仅需要科学、技术研究方面的信息，而且需要有关社会和生活方面的各种信息。

（2）个性化

网络环境下读者已不满足于简单的信息提供，而是要求图书馆对信息中的知识内容进行挖掘、开发和利用，要求图书馆开展集成化、个性化的服务。特别是一些专业用户，如高校各学科带头人、科研机构的人员、研究生等，要求图书馆将本专业或相关的信息加以集中，对有关某一主题的相关信息多方面地进行收集、整理、筛选和重组，提炼出对这些读者的研究、生产和学习有帮助的信息资源，使这些读者不必亲自去熟悉各种中外文数据库的检索方法和技巧。个性化服务是目前高校图书馆服务创新研究的热门趋势，有很大的发展空间。

（3）自助化

传统读者的信息需求主要是通过与图书馆馆员面对面的正式交流来满足的，而在网络环境下，非正式交流逐渐成为信息交流的主要手段，即读者往往通过自助化的方式来完成与图书馆的交流。如网上数据库的检索、电子邮件、网上论坛等手段。读者可以不用亲自到图书馆就能享受到基于网络的服务，到图书馆内也可以利用馆内的检索设备，自行检索所需的信息。这就要求高校图书馆不断完善自助化设施，丰富网上的服务内容，搞好读者培训工作，为读者能够顺利地完成自助化服务创造便利条件。

总之，网络化、数字化环境下读者的信息需求在，不断地发展、变化，这种信息需求的变化也是高校图书馆进行服务创新的外在驱动力，高校图书馆只有适时地跟踪、研究读者需求的变化，才能根据读者需求的变化不断地在服务内容、服务手段上有所创新，以满足不断变化的读者需求。

在外在动力中，读者需求的变化是一个主要的动力，对高校图书馆服务创新活动起着非常重要的促进作用。随着高校图书馆在服务创新活动中变得越来越主动，创新意识不断加强，内在动力变得比外在动力更加重要。

（三）服务创新的必要性

1.高校图书馆读者服务存在的问题迫切需要服务创新

与发达国家相比，目前，我国的高校图书馆服务理念滞后，服务对象较为单一，开放时间短，图书流通率低，服务项目少，服务水平较低，服务手段与方法不能适应形势的发展，难以满足读者需求。服务意识不强、服务态度亟待改善，这些都是我国高校图书馆多年以来普遍存在的问题。高校图书馆还没有向全社会自由开放，很多图书文献得不到充分利用与共享，这与信息社会的发展极不适应。

2.当今信息化社会的发展迫切需要服务创新

当今社会是信息化的社会，各种图书的出版数量每年在成倍增长，各种知识的传媒越来越多样化，书刊、音像等资料的收藏变得越来越繁杂，知识传播速度加快，书籍出版周期缩短。新学科、新知识的不断涌现，使人们过去所学的知识不断地老化。这都需要人们不断学习、终身学习，才能跟上时代的发展。新的形势对图书馆事业特别是对高校的图书馆事业，提出了更多更高的要求。第一，要求高校图书馆能将新知识新成果及时地提供给读者。特别是对时效性较强的新知识，人们都需要及时地了解和掌握，读者十分需要这方面的书刊音像等资料。第二，由于社会的生产和生活的节奏加快，以及人们交往的日益频繁，读者要求高校图书馆能提供更加便捷的服务。手工操作、读者的自我查阅摘抄等费时费工的传统服务方式，都已经不能适应读者的需求了。读者还要高校图书馆能提供更新、更完整的研究资料等，这就需要高校图书馆提高工作效率，简化手续并提供自动检索和代摘录的服务等。第三，随着研究学科的不断深入，师生对课题的研究更加侧重于精确的定性定量分析，特别是很多专业性强、需要用大量数据说明的课题更是如此，这就要求高校图书馆为读者提供更为精确的图书资料服务。另外，人类社会发展到今天，各种学科已在不断地交叉，出现越来越多的边缘学科，如政治经济、生物化学、生理心理等。这些研究客观地要求高校图书馆能提供更加优质的服务。

3.图书馆服务创新是图书馆服务于大学教学科研的必然要求

随着教育体制改革的不断深入，高校人才培养方向和侧重点不断调整，向为社会和企业培养有用人才的方向转移，如 MBA 的引入、学校工科课程设置不断增多等。同时，随着知识经济的发展，学校在继续教育、终身教育、社会教育中扮演着越来越重要的角色。教育创新是不断提高劳动者素质及保持国民经济和社会持续稳定发展的重要支撑。但是，由于学校师资力量、课程设置、时间安排和其他教育设施不足等，高校在素质教育、智能教育、全才教育和终身教育等方面显得无能为力，转而依赖图书馆。图书馆作为高校办学的三大支柱之一，必须充分发挥其教育职能，服务于教学，使教育从课堂延伸到课外、从学校延伸到整个人生和整个社会，成为"没有围墙的社会大学"和"终身大学"。因此，"图书馆创新是辅助教育创新的必然要求，是学校教育创新的延伸和拓展"。同时，高校又是科学研究的重要基地，与其他科研机构相比，高校的科研水平和科研成果在稳定的基础上不断上升，从市场上获得的科研经费也在不断增多。科技成果转化速度大大加快，高校科技企业蓬勃发展，科学园地不断增多。在这一系列过程中，图书馆起着举足轻重的作用，具体表现为：图书馆为科研提供文献信息服务；图书馆参与科研过程；图书馆独立承担科研项目；图书馆在科研成果转化过程中起着中介作用等。但是，总体说来，图书馆在这些服务和工作中的作用是不够的，不够积极主动，不够开拓创新，不够深层次高质量，不够及时高效，不够社会化和市场化。为开创服务科研工作的新局面，解决这些矛盾，图书馆必须创新。

总之，当今高校图书馆在馆藏对象、服务手段、工作内容、读者需求及服务地位等方面都发生了重要变化，传统的服务和工作方式已不能适应这种变化。高校图书馆要生存、要发展，就必须适应信息服务环境的变化，服务就必须不断改革和创新。

第二节　管理理念创新

理念是行动的先导，是连接理论与实践的纽带。理念的创新对高校图书馆的发展是十分关键的，网络技术和数字图书馆的发展是高校图书馆理念创新的基础和前提，读者对高校图书馆资源及其服务的需求是进行理念创新的根本动力。理念创新主要包括以下几个方面的内容。

一、以人为本理念

高校图书馆的管理首先是对人的管理，这里"人"包括两个方面，一是图书馆馆员；二是图书馆的服务对象，即读者。"读者第一"一直是高校图书馆读者工作的根本原则。20世纪末，美国的罗森帕斯旅行管理公司的总裁开创了一个"员工第一，顾客第二"的企业管理方法。图书馆界把它引进来，提出了"馆员第一，读者第二"这样一个理论命题，在业内引起了不小的震动。直到现在，期刊上仍然有这方面的文章，争论还在继续。有的人坚持读者第一，有的人却认为读者第一已经过时，应该改为馆员第一。柯平教授认为："这两个概念并不矛盾，只是角度不同，读者第一是从整个图书馆的服务来讲的，而馆员第一是从图书馆管理的角度出发的。从整个图书馆的事业来讲，仍然应该坚持读者第一；对于图书馆的管理层来讲，馆员第一是应该坚持的，两者不在一个层面上。只有将图书馆馆员放在一个重要的位置，才能使其更好地做好读者工作，真正实现读者第一，这就是辩证法。"因此，高校图书馆的"以人为本"的理念应包含两个方面：一是作为服务主体的馆员素质的提高；二是在满足读者需求的同时对读者进行教育，提高读者素质，并采取各种措施尽量满足读者的个性化需求。

二、个性化服务理念

信息服务的最终目标是满足读者的个体信息需要。数字图书馆面对的是建立在广泛基础上的信息需求日趋多元化、个性化的读者。个性化信息是指由人类个体特性所决定的，对信息需求的一种信息组合，也就是由人类个性对信息需求的决定关系而产生的一系列对个体有用的信息。个性化信息服务包括两个层面的含义：一是通过对读者个性、使用习惯的分析而主动地向读者提供其可能需要的信息服务，如个性化信息推送、信息服务定制等；二是个性化信息服务应能够根据读者的知识结构、心理倾向、信息需求和行为方式等来充分激励读者需求，促进读者有效检索和获取信息，使读者在对信息有效利用的基础上进行知识创新。高校图书馆有其特定的读者群，应开展针对不同读者群体的个性化信息服务。如针对学习型读者的教学参考服务，及针对研究型读者的定题服务、个性化的信息推送服务等。

三、特色理念

任何图书馆都应该有自己的特色。图书馆的特色主要体现在馆藏特色、服务特色、管理特色、科研特色和环境特色等方面。高校图书馆由于其本身的特点应将重点放在馆藏特色上。馆藏特色是指馆藏文献在某一方面比较系统完整，可基本满足特定读者独立研究的需要。具体可表现为学科特色、专题特色、地方特色、类型特色、语种特色等。尤其是在学科特色方面，根据本校的学科建设和专业设置，合理地配置信息资源，建立本校的特色数据库，为本校的教学、科研和重点学科建设服务。

四、信息资源共享理念

信息资源共建、共享是 20 世纪信息需求和技术发展的必然产物。文献量激增、资料价格飞涨、越来越多的新技术被使用，使资源共享不仅从经济方面考虑是必要和可行的，而且从合理使用图书馆资源方面考虑也是至关重要的，能够避免资源重复建设带来的浪费。高校图书馆可以以教育网为依托，以资源的电子化、数字化和网络化为基础，构成一个相互联合协作、整体化的、充分实现资源共建、共享的服务网络体系。

五、知识理念

长期以来，图书馆信息服务的主流是资源依赖性的工作，由于信息资源分布的不均衡和信息获取的困难性，文献检索与传递服务成为读者需求的关键性服务之一。然而，随着网络信息环境的日益完善，传统的信息资源不均衡和信息获取困难状况得到极大改变，文献检索与传递服务在读者需求中正在逐步弱化。读者关注的已不再是简单地得到文献，而是希望从众多的信息中捕获和分析出能解决他们问题的相关信息内容，并能提供将这些信息融合和重组的相应知识或解决方案，即读者需要的是直接帮助他们解决问题的服——知识服务。因此，图书馆的信息服务转向知识服务，这是图书馆服务理念的必然转变，也标志着图书馆的服务功能进入新的发展阶段。随着现代信息技术的发展，高校图书馆组织与管理的对象，由以文献信息为单元深入到以知识为单元，而图书馆的使命也由信息管理发展为知识管理。

六、学习理念

高校图书馆除了作为教学科研服务的机构之外，还有一个重要的职能就是成为读者终身教育的场所。然而，目前高校图书馆客观存在的一些弊端，如层级过多的传统组织机构、效率低下的工作作风、整体素质偏低的馆员队伍，都影响了其终身学习和继续教育功能的发挥。所以高校图书馆必须引进先进的学习理念，对组织结构、管理体制、馆员队伍的思想意识等进行转变，建立和谐、高效的"学习型图书馆"。

第三节 服务内容深化

这里所说的服务内容主要是指"信息资源"的建设，高校图书馆作为教学和科研服务的文献信息中心，在重点学科建设中起着重要的文献保障作用，也是教学、科研以及学科建设的重要支撑力量。因此，高校图书馆要大力推进馆藏实体资源及网络信息资源的开发与建设，并努力实现高校图书馆间信息资源的共建、共享，在构建重点学科文献信息资源体系的同时，要注重网络信息资源知识内容的开发，并为读者提供深层次的服务。

一、信息资源的共建共享

现代信息技术的迅猛发展为高校图书馆实现信息资源的共建、共享提供了技术保障；中国教育科研网、文献信息服务网等为其提供了环境保障，初步实现了系统间的公共检索、馆际互借、信息传递、协调采购、联机合作编目等功能，基本建成中国现代高等教育信息资源保障体系框架。只要是处在同一个系统高校之间、城市之间、地区之间甚至国家之间都可以相互协作，分工购买信息资源充实馆藏，独自管理，相互借阅。面对目前的新环境和新需求，高校图书馆最有效的办法是：加强信息资源的共建共享。这样不但可以促进高校文献资源建设的协调发展，更好地为教学和科研服务，而且可以达到系统、地区及全国的信息资源共建共享的要求。通过高校间信息资源的共建共享可以起到互通有无、优势互补的作用，并能避免各高校重复建设造成的资金浪费。此外，通过信息资源的共建共享，还可以增强高校图书馆的信息服务能力，为读者提供更高质量的信息服务。随着读者对信息的需求量越来越大，文献信息量的不断增长，传播速度加快，而且信息载体的形式也向数字化发展，要求高校图书馆必须开展信息资源的共建共享。

二、数字化资源的建设

随着网络技术的发展，无论是印刷型文献信息还是电子信息，若要在计算机网络上进行自由传递，其前提条件就是要将信息数字化。数字化是指将各类载体信息包括数字、文字、声音、图形、图像等，都转换成计算机可识别的由0和1组成的二进制数字编码形式。

数字化资源建设包括两方面：一是把本馆印刷型文献进行数字化处理，并放到网络上供读者检索；二是对各类电子出版物的引进。数字化信息资源的最大优势在于其不但可节省馆藏空间，还可以提高读者服务的效率和质量。对数字图书馆来说，将图书馆馆藏信息数字化是必要而合理的。在数字化过程中可先将馆藏需求量大的特色资源、图片、地图、档案等进行数字化处理。同时要根据读者需求合理引进有助于学校教学、科研的各类型数据库供读者使用。

三、网络信息资源的开发利用

网络信息资源的开发利用，应成为高校图书馆深层次开发的重要内容。深层次开发是指图书馆在合理组织文献信息资源的基础上，根据读者的信息需求，对文献信息进行深入的分析处理，开展知识浓缩、提炼和知识重组的工作。在网络信息资源日益丰富的今天，高校图书馆馆员要掌握网络信息资源检索和获取的途径，有意识地收集、筛选和利用有效信息，组织和下载网络信息资源。同时，结合本馆馆藏文献信息资源和网络信息资源建立特色数据库，如重点学科导航库、学科资源库、专题资源库等。对网络信息资源的开发不能盲目进行，要本着为本校教学、科研服务的原则，同时要突出本馆的特色。高校图书馆还要重视网络信息资源知识内容的开发。目前基于内容的开发是图书馆信息资源开发的一个难点。一方面，信息收集速度与信息处理速度的矛盾越来越突出；另一方面，读者要求信息资源开发有广度和深度，人们期待研究和开发基于信息内容的新理论、新方法和新技术。网络信息资源的开发利用是一个系统工程，需要全面的系统配套设施。目前我国网络信息资源开发涉及面较窄，内容以检索类为主，二、三次文献信息的建设，还需要大力加强。

四、知识挖掘和信息增值服务

在网络环境下，人们对信息的要求越来越高，读者不再满足于检索出来的文献线索或一大堆原始文献，而是希望获得经过分析加工的综合性的甚至包含知识内容的增值信息产品，所以，图书馆馆员要根据读者的需求，对网络信息进行深层次的加工整理，在大量的信息中去粗取精、去伪存真，挖掘精品、收集精品。通过综合分析、加工整理，把有用的信息和知识提供给读者，特别要重视二次文献、三次文献的开发利用，注意提高信息产品的含金量，使读者在最短的时间内获得最大的信息量，达到信息增值服务的目的。

由于电子信息资源的不断增多和互联网信息资源的引入，当今读者面临更多的问题是各种信息资源的迅速获取和有效利用。因此，图书馆应针对不同层次的读者，展开各种专业知识和信息技能的培训，如计算机操作技能、光盘检索技术、常用数据库介绍、网上文献检索查询、下载复制技术等。通过这些培训，可以帮助读者掌握网络环境下检索、获取、利用信息的技巧，提高读者的现代信息意识和信息技能。这也是今后图书馆读者服务工作的一个重要项目。

第四节 服务方式转变

近些年来，网络信息技术的应用改变了高校图书馆信息资源的结构和读者获取信息的方式。读者越来越倾向于利用网络来获取他们所需的信息。因此，高校图书馆应充分利用网络，积极开拓基于网络的新的服务方式。

一、基于网络的信息传递服务

随着网络环境的逐步成熟，网络的信息传递服务成为越来越重要的新型信息传递服务形式。与传统信息传递不同，网络信息传递的对象是数字化资源，传递速度快、质量高、范围也更广，而且可以节省信息传递的成本。开展网络信息传递服务，需要具备一定的软硬件环境，如计算机、传真机、扫描仪等设备。高校图书馆应通过电子邮件、电话、传真等手段，为读者提供周到快捷的信息传递服务。近年来，在高校图书馆界，管理层在资源建设方面的统一规划和科学组织，使高校图书馆的集团采购、资源共享、馆际互借、网络信息传递服务等工作得到了迅速发展，一批规模较大、馆藏丰富、人员素质较高、服务意识较强的高校图书馆发展成为我国文献传递服务的核心单位。

二、基于网络的数字参考咨询服务

数字参考咨询服务是以网络为媒介提供参考咨询服务的一种方式，这种服务方式在国外大学图书馆已非常普遍。数字参考咨询服务最基本的特点是：基于网络进行。因而它的读者基础、咨询方式、咨询内容都在发生着变化，从读者发展到网上读者，从面对面的方式发展到突破时间、空间的限制，从单个馆的咨询发展到合作式的参考咨询，网络技术和基于网络的信息交流在其中起到重要的作用。按照与读者接触的方式来划分，数字参考咨询服务模式可分为异步服务模式、实时互动服务模式和合作咨询服务模式等几种类型。异步服务模式主要采用电子邮件、电子表单等方式来实现，这是目前高校图书馆普遍采用的模式。实时互动服务模式就是咨询馆员与读者可以面对面交流，能及时显示图像和文字，这种方式弥补了异步模式实时性不足的缺点，为图书馆数字参考咨询服务开辟了广阔的发展前景。高校图书馆实时互动式参考咨询服务通常利用的是聊天软件，读者通过口令和浏览器进入系统，咨询人员实时为读者解答咨询。合作咨询服务模式是由许多成员馆根据协议组成，通过多个图书馆及其相关机构的互联网络，可在任何时间、任何地点为读者提供参考咨询服务。这种服务模式运用了最新的信息技术和网络资源，当然还包括成员馆的丰富资源。

高校图书馆应根据自身实际情况，选择适宜的数字参考咨询服务模式。中小型的图书馆，由于受经费、技术能力等的限制，选择异步数字参考咨询服务模式是可行的，也可以将数字化参考咨询服务与传统参考咨询服务结合起来为读者提供服务。那些软硬件条件好、人员素质较高的大型图书馆，可借鉴国外数字参考咨询服务的成功经验，结合国情，开展实时互动的数字参考咨询服务模式,甚至面向合作数字参考咨询服务模式发展，提高服务能力。

三、基于网络信息资源的导航服务

互联网上的信息纷繁复杂，是一个没有组织的虚拟体，大量有价值的信息散布在信息的海洋中。读者可以通过搜索引擎等网络检索工具查找所需要的信息，但由于搜索引擎的商业运作的原因，虽然其对信息的反应速度快，但信息质量及根据读者特定需求对信息利用的整体考虑较弱，尤其是对那些专业人士，利用起来不方便。建立网络信息资源导航服务的目的是：为读者提供特定学科范围或某一主题的网上信息资源的集合，便于读者获取信息，减少他们查找信息的时间，使他们能够更加快捷方便地进行信息交流与科学交流。高校图书馆应充分发挥自身专业特长，根据本校的学科分布特色，有针对性地收集、整理网上信息资源，并进行筛选、鉴别，为读者提供分学科的网上信息导航。

四、基于个性化网络的信息服务

个性化网络信息服务，是指利用个性化定制技术和信息推送技术，按照特定读者的偏好、习惯等开展的信息服务方式，通过网络提供个性化的服务，将读者感兴趣的信息推荐给他，进而满足读者的个性化需求。个性化信息服务是为读者"量身定制"的服务，能够主动将读者所需的信息推送给他。目前图书馆开展个性化网络信息服务大多是通过开发系统实现，即"我的图书馆"。如中科院国家科学数字图书馆提供的个性化集成定制服务，即"我的数字图书馆"服务，提供的可定制选项包括界面风格定制、"我的参考咨询服务"定制、快速检索"我的图书馆"链接、"我的教育研究资源"链接、"我的参考书架""我的全文数据库"、最新资源通报。个性化的网络信息服务是高校图书馆创新服务的一种有效形式，也是高校图书馆以读者为中心的具体体现，是提高服务质量和服务水平的重要手段和有效途径。

第五节　人力资源改革

在谈到构成高校图书馆服务创新的四个要素时提到过，图书馆馆员的素质是高校图书馆提供高质量服务的根本保证。在美国，还有这样一种说法：图书馆服务所发挥的作用，来自图书馆的建筑物、信息资料和图书馆馆员的素质。即在图书馆的服务中，图书馆馆员作为知识和智力的载体，在图书馆生存和发展中成为首要因素，优秀的图书馆馆员成为图书馆最重要的资源。因此，高校图书馆应不断推进人力资源管理的创新，改革管理体制，激发图书馆馆员的积极性，提高图书馆馆员的素质，以保证创新活动的顺利进行。

一、设立学科馆员制

学科馆员的服务模式是近些年高校图书馆推出的一项创新服务方式。以清华大学、北京大学、上海交大等重点大学图书馆为首的高校图书馆率先采用了这一项服务方式。学科馆员以开发专题信息资源为目的，深入学科专业领域，也为学科建设发展提供学术层面上的服务，解答科研人员提出的各种问题。他们对某一学科的基本理论、结构、学科历史和现状、学术前沿、学科的主要支撑者、学科经典文献等方面有较深入的了解，对学校的重点学科建设、发展方向、目标、最新成果、未来发展动心中有数，将繁杂无序的信息进行分析、整理加工后，提供给重点学科读者。学科馆员是重点学科建设体系中的重要成员之一，设立学科馆员制，就是要让学科馆员定期下院系，向院系师生介绍图书馆关于本学科的新资源、提供新的服务，要使他们深入各学科了解教学科研对专业文献信息的需求状况，有针对性地对学科专业文献信息进行收集整理和分析研究，以及进行相关创新知识的整合，主动为各学科读者和课题研究人员提供高水平、深层次的信息服务。学科馆员制的设立，给那些既具有专业学科知识，又有一定的信息服务技能的馆员提供了发挥他们特长的空间。同时又能激励他们进行专业领域的学术研究，不断提高自身的专业素质，从而在整体上带动整个图书馆队伍素质的提高。

二、"以馆员为本"的激励机制

"以馆员为本"主要是针对图书馆的管理者来说的，高校图书馆的管理者不仅要有"以读者为本"的思想，还要树立"以馆员为本"的思想，充分调动馆员的积极性，激励他们不断进行创新。只有通过激励机制，奖勤罚懒，按业绩、劳动量、创造性来进行合理分配，才能使图书馆馆员在工作中真正发挥其积极性和创造性，更好地为读者服务。高校图书馆建立激励机制的具体方式有物质利益激励方法、个体精神激励方法、外部因素激励方法等。高校图书馆在实施激励机制的过程中，要恰当地进行物质利益激励方法。因为这是改善图书馆馆员生活环境和生活质量的基础，其也是图书馆馆员学习和工作的基础。个体精神激励方法包括榜样激励、荣誉激励、绩效激励、目标激励和理想激励。外部因素激励方法包括组织激励、制度激励和环境激励。

三、完善人才培养机制

由于图书馆馆员的素质对于高校图书馆的事业有着非常重要的意义，这就要求高校图书馆重视对人才的培养，加大对人力资本的投入力度，促进图书馆馆员的知识更新和技能提高，鼓励图书馆馆员积极参与学习。通过建立人力资源的教育培训体系并使之制度化，使高校图书馆的人力资源开发工作走上科学化的轨道。在执行过程中将主要按制度来进行，从而避免因为领导的变动和主要领导的个人偏好不同，在人力资源教育培训计划上出现大的反复。为此高校图书馆要建立正常的图书馆馆员教育培训制度，把学习新知识、新技术、更新思想观念作为自己安身立命的根本，把学习和培训作为一种积极地自觉投资，而不是作为一种被迫的额外消费。高校图书馆可通过在职进修、岗位轮换制度、馆内培训和外出学习等方式来对图书馆馆员进行再教育。高校图书馆有责任给员工提供一个高效的不断学习的环境，使图书馆馆员能随时随地地利用各种机会学习、进修专业知识，以便于不断地进步和发展，这样不仅能使图书馆馆员的个体素质得到提升，还能使高校图书馆的整体人力资源水平有大幅度的提升。高校图书馆只有不断地创新和完善人力资源管理，树立"以馆员为本"的理念，吸引和培养一批具有创新能力和创新精神的高素质人才，才能适应新形势的要求，实现自身的可持续发展。

四、内部培训与外部交流机制

在高校图书馆经费相对紧张的情况下，内部培训是一个好方法。它的主要功能在于：一是以老带新，老图书馆馆员向新馆员分享亲身经历，使新图书馆馆员真正获取现实经验，结合工作实际进一步改进自身的工作作风；二是可以通过召开研讨会、座谈会的形式，使图书馆馆员互相交流工作经验，互相学习，共同提高；三是可以根据图书馆馆员的实际需要开展相关培训，强化基本技能，这种培训方式灵活性、针对性较强，收效明显。外部交流是内部培训的补充形式，是高校图书馆馆员提升自身业务能力的有效途径之一。所谓外部交流就是馆与馆之间的交流，除了本系统的图书馆之间，也可以是其他系统的地方上的图书馆或者情报机构间进行相互交流，以利于共同提高。另外，高校图书馆可以通过建立一套优胜劣汰、奖优罚劣的管理制度，鼓励先进者继续努力，鞭策后进者奋进。一方面，规范岗位责任制度，开展绩效考核；另一方面，明确奖惩制度。

总之，没有高素质的图书管理人才，就不可能有图书馆的创新服务。随着时代的发展，文化科技知识的不断更新，只有持续不断地加强图书馆馆员的专业学习、职业道德教育，才能保证图书馆的服务水平跟上时代的发展，保障图书馆服务的创新。

第三章　高校图书馆读者服务对象

第一节　理论基础

一、读者心理研究的内容

"读者心理学"是图书馆读者心理学的简称。读者心理学是一门研究读者在利用图书馆过程中的心理现象和心理规律的科学。俄国图书馆学家鲁巴金，在20世纪初开始使用"读者心理学"这一名词，但把读者心理学作为一门独立的学科来研究还是近几年的事情。图书馆学研究者对读者心理学的概念、研究对象、研究内容、研究方法及其作用等，展开了广泛深入的研讨，使读者心理学逐渐发展成为图书馆学中一门新的分支学科。关于读者心理学的学科性质，有应用心理学、综合性学科两种观点的争论。普通心理学一般研究人的心理现象及心理规律，读者心理学是在掌握普通心理学的基础上，通过人的正常心理活动，来研究读者利用图书馆时的特殊心理现象。两者是共性与个性的关系。

读者是图书馆工作中重要的因素，图书馆是满足社会文献需求的社会实体。社会的文献需求，体现在读者的需求上，没有读者图书馆就没有存在的价值。读者利用图书馆的状况，决定着图书馆社会功能的发挥。读者的感知、情绪、情感、兴趣、能力等，影响着读者对图书馆的利用，为了提高读者服务工作的质量，使读者更有效地利用图书馆馆藏，图书馆工作者必须了解读者心理。图书馆工作者应了解、认识读者的心理特点、规律，并将之运用于图书馆实践活动中。

读者心理现象，是以它的特殊形式表现出来，并反映出一系列复杂的心理活动，它直接反映出读者对图书、报刊、文献的感知、欣赏、评价态度，也同样直接反映出读者对图书馆的服务艺术的感知。读者所表现的能力、性格、气质等心理特征的差异，是形成读者不同的阅读需要、不同的阅读动机与购买行为的重要原因。读者心理现象的两个方面心理过程和个性心理（个性心理倾向和个性心理特征）是密切联系着的。要深入了解读者心理，必须对读者心理现象的两个方面分别进行研究。通过对读者阅读及购买心理过程的分析，掌握读者心理现象的共性；通过对读者个性心理的分析，找出读者心理现象差异的规律。同时要把读者心理现象的各个方面结合起来进行考察，才能较好地揭示读者心理。

一般来说，读者心理研究的是在图书馆资源利用活动中各类型、各种成分读者群的心理现象。它包括整体读者群和个体读者群，研究他们在利用图书馆时，所表现的心理现象和心理特征，揭示读者行为的内在原因及其规律。

特定的研究对象，决定了读者心理研究的内容。第一，研究读者在图书馆活动中的认知心理现象。认知心理是读者对文献的载体形式、文字符号及信息内容的感觉、知觉、记忆、思维等一系列心理活动过程。它是读者接收信息、理解并吸取文献内容的重要心理基础，对读者文献认知心理的研究，旨在揭示读者获取文献、使用文献的内部心理机制。第二，研究读者阅读的心理意向活动。读者阅读的心理意向活动，主要是指受读者的先天特性和后天社会条件的影响而形成的带有鲜明个性倾向性的阅读需求、阅读动机、阅读兴趣、阅读能力等。读者的心理意向活动，对阅读的认知过程起着调节和支配的作用，如果说读者的认知心理可以使读者接收信息、学习知识、掌握客观事物发展变化的规律性的话，那么读者阅读的心理意向活动，则对读者的阅读起着直接或间接的推动和调节作用，它能够使读者的阅读活动更具有目的性、方向性和主观能动性。它是读者实现阅读认知过程的必要心理条件。对读者阅读的心理意向活动进行研究，旨在掌握读者阅读活动中的各种心理特征。第三，研究读者心理与读者服务工作之间的关系。读者心理现象不是孤立的社会现象，必然要受到社会发展现实的制约，读者心理与读者服务工作之间客观地存在着相互影响、相互作用、相互制约的辩证关系。读者服务工作，只有在掌握了读者心理特征、适应了读者心理需要的基础上，才能体现其工作的针对性与有效性。否则，就可能出现盲目性，会造成失误。因此，对读者心理的研究，应通过对读者在图书馆活动中的心理现象、心理过程和个性心理特征的研究，揭示读者服务工作与利用图书馆资源之间的相互影响、相互作用的辩证关系，积极引导读者和服务工作沿着社会主义物质文明与精神文明建设的方向，协调一致地向前发展。任何读者心理的研究，都应以特定的时间、空间和社会历史背景为条件，脱离大环境的读者心理研究毫无现实意义。

二、读者心理研究的方法

研究读者心理学的方法，同一般心理学的研究方法有相同之处；同时，结合图书馆的实际情况和工作特点采用的研究方法也有独特的地方。目前读者心理研究使用的方法不外乎有以下四种。

（一）观察法

观察法是研究读者心理学最简单的方法，也是最基本的方法。此法简单却不易行，它要求图书馆馆员在日常工作中有计划、有目的地对一些读者进行长期的观察和跟踪服务，通过对读者阅读行为的细心观察，得出读者的兴趣、爱好、能力、情绪、个性特点等感性的概念，持之以恒地统计分析大量的观察结果，总结出读者对图书资料需求的状况、概率分布及其对图书馆的其他要求。

由于方法本身的特点，决定了观察法主要用于对外部现象的直接认识，不宜用于对问题的核心内在联系的研究。必须把它与其他方法相结合进行综合判断，方能得出正确、可靠的结果。

（二）调查法

调查法分为直接调查法和间接调查法。

直接调查法又称"谈话法"，是指图书馆馆员直接与读者对话，了解读者的年龄、兴趣、阅读动机和要求，还可得知读者的工作情况、家庭状况、受教育情况等。直接调查法还可以通过读者座谈会的形式，征求读者对图书馆工作的意见和要求。直接调查法的优点是：随着谈话内容的深入，从深度与广度上，图书馆馆员能够进一步了解读者的心理活动，具有快速直接的特点。

间接调查法又称"填表法"，是指图书馆馆员根据拟对读者调查的内容制定表格，请读者按提出的项目逐一填写，可以填写个人的意见，也可以馆员填写群体的意见。图书馆根据表格反映的情况，进行综合统计分析，从而总结出下一步工作的重点。间接调查法具有一定的局限性，与直接调查法结合使用可以提高调查结果的准确性。

（三）分析法

分析法是对图书馆记载读者活动的有关资料有针对性地加以分析、研究，探索读者行为、心理的方法。如通过索书单，看读者在某个时期的阅读倾向；也可抽样调查某些读者在某个阶段借阅图书的品种，分析读者的阅读要求；还可统计某些图书的流通率，分析读者的心理需求。

有目的地对读者进行登记，掌握他们的年龄、职业等特征，根据他们对图书资料的需求，建立读者活动档案，对读者进行定期分析，以便准确地掌握读者心理情况，并对他们进行追踪服务，更容易受到读者的欢迎。

由于不同读者需要的资料性质不同，即使同一读者或同一职业性质的读者，在不同时期的需求也不相同，所以分析工作始终处于一个动态环境中。在这种动态环境中，如何及时把握读者的心理需求对图书馆工作人员提出了更高的要求，即应有敏锐的洞察力、迅捷的反应力还要有多向思维的能力。

（四）实验法

实验法有实验室实验法和自然实验法两种形式。实验法基于以下观点：读者的情绪对阅读的心理影响是显而易见的，情绪高涨时选择明快的作品；反之，则选择灰暗的作品，以产生感情的共鸣。

实验室实验法类似于刑侦工作中的"现场回忆法"，即把读者置于一个特定的环境中，通过调整灯光的明暗、噪声的大小与选定作品的感情节奏等，观察或借助仪器得到读者心理状态变化的情况，然后进行科学的数据分析，得出结果。

自然实验法是在为读者服务的实际情况下，有目的地创造某些条件，给读者的心理活动以一定的刺激或诱导，从而观察读者活动的各种表现。自然实验法具有主动性，能按照一定的研究目的，获得比较准确的资料，并在研究读者阅读心理活动或读者购阅图书过程中有广泛的应用。

三、读者心理研究的意义

图书馆工作的优劣，不仅要看每天入馆借阅图书的读者人次、借还图书的册数等这些纯数量上的东西，更要看图书馆工作人员能否为读者创造条件、提供优质服务。即要从质和量两方面看问题，在最短的时间内，紧紧地抓住读者的需求和欲望，激发他们向某一领域积极钻研的热情，增强读者的开拓精神，从而使读者乐于在书的海洋里"观古今于须臾，抚四海于一瞬"。

读者心理研究有助于揭示在图书馆这一特定环境条件下，读者心理的形成和发展规律，以及读者从事阅读活动的心理机制。研究读者心理的最终目的，就是充分掌握读者在图书馆活动中的心理变化规律，从而采取有效措施，最大限度地满足读者需求：提高优质服务的速度和效率，确保图书馆读者服务系统达到最佳的运行状态。具体来说，读者心理研究的意义体现在以下几个方面：

（一）研究读者心理有助于指导读者服务工作的实践，发展和完善读者服务理论体系

读者服务工作是一项学术性很强的智力服务活动，对读者心理的分析以及对各类读者需求的调查研究，都是科学性活动，需要坚实的科学基础知识作为支持。而对读者心理的研究成果，不但直接满足了读者的心理需求，还极大地丰富了读者服务的理论体系，促使读者服务工作向深层次发展。这种由实践到理论、再由理论指导实践的良性循环，正是充分体现图书馆社会教育职能和信息传递职能的有力保证。它能够引导读者发展健康的心理，控制和改变不良的心理，从而达到宣传教育的目的，提高读者服务的质量与管理水平，促使图书馆工作在国民经济的腾飞和现代化建设的进程中，发挥其更大的作用。

（二）研究读者心理有助于建立科学的读者服务体系，变被动服务为主动服务

读者心理与读者服务之间存在相互影响、相互作用的辩证关系。读者与图书馆馆员之间互为主客体。图书馆馆员只有在掌握和了解读者阅读心理活动规律的前提下，才能进行充分的、科学的、有效的服务，从而积极地引导读者心理的健康发展。而从读者这方面来看，他们不是消极地、被动地接受图书馆馆员的信息传递与指导，他们也是具有主观能动性的主体，他们的阅读活动受他们自身的主观状态制约，受他们的阅读需要和阅读动机驱使。因此，研究读者在阅读活动过程中的心理现象和心理特征，以及读者心理的形成和发展规律，对于提高读者服务工作质量是十分重要的。尤其在当前社会条件下，图书馆要扩大服务范围、加强信息服务的功能，就更需要从心理学的角度来认识读者、了解读者、研究读者、掌握读者心理需求的特点及阅读活动的规律，从而建立起适应读者需求的科学化的读者服务方法、体系，主动地为读者提供信息，更好地为读者服务，克服读者服务工作中的盲目性和被动性。

（三）研究读者心理有助于加强图书馆馆员自身的建设，改善和密切读者与图书馆馆员的关系

读者对图书馆资源的利用，实际上是一个科学交流的过程，表现为读者与文献作者在思想和感情上的交流，读者与图书馆馆员在接收信息、选择信息上的交流，其实质体现了人与人之间的相互关系。在读者与图书馆馆员的交往活动中，图书馆馆员占据主导地位，因此图书馆馆员应随时关注来自读者的借阅信息和反馈信息，了解和分析读者的阅读需要，解答读者提出的各种问题，帮助读者检索文献，校正读者的阅读倾向，最大限度地满足读者的阅读需要。

图书馆馆员对于形成读者的阅读需要、强化读者的阅读动机，是一个重要的影响源；对于形成读者的优良品质，维护读者的阅读心理和检索心理的健康，指导读者的阅读活动和检索活动，则起着十分重要的作用。这一切都对图书馆馆员的综合素质提出了更高的要求，使图书馆馆员更加注重自身素质的培养，进而明白做好图书馆的读者服务工作不但要掌握过硬的技术和本领，掌握牢固的专业基础知识和广博的学科知识，而且要热爱自己的本职工作，热爱读者，全心全意为读者服务，通过对读者心理的分析和研究，急读者之所急，想读者之所想，帮读者之所需，改善和密切与读者的关系，为读者的阅读活动和检索活动创造条件，激发读者潜在需求的转化，调动读者的阅读积极性，增强读者的开拓精神，充分发挥图书馆资源的作用，为读者提供全面优质的服务。

由此可见，全面系统地研究读者心理，深入具体地掌握读者阅读与检索心理特征，是现代图书馆读者服务工作实践和读者研究必不可少的重要内容。

第二节 高校图书馆读者的特点

一、读者特点

（一）学习型读者

学习型读者有一个共同的特点，是对自己所要学习的知识都有一定的计划，都是有步骤、按阶段进行的。由于学习型读者正处在知识的学习阶段，在知识的扩大和深化上必然有一个循序渐进的过程，因此，图书馆在提供图书资料时，一方面，切忌操之过急，提供一些过于专深、超出学习型读者学习能力的图书资料，使他们难以理解和掌握；另一方面，又不能提供那些落后于他们知识水平的图书资料，使他们的学习无所进展。

此外，这种类型的读者利用书刊资料的目的没有研究型读者那么具体、明确，也不十分复杂，特别是大专院校和中等专业院校的学生，所需的书刊资料都与自己所学的专业有着极为密切的关系。

（二）应用型读者

应用型读者有如下特点：一是所需文献涉及的学科范围广泛，因为不同专业的用户

需要不同的文献。二是所需文献有较大的不确定性，因为许多实际工作者所承担的任务具体，经常更新。三是对文献情报源的依赖不强，因为他们有许多情报来源，例如，通过社会实践和社会交往，就能获得许多有用的情报。四是他们经常需要具体的文献资料，例如，查找典故或语句出处，查人名、地名，核对某一事实或数据等，因此，提供咨询服务的图书馆特别受他们的欢迎。五是要求尽快获得所需文献情报，因为他们完成任务往往有一定期限要求。六是需要情报人员更多的帮助，因为他们比较缺乏利用图书情报的知识，往往不知道应从何处查找所需文献。

（三）研究型读者

研究型读者有如下特点：一是目的明确、事业性强，借阅图书是出于完成科研课题的需要，要求图书馆系统完整地提供有关该课题的全部文献资料。二是根据任务的进展，借阅呈明显的阶段性。一般可分为：第一是选题阶段，通过查阅文献，了解某一领域内已有的研究课题，并了解哪些课题有现实意义，但尚待深入；哪些课题别人已有成就，需要避免重复。第二是调研阶段，在选定课题的基础上，通过普查资料，了解本课题现有的研究成果与动向，从中筛选可供参考的数据、资料、事例和方法，以启迪思路、扩大视野、形成新的知识。第三是总结或撰写论文或进行具体设计的阶段，核对已查出的资料，进行筛选，去粗取精、去伪存真，对资料进行浓缩，在这一阶段要充分查阅原文。第四是评审阶段，要从资料角度对研究成果进行验证，从而鉴定和审查研究成果，分类、对比、评价其学术价值和现实价值。三是查阅资料的时间充裕、连续性强，没有业余时间与工作时间之分。四是利用图书馆的方式，以馆查阅为主、外借为辅。

（四）娱乐型读者

娱乐型读者是在学习和工作之余，为了娱乐消遣、充实精神文化生活而产生阅读需要的读者群体。由于此类读者的具体情况不同，欣赏角度、情趣和层次因人而异，其阅读没有明确的目的，只是为了满足精神享受，因此，要求阅读内容具有知识性、趣味性、通俗性、纪实性、娱乐性，并有明显的档次区别。读者抱着消遣动机、兴趣动机来到图书馆充实空闲时光，怀着恬静的心态浏览、阅读书刊。因"兴趣"本身就是一种较易转移的心理，所以兴趣的焦点可能会随接触信息的多样化而转移，无刻意探究意向。这类读者一般集中于形象读物，有一定的猎奇心理，联想心理与即时体会表现较多，并要求图书馆为他们提供宽松的阅读环境。

二、读者需求分析

（一）教师读者群体

教师是高校教学和科研的主要力量，是图书馆的重点服务对象。一般来说，教师分为老、中、青三个年龄层次，不同层次的教师心理需求也有所不同。

1. 老年教师

他们具有丰富的教学科研经验和较深的学术造诣，是教学、科研的指导力量，他们来图书馆的目的就是得到水平较高、内容较新的信息资料，他们对于书刊的需求量较中年教师来说相对少些，但需求层次较高，表现出研究型、创造型的特点。

2.中年教师

他们具有比较成熟的教学和科研经验，是教学与科研的骨干力量，起着承上启下的作用。他们所查阅的信息资料，大都与自身的教学和科研任务相关，面不太宽但专深、新颖、系统。其书刊需求量介于老年教师和青年教师之间，呈研究型、应用型、学习型的特点。

3.青年教师

他们处于进修、提高阶段，是教学与科研的新生力量，是图书馆最积极地利用者，其需要的往往是有关基础课程方面的书刊或教学参考书。青年教师对于书刊的需求量大，与老年和中年教师相比，表现出学习型、求索型的特点。

教师读者群体的阅读有以下两个特点：一是阅读需要的广泛性。作为高校教师，他们首先是教育工作者，通过专业教育培养学生，其不但要研究教学内容，还要研究教学方法、思想方法、学习方法等诸多与教学有关的知识内容。因此，他们需要较广泛地阅读一次性文献，不断地学习、充实和更新自我。二是阅读需要的专深性。高校的每位教师都有自己的科研方向和科研内容，而要完成集体的或个人的科研任务，他们就必须经常出入图书馆，查阅专业性刊物，以及二、三次文献，及时获取最新的相关科研成果。他们阅读目的明确、阅读范围集中、阅读内容专深。

教师读者群体的服务工作：对于老年教师，图书馆馆员应对他们优先照顾，提供最大的方便，如提供上门服务，帮助网上查找，确实做好代查代译工作等。对于中年教师，图书馆馆员应了解其授课内容、科研方向，及时向其介绍新的科技文献资料、相关教学方面的参考书籍，尽量满足其教学与科研需求。对于青年教师，图书馆馆员应为他们提供相关的教学参考书、工具书以及与教材有关的其他辅导资料，并帮助其掌握、利用相关的文献检索工具。

（二）学生读者群体

大学生是图书馆的主要服务对象，他们也是高校图书馆最为活跃的读者群体，他们思想活跃、思维敏捷、兴趣广泛、求知欲强，属于学习型、求索型的读者群体，他们可以划分为低年级和高年级两个层次。

1.低年级学生

他们入学时间短，对于学校的一切既新鲜又陌生，对图书馆丰富的馆藏充满了好奇和浓厚的兴趣，但他们的知识面较为狭窄，也不懂得如何充分利用图书馆。所以，在阅读时没有明确的阅读目标，带有较强的盲目性和随意性。

2.高年级学生

他们已经能够适应大学的学习生活，自学能力和独立支配时间的能力都大大提高。他们已经不再满足教材中提供的现成结论，因而，要求阅读观点各异、流派不同的参考图书，从中加以比较，形成自己的观点，其对于图书馆的利用，往往带有较强的目的性和计划性。

学生读者群体的阅读有以下三个特点：一是阅读需求的稳定性。高校专业的设置与教学计划，在相当长的一段时间内不会有大的改变，这一稳定性制约着教学用书的长远发展；开设课程与教学内容的稳定性，则决定了大学生阅读需求的相对稳定。在校学习期间，大学生都对教科书、教学参考书、题解之类的资料表现出浓厚的兴趣，社会上广泛流行的文学作品对他们也有一定吸引力。这些读者的需求，在时间、品种、数量方面，都具有相对的稳定性。二是阅读需求的集中性。这主要表现为教学用书的品种和复本的集中，借阅时间和人数的集中。即在某一阶段内，成批学生需参考阅读某一内容或具有某一特性的图书资料。这一现象带有周期性。三是阅读需求的阶段性。大学的每个学期及每个学期的各个阶段，大学生的阅读需要都有一定的规律可循，一年级的大学生阅读的内容，除了指定的教学参考书外，大多是一般的文艺作品，到了二、三年级，自学能力和自我意识有了很大提高，开始有计划地选择专业性读物和文学专著，综合性书刊也是他们涉猎的目标；四年级的大学生已经初步掌握了所学的专业理论。阅读有关专业性文献、收集资料写毕业论文或进行毕业设计，成为他们学习生活的重心。有些学生则借阅颇有深度的专业理论书，准备考研究生。每学期的开始和期末，无论是学生还书、选书、借书的高峰期，写毕业论文或进行毕业设计阶段，是学生大量查阅书刊的时期。

学生读者群体的服务工作：针对低年级学生的特点，图书馆不仅要主动热情地提供服务，还要进行入馆教育，向他们积极宣传、推荐优秀图书，辅导大学生有目的、有计划、有系统地去利用图书馆的信息资源，帮助其掌握正确的学习方法，并培养健康的阅读心理；而对于高年级学生来说，图书馆应主动了解他们的需要，创造条件，为他们所进行的学习内容和研究课题开展"对口服务"，都尽最大可能满足他们对于文献信息的需求。

（三）其他读者群体

高校图书馆面对的读者群体不只是教师和学生，还有相当数量的其他工作人员，这也是很值得重视的群体。这个群体的成分复杂、文化水平参差不齐。他们多喜欢阅读一些趣味性及知识性书刊，以在闲暇之余消除工作中的疲劳及排除各种事物的困扰。他们没有固定的阅读内容，因此具有很大的盲目性和多变性，其需求心理表现为娱乐型、学习型和应用型。

三、读者心理表现

（一）需求多样化

大多数读者将图书馆看作是提供精神食粮的神圣场所，他们希望图书馆的馆藏和服务能最大限度地满足自己的信息需求，希望尽可能地收集到他们所需要的所有文献，并得到完善的服务。

（二）需求及时性

随着科技的不断发展、知识的不断更新，读者都希望可以凭借图书馆这一平台，在最短的时间内查找到最新的文献信息资料，以满足其强烈的求知欲望。

（三）方便心理

读者在利用图书馆资源时，希望能用最简洁、最迅速、最有效的途径，找到自己所需的文献资料。

（四）阅读的"马太效应"心理

高校读者的阅读往往会受到多种因素的制约和影响，产生种种效应，"马太效应"就是其中的一种。高校学生的阅读倾向受这种效应制约的表现为：注重名著、名人名家的图书，偏爱热点图书，偏重热门学科专业图书等。

（五）违规心理

高校图书馆普遍存在书刊污损、被盗的现象，这是由于一些读者的不健康心理造成的，他们一般以自我为中心，自私自利、缺乏资源共享意识，只要是自己喜欢的或者急需的，就不惜做出违规行为，"明知不可为而为之"的心理是常见的不健康心理。

第三节　高校图书馆读者的心理和行为探究

一、高校图书馆读者心理

高校图书馆是学校的文献信息中心，以教师和学生为主要服务对象，以提供文献信息为主要内容。高校图书馆的宗旨，就是为教学服务、为科研服务、为读者服务。高校图书馆服务工作是图书馆各项业务工作的核心和目的，是连接图书馆与读者的纽带。分析高校图书馆读者心理的特征，其目的是为图书馆工作人员增加心理学思维，使图书馆业务工作富有心理科学的逻辑，从而充分适应现代化的要求。同时，分析、研究和掌握高校图书馆读者的心理特征，也是做好读者服务工作的必要条件和前提。读者到图书馆借阅书报杂志、查询数字和事实数据，是带着不同的目的的，根据观察、分析和研究可知，高校图书馆读者利用图书馆的心理状态通常有以下几种特征：

（一）应急心理

高校图书馆是广大师生进行学习和研究的第二课堂，在遇到特殊情况，诸如演讲比赛、知识竞赛、论文征集、期末考试、撰写毕业论文等，读者就大批涌进图书馆，纷纷借阅同一或相近的图书资料，以致馆藏文献供不应求，从而造成拒借现象的出现。解决这一矛盾和问题的最好方法，便是相关推荐和馆内集体查阅。

根据观察可知，高校图书馆读者借阅的一般规律便是随着教学计划的进展和学习进度的先后，周而复始地呈现出"波峰"和"波谷"现象。例如，刚开学和期末阶段，学生读者到图书馆人数相对较少，而每当六七月份，为做毕业设计、撰写毕业论文和论文答辩，学生们则大量集中到图书馆查阅。正是由于学生读者这种规律性的应急心理所表现出的借阅现象，高校图书馆的读者服务工作，尤其是流通借阅部门的服务工作有时相对忙碌，有时相对清闲。

（二）方便心理

在解决某一问题时，读者总是希望找到最快、最有效的方法，这是人们普遍存在的心理。同样，高校图书馆读者也具有这种力求方便的心理，他们非常希望通过某些帮助，如分类排架、目录查询、计算机检索等手段，找到适合自己需要的文献信息资料。读者到图书馆查阅图书资料时，总喜欢选择他最需要、最熟悉的资料源，诸如流通部的开架图书、各个阅览室的开架报纸杂志，以及情报资料室开架的情报资料等。

（三）求全心理

当今大学生知识面广、求知欲强，狭窄的专业知识已远远不能满足其需求，他们迫切需要学习跨领域、跨专业的知识，为自己今后的工作和发展打下基础。同时，现在社会上人才竞争很激烈，必须具有多方面的学识和实践能力，才能适应社会发展的需要。在这种心理驱动下，高校图书馆读者的借阅范围特别广泛，他们希望图书馆有丰富的藏书，能为之提供全面、系统的文献资料，并且还要具有较完善的服务条件。

（四）求新心理

随着当代科学技术的高速发展，知识在不断得到更新和创新，获得最新的知识情报信息，已成为广大师生读者的迫切需要。以各个高校图书馆而言，一般有关计算机方面的新书一上架，读者便纷纷来借阅，不足一个星期，就全部借出。对于知识的获取求新、求快，是当今高校图书馆读者的重要心理特征。

（五）参与心理

读者能否真正成为利用图书馆的主体，则要看广大读者参与图书馆各项活动的情况。高校图书馆的读者普遍认为图书馆是自己的第二课堂，图书馆办好了，他们就能从图书馆中得到更大的收获。因而，图书馆办得好坏，是读者非常关心的事情。从读者想充分利用图书馆这一点来看，他们普遍具有参与心理，图书馆应创造条件，吸引师生读者参与馆里的各项活动，诸如帮助推荐图书、开展解答咨询、宣传辅导活动、协助管理等，以调动读者的参与积极性。如此一来，把图书馆的服务工作置于广大师生读者的协助、监督之中，从而便于提高读者工作的服务质量。

（六）逆反心理

逆反心理在一些青年读者，尤其是学生读者身上表现得十分强烈。高校图书馆由于种种原因，常常保存有一些受批判、被禁止阅读或学生不宜阅读的书籍，有些学生读者出于逆反心理，千方百计想要借出阅读。对于此种阅读心理，图书馆馆员一方面要把好管理和借阅的关口；另一方面则要通过图书资料的推荐、评论、宣传、辅导等活动，积极引导，使学生读者的阅读倾向转移到健康的方向。

（七）从众心理

有相当一部分学生读者，在某一时期和某种社会性读者群的诱导下，放弃自己原有的爱好、原有的阅读倾向，而采取与多数人一致的阅读行为，支配这种行为的心理就是从众心理。

在高校的学生读者中，有从众心理的人很多，他们看到其他读者争相阅读某一本或某一类著作，自己也盲目地去借阅这些著作，这就造成了图书馆某些图书借阅紧张的局面，抬高了拒借率。针对从众心理，图书馆应采取种种引导方式，以此来培养学生读者的独立意志。

（八）猎奇心理

猎奇心理似乎在某些方面与从众心理相反。首先，猎奇是某种独立意志和求知欲强的表现；其次，猎奇是故意标新立异的行为。

学生读者中具有猎奇心理者也有相当多的人数，他们的求知欲很强，往往涉猎许多学科领域和专业范围，但也常常浅尝辄止。对于猎奇心理所表现出的借阅行为，高校图书馆应配合教师采取种种措施加以正确引导，过分猎奇则常常会陷入误区，而得当、恰如其分的猎奇则会收到触类旁通的良好效果。

二、做好读者服务工作的举措

以上关于高校图书馆读者阅读心理的分析、探讨，为高校图书馆根据读者的阅读心理特点、认真做好读者服务工作、提高本馆的借阅效率等提供基础和保障。根据上述分析和探讨，应从以下五方面做好读者服务工作：

（一）帮助读者掌握检索工具

科研人员用以收集、检索、阅览文献的时间，一般都会超过全部工作时间的 1／3。时间对任何人来说都是十分宝贵的，任何一位读者都不愿把大量的时间花费在学习、研究、学术性活动之外的辅助性工作上。他们普遍希望尽快检索到自己所需要的文献资料，针对这种心理，高校图书馆要积极帮助读者学会使用检索工具，帮助读者提高检索速度，缩短每一位读者在馆内的非阅读时间，在目录辅导工作中，根据不同读者的不同情况，以口头形式及时回答读者的检索提问。

（二）提高读者服务水平和质量

高校图书馆要适应时代的发展、更有效地发挥它的借阅功能，必须突破传统的闭架、被动的借阅服务方式，积极主动地开展开架、主动的借阅方式。为达到这一目的，高校图书馆应在师生读者中充分做好宣传工作，图书馆馆员可主动与读者面谈，询问他们的阅读需求，图书馆可定期召开"读者座谈会"，请师生畅谈想法，这些都可以了解和掌握读者的阅读需求。平时，图书馆要充分利用阅读辅导刊物、橱窗等宣传辅导工具，举办"新书、新刊介绍""馆藏介绍"等宣传活动，进而以引起读者关注，使他们尽快读到好书、新书，从而满足读者方便、求新心理的要求。

（三）持之以恒地做好读者教育工作

高校图书馆的新生读者中，绝大多数很少利用图书馆，有一些甚至从未到过图书馆。因而，他们普遍缺乏有关图书馆的知识，诸如文献分类知识、目录学知识、知识分类知识等，为了解决这部分读者检索图书资料困难的问题，图书馆要做好他们的教育工作，除了集中以讲座、授课等形式进行新生教育之外，图书馆馆员还要持之以恒地进行个别辅导，从而使新生读者逐步掌握检索知识和检索技能。

（四）与师生读者配合，提高管理水平

读者服务工作质量是与师生读者对图书馆的满意度成正比的。要使师生读者与图书馆有密切的关系，就要设法使他们积极参与到图书馆的各项活动中。可以在读者服务部门，如流通部、报刊阅览部等设立意见簿，通过意见簿可经常性地了解到师生读者的阅读需求；还可以定期召开师生读者座谈会，广泛调查、听取意见，赢取他们对图书馆工作的关心和支持。通过以上措施，可以拉近图书馆馆员与读者的距离，针对提高图书馆服务水平和管理水平具有十分重要的意义。

（五）馆际互借，资源共享

现在，很多高校图书馆都面临着经费紧张、书价上涨的不利局面，致使入藏新书减少，并且复本量很少，每当师生读者对图书资料需求量较大时，如进行课程设计、毕业设计、撰写毕业论文时，图书馆便常常显得捉襟见肘，供求矛盾特别突出。如何解决这一矛盾，从而满足读者的应急需求呢？老式的"馆际互借"是一种解决办法，最有效的途径应该是"资源共享"。随着计算机在各高校图书馆的日益普及，通过计算机进行联网检索，可最大限度地满足师生读者的阅读需求。

三、高校图书馆读者行为

高校图书馆为了达到持续地让学生、教师、科研人员满意的目的，就必须利用科学的管理方法，对图书馆的服务手段、服务质量加以控制和管理。对读者接受服务的全过程进行分析，其中包括读者的心理状况分析、不同读者的阅读倾向分析、违规读者的心理及行为分析等。它能促进服务水平的提高，反思读者服务工作中存在的问题，减少书刊资料的损失，最大限度地提高书刊的使用效果。例如，读者在图书馆使用书刊过程中，违反图书馆的规章制度，造成书刊破损丢失，严重影响书刊的正常阅览流通，不仅给图书馆藏书造成严重损害，也严重制约了读者服务工作的拓展，破坏了图书馆整体范围的藏书体系和读者利益。图书馆馆员在研究读者服务工作这一框架中，不仅要分析读者服务工作中存在的问题，还应拿出相应的解决对策。因此，图书馆馆员有必要对读者的违规行为进行分析、研究，了解他们的心理特征，采取相应的管理手段，维护图书馆藏书体系的完整性，避免读者违规行为的再次发生。

高校图书馆的读者成分较为单一，就是在校师生，而主要读者群是在校大学生，他们大部分是中学时代学习的佼佼者，就他们的整体素质而言，大多数是品学兼优的好学生，

然而，少数学生在中学学习过程中，只重视基础理论的学习和学习技能的训练，而忽略了综合素质的培养和人文精神的陶冶，以至于在思想品德、文明举止、趣味情操，甚至道德方面的素质未能达到相应标准。在利用图书馆的过程中，通常以违规行为表现出来。心理学家认为，人的需要、动机、行为三者之间有着密切的内在联系，少数违规读者的违规行为，是由其本身的违规动机推动的。经过长期观察，以及对违规读者的阅读心理分析，能清楚地发现种种不良的阅读心理需求会引发不良动机，而引发出的不良动机最终导致不良行为的发生。少数读者故意在图书馆阅读过程中做出违规行为，具体心理分析如下：

（一）贪欲与垄断心理导致违规行为

在大学四年的生活中，大学生有大部分时间要在图书馆度过，在图书馆浩如烟海的知识宝库中，去获取知识、完成作业、探索科研。然而，一些少数大学生读者在"知识占有欲""知识垄断欲"的扭曲阅读心理的驱使下，屡屡做出一些违反图书馆规章制度的行为。例如，有的读者为占有一篇自己喜爱的文章，或在完成作业、论文时，为了独自享有某一篇文章，在贪欲与垄断心理的驱使下，不计后果地偷拿书刊、偷撕书页、给书刊开"天窗"等，导致发生阅览书刊丢失、破损等情况。经过长期观察、分析发现，这类读者在书刊的阅读过程中有着很强的占有欲，他们在违规的同时，伴有不同程度的恐慌感；他们在违规行为发生后，也会产生自责和后怕、后悔心理，但同时也存在侥幸心理。如果不对他们及时进行教育引导，他们会越陷越深，给图书馆和他本人造成严重危害。对于这一类读者除按照图书馆有关规定处罚外，还要对他们进行教育和引导。

（二）发泄与报复心理导致违规行为

大多数学生进入大学后，多数能树立正确的人生观、价值观、世界观，都具备健康的心理素质和良好的品德修养。但是，个别学生由于现实与理想差距太大，观念上失调，或者对某项规章制度或某位工作人员不满往往将书刊当成发泄、报复的对象。其表现行为有故意撕页、在书刊中任意乱写乱画、将书刊偷偷带出室外等。对于这类读者，除对其进行批评处罚外，还应加以正确引导，最好与其所在院系取得联系，多方面共同努力，帮助其改正错误。否则，学生可能对图书馆乃至社会造成危害。

（三）粗心大意心理导致违规行为

这类读者的违规行为与以上两类读者有本质上的区别，这类读者没有"贪欲""发泄"等心理，违规行为多是由于粗心大意造成的，并非故意违规，其违规的后果对图书馆造成的损害较前两类读者轻。所以，工作人员在处理上应有别于前两类读者。例如，个别读者在阅读时，常常较为随意，无意识中对图书馆的书刊造成了损坏，如无意中在书刊上圈圈点点、批批画画，甚至将书刊弄脏、弄破。但当他们事后注意到这一点，都能及时认识到自己的错误，并能加以改正。这类读者是由于自我控制力差而做出了违规行为，在大学生低年级读者占较高的比例，若工作人员多进行引导、启发，就能够制止这类违规行为的发生。

四、治理读者不良行为的举措

通过对以上读者行为的分析，针对各种不良行为，图书馆可以采取以下几个方面的措施，以达到理想的效果：

（一）密切与读者联系

图书馆通过座谈等方式，邀请读者参与管理，使其了解图书馆的工作流程，并提出管理意见，以此加强图书馆与读者之间的联系，改进图书馆的服务质量，进一步提高书刊的利用率，减少读者违规行为。实践表明，如果图书馆与读者之间能够双向沟通，相互理解、相互信任、相互合作，那么，图书馆的各项工作将会得到很大提高。高校图书馆与读者加强联系的方法很多，如让读者介入图书馆的管理。读者参与图书馆的管理工作，可使读者与图书馆之间建立一种热线联系，能够将读者服务工作中存在的诸如书刊的及时上架、读者的阅读需求、书刊的内容质量等问题，及时地反馈给图书馆，以便其改进工作。由此架起了一道读者与图书馆之间相互沟通的桥梁，缩短了图书馆馆员与读者之间的距离，使读者能够理解、尊重、信任工作人员，工作人员也应将与读者之间的联系，看作是改进自己工作的重要环节，尽可能帮助读者解决阅读中存在的困难，为他们创造坚实的物质保障。

（二）加强教育引导

大学生求知欲强，仅靠课堂教学已很难满足他们的求知欲望，经常需要在图书馆自学，他们在利用图书馆时相互学习、相互模仿、相互探讨，因而较容易形成群体效应。图书馆馆员应该利用这一点，广泛宣传图书馆的各项制度及服务范围，在阅读内容及阅读方法上加以引导，教育读者如何正确树立自己的世界观、人生观、价值观，树立良好的品德和高尚情操，形成健康向上的良好心理，达到弘扬正气、压倒邪气、杜绝违规的目的。图书馆对读者进行宣传的方式有很多，可以制作醒目的提示标牌，也可以在宣传栏及学校广播等宣传媒体上进行宣传，还可以以读书会、讨论会等形式组织读者进行讨论，对于不良行为参与评论和发表意见。另外图书馆馆员通过对违规读者进行正面批评及教育，来引导这部分读者进一步了解图书馆的各项规章制度，并能自觉遵守，使他们懂得爱惜书刊不仅是维护图书馆的利益，还要维护他们自身的利益。创造一个良好的学习环境，不仅是图书馆馆员的责任，还是读者应尽的义务和必须具备的行为准则。通过正确的教育引导，让他们树立良好的阅读习惯，自觉地与违规现象做斗争，共同营造一个良好的读书氛围。

（三）注意处理方法

图书馆馆员在进行批评教育时，应注意讲究方式方法，一切从实际出发，注意语言的针对性，对违规读者的错误要根据性质区别对待。对一般性质的图书污损，图书馆馆员应用亲切诚恳的语气对读者进行教育、引导；对自尊心强、心胸狭窄的读者，图书馆馆员要照顾其面子，尽量不在众多读者面前使其难堪，而是采取个别教育、谈心的方式，晓之以理、动之以情，使他们乐意接受并乐于改正。当然，对于严重违规的读者，如偷拿书刊、偷撕书页等性质严重、影响面广的违规行为，图书馆馆员要对其进行直截了当、严肃尖锐的批评，并严格按照图书馆的有关规定进行处罚。在处罚过程中，也会遇到被处罚者不接受或抵制处罚的情况，在这种情况下，图书馆馆员应耐心说服，避免简单粗暴，本着有理、有力、有节的原则进行教育。当然，在必要时也可交由上级部门处理。在处罚违规读者时，一定要注意方式、方法，最终达到教育本人、告诫他人、帮助读者端正阅读态度和改正错误的目的。

（四）提高自身素质

图书馆馆员是图书馆各项工作中最活跃、最关键的因素，他们能将图书馆的办馆指导思想、规章制度等传递给读者，是知识的开发者、传递者。图书馆馆员的素质决定着图书馆工作向前发展的进程，图书馆馆员必须重视自身素质的提高，主要体现在政治素质和业务素质两个方面。政治素质是图书馆馆员的政治方向、政治立场、道德品质、思想作风的总和。作为 21 世纪图书馆工作人员，一定要牢牢树立为人民服务的思想，树立科学的世界观，做到急读者所急，提倡无私奉献精神，有高度的事业心和责任感，以认真负责的工作态度、严谨细致的工作作风赢得读者的信赖和支持；以自身的政治素质对违规读者产生感染力，在潜移默化中起到教育读者的作用；用自身良好的职业道德和优质服务，来消除读者的逆反心理，消除读者的违规行为，进而消除书刊的污损源。同时，具备牢固的业务素质是图书馆馆员完成工作的基本条件，只有不断地更新知识、提高专业技能，才能使自己成为具有现代意识和具备高素质、高技能的专业人才。只有不断地提高文化素质、专业知识素质、现代科学管理素质，方能胜任 21 世纪图书馆工作。通过不断的学习，拓展知识范围，并把所学知识运用到读者服务工作中去。面对读者信息需求的日益增加，图书馆馆员应有针对性地收集、整理、归纳，并及时、准确地将这些信息提供给读者，使读者满意。

第四节 高校图书馆读者的需求探究

一、信息需求

高校图书馆读者分为本科生、研究生、教师（科研人员）及专家学者四个群体。由于读者职业、知识结构、年龄、动机、兴趣、爱好不同，其信息需求也存在差异，不仅形式多样，而且具有多种层次，并对各自的阅读有着不同层次的要求。

（一）本科生的信息需求

本科生是高校图书馆读者中最庞大的群体，随着网络技术的普及，本科生的信息需求呈现多样化、范围广的特点。不同专业、不同学科、不同年级的学生，需求范围大不相同。新生不太会利用图书馆，具有盲目性和从众行为；老生由于具备一定的专业基础知识，开始向专业的纵深方向发展；毕业生即将面临就业，他们更需要扩大知识面，以便更好地适应社会。本科生在校期间要参加各项考试，这期间借阅信息资料还具有集中性的特点，有时许多读者都来借阅同一类书籍，这类书籍就显得更为紧张。

（二）研究生的信息需求

研究生是高等教育中培养的高层次人才，是高校图书馆中重要的读者群体，在某种程度上代表着学校的教学科研水平。该群体在导师的指导下，有目的、有计划地对某一领域开展科学研究，对学科前沿知识及专业性强的学术信息的需求强烈，尤其需要与学术研究和撰写本专业学术论文相关的文献信息资料，并具有目的性、学术性、实用性的特点。因此，该群体需要在图书馆查阅到与某一专题有关的书籍信息，包括原始文献的复制资料和二次文献的开发资料、期刊文献的最新报道等。

（三）教师的信息需求

高校教师需要在图书馆查阅到本专业或与本专业相关的最新参考资料，有关学科的课程建设、教学内容、教学方法和教学保障等信息。该群体需要的信息具有高、精、尖、准的特点，并喜欢自行收集资料，在开展课题研究方面，则更需要与本专业相关的前沿文献，信息针对性强且范围比较固定。另外，大部分年轻教师都在攻读硕士、博士学位，所以对英语、计算机等考试用书的需求也占一定比例。

（四）专家学者的信息需求

高校集中了很多名望高、造诣深、影响大的专家学者，大多数为研究生导师和学科带头人。他们需要的是科研学术性强、理论性强，能够反映某一领域最前沿或代表国内外最新发展动态的文献信息。因此，这部分读者群需要的不仅是某一特定领域的文献，或某一特定文献中的篇章，与此同时，还需要信息服务部门对信息进行二次开发、增值信息，甚至是提供某一知识领域、某一单元的信息。该群体的信息需求呈现出高层次、高品位、精品化、权威性的特点。

二、阅读动机

图书馆的读者，由于他们的学历、环境、家庭、工作特点、个人的兴趣不同，阅读动机和阅读目的也不同，有的人阅读是为了学习，有的人是为了应用，有的人是为了研究，还有的人是为了欣赏，林林总总，不一而足。

（一）学习

高校图书馆的读者主要是各年级的大学生，他们中有相当部分准备报考研究生或出国进修并希望在专业上能得到更进一步的深造。这类读者多半都有自己的小书库，他们利用图书馆的动机，只是想借阅一些提供大量练习题或讲解语法知识的书籍，如《海外试题集》《托福试题》《英语水平考试指南》《英语用法指南》等，以及一些专业参考书。当然，他们同时也关心自己的专业进展情况，往往通过大量地浏览专业期刊，以获取专业发展动向和趋势的信息。他们还特别关注那些专业教科书的修订情况。对于这类读者，图书馆馆员要做到心中有数，为他们推荐最新进馆的外语书籍和专业书籍，并加快这类书籍的更新速度和周转速度。

（二）应用

阅读的动机是应用的这类读者，多为工科类的学生。在课程的体系结构中，他们需要对所学知识有一定的应用能力。所以，相关的应用类的书籍，就能满足这类学生的需求。尽管他们在学校的学习过程中建立了一定的知识结构，但他们学科的特性，使得他们要接触一些实验性的工作，因此，他们感到原来的知识结构需要充实和调整，个别的还需要建立新的知识结构。他们的阅读动机具体包括四个方面的内容：一是了解本专业领域内的知识更新；二是掌握新的技术和新的研究手段；三是不断地提高外语水平；四是掌握运用电子计算机的技术。

阅读动机是应用的这类读者，还有些是科研人员。随着科学技术的发展，他们需要学习的内容越来越多，对广度和深度的要求也越来越高，加上从事的研究领域、研究课题的不同，选择更新的学科内容和范围就会不一样。但是，无论是从事理论研究，还是从事技术研究的人员，其知识更新都必然根据自己从事的专业来确定，缺什么补什么。对于这类读者，应让他们迅速地熟悉馆藏，图书馆馆员应通过新书架和揭示板积极向他们宣传到馆的新书或印发新到的内部资料、目录。除此以外，还应帮助他们精选书刊，引导他们阅读那些专业领域内比较权威的著作和反映专业学科最新研究成果的专著。

（三）研究

这类读者多是研究生和那些有一定实践经验的青年科研人员，他们在导师的指导下，独立承担科研课题或同其他中年科研人员一起承担科研课题，他们查找书刊资料的目的比较明确，提出的问题也比较具体，多半是导师指定的书目、同行推荐的书目、书后的参考文献书目和其他的综合书目、专题书目索引等。一般来说，在课题确立以后，他们的第一项任务就是按课题的要求，详尽地收集文献资料。一个科研工作者完成一项研究工作，约有 1／3 的时间用于积累资料。这类读者由于学习的目的比较明确，并具有一定的专业修养，能独立阅读外文资料，基础扎实，因而要求图书馆馆员要了解他们的课题，并掌握其课题的进展情况，在开始、中期或是成果鉴定阶段（研究课题不同的阶段对资料的需求也不同），为他们代查、预约、保留、复印有关资料，在期限、册数和服务方式方面，创造条件使图书馆变成他们信息来源的可靠基地。

（四）欣赏

欣赏各种体裁的文学作品，是以青年人为主的高校图书馆读者的共性要求。也就是说，他们要在阅读过程中满足个人的精神享受。心理学研究表明，青年时期是人生中最宝贵、最有特色的黄金时期，人在这个时期精力充沛、求知欲强、富于幻想，并要求丰富多彩的精神生活。从表面上看，他们看杂志、画报、小说，似乎只是为了享受，然而实际上，思想的追求、道德的追求、事业的追求、美感的追求，却在表面的欣赏过程中潜移默化地进行着。正如高尔基所说："文学的目的在于帮助人理解自己，提高他对自己的信心，发展他对真理的志向，反对人们的庸俗，善于找出人的优点，在他们的心灵中启发着羞愧、愤怒、勇敢。把一切力量用在使人变得崇高而强大的事情上，并能以美的神圣精神鼓舞自己的生活。"那么作为图书馆馆员，就应了解青年读者在文学欣赏上有哪些特点和要求，以及他们对当前文艺作品的评价和看法，他们最欢迎哪一类的书籍等，并结合他们的爱好、兴趣，因势利导，帮助他们多读书、读好书。如果条件许可，图书馆可开展多种形式的读书辅导活动，包括新书介绍、读书园地咨询服务、心得交流、读书知识竞赛、历史知识答辩会、征文比赛、读书专题讲演会等，以此满足青年读者日益增长的对精神生活的需求，从而使他们既有高文化素质又有高尚情操。

当然，这些阅读动机并不是绝对的，有时在实际工作中也难以区分，对具体的某个读者来说，他也可能是一边学习、一边应用和研究。而且，阅读的动机和目的也会随着时间的推移而发生变化。但只要明确了他们的阅读动机和目的，图书馆就可以针对他们的各自特征，有的放矢地开展情报服务工作。

三、阅读兴趣

阅读兴趣是在校大学生学习生活的主要影响因素之一，是促进个人和谐发展的有效途径，是激发大学生成才、创业的重要动力。对在校大学生阅读兴趣的特点进行研究，不仅有助于高校准确及时地把握他们的阅读情况，更有助于在教育教学中培养和激发他们的积极兴趣，从而为进一步推动高校的教育教学改革、提高大学生的文化素养，创造积极有利的条件。

（一）多样性

目前在校大学生最喜欢阅读的课外书籍，按兴趣大小依次排列为文学类、社会政治法律类、历史人物类、英语类、计算机类、经济类、专业辅导类、生活类、科技类、军事类以及其他类型。由此可以看出，在校大学生阅读所涉及的书目种类繁多，其中对文学类读物最为偏爱，但这并不能掩盖他们阅读的多样性倾向。大学生阅读多样性的特点，是由大学生价值目标多元化决定的。价值目标多元化，一方面使大学生思想活跃，有益于充分发挥个人的聪明才智和创造能力；另一方面可能导致大学生受不良阅读倾向的影响，沉湎于消极的阅读类型。

（二）广泛性

从天文地理到科技实例、从文学艺术到休闲娱乐，当代大学生阅读的广泛性达到了前所未有的高度。随着计算机技术的应用和普及，以及网络技术与无线电通信技术的兴起，计算机类图书的阅读热高涨起来，大学生对网页设计、网页制作、网络安全，以及介绍最新计算机技术的图书喜爱有加。另外，因社会对经济、管理类人才的需求越来越大，此类专业招生人数猛增，从而使得在校大学生对各种经济理论、管理理论、财务会计及升学专业教材等图书的阅读兴趣日渐浓厚。所有这些，都体现了大学生阅读的广泛性特点。

（三）时代性

随着新知识和新技术不断涌现，大学生阅读的时代性特点越来越凸显出来，他们密切关注各种新事物的变化，获取各种新的信息，努力跟上时代前进的步伐。大学生对计算机新技术的关注和学习，以及对网络阅读兴趣的日趋浓厚，是他们阅读时代性特点的重要体现。此外，随着我国对外开放力度的加大，我国与世界各国的文化交流更加密切和广泛，内容新颖丰富的外国文学，备受大学生的欢迎，在校大学生还常常从网络上下载外国文学进行阅读，网络充分满足了他们的阅读需求。

（四）休闲性

大学生对文学类读物的兴趣，满足了他们认识社会、认识人生、认识生活的要求，并借以抒发和寄托自己的生活理想和表达自己对生活的憧憬，这与他们强烈的探索人生、探索生活的需要联系在一起。因当代大学生的阅读存在很大程度上的休闲娱乐倾向，又由于网络阅读的文学鱼目混珠，部分大学生的辨别能力和自控能力很差，这就体现了这类阅读的两面性：健康有益的休闲性阅读，可以增长知识、陶冶情操；无聊消极的休闲性阅读，往往给人以不良的影响。随着高校图书馆的馆藏日趋丰富和多样，大学生阅读休闲类读物的负面影响日趋严重，对言情、漫画、武侠等小说的过度阅读，对他们的思想状态产生了消极的影响。因此在大学生休闲性阅读的整个过程中，我们应注意有目的地引导他们去选择好的、有意义的、积极向上的书籍。

（五）实用性

从目前大学生的阅读倾向来看，他们对图书的选择具有很强的实用性特点，越来越倾向于选择拓展知识、指导实践类的图书进行阅读。这说明随着时代的进步，大学生阅读的功利意识逐渐减弱，他们不再是单纯地为了拿到学分，而是上升到一个新高度，既是为了自身的长足发展，提高自己的综合素质，全面发展自己，培养自己的人格魅力，也是为了使自己的行为更加合理化和科学化。同时，也为调节机械的专业学习，并获取专业以外的知识。从大学生阅读的实用性可以看到，图书阅读已经成为大学生提高自我修养不可或缺的一部分。且随着社会多元化进程的日渐推进，大学生阅读的实用性特点会更为突出。

四、阅读能力

读者阅读能力的高低，是图书馆衡量读者需求的重要尺度。所以，研究读者的阅读能力，是图书流通工作"为书找人，为人找书"的条件，是做好流通服务工作的主要环节。在高校图书馆的管理中，高校读者的阅读能力研究也是重要的部分。大学学习是由低年级到高年级，由浅入深循序渐进的过程。每一阶段都有较稳定的阅读特点，低年级学生主要表现为学习型阅读和消遣型阅读的特点，因知识结构还未完全定型，专业思想不够稳定，他们对于专业书籍的阅读有很大局限性，而强烈的探究欲促使他们广泛涉猎各类书籍，并希望通过阅读拓宽自己的知识面，使个人的文化修养达到较高的水平。所以，低年级学生的阅读兴趣，往往与社会畅销书的流行同步。高年级的学生思想逐渐成熟，阅读能力日趋提高，专业思想稳定，专业性阅读兴趣较浓厚，会阅读大量的专业书籍。有些学生还会协助教师完成一些研究课题，或为完成年度论文和毕业论文阅读许多专业以及相关专业的文献资料等。同时他们因面临就业的压力，为了增加自身的竞争优势，他们还要有计划地阅读各种考试类书籍。所以，高年级学生的阅读多为研究型阅读和实用型阅读。

应试教育制度下的高考的压力很大，使经历过高考考验的大学生们更加重视课本知识的学习和理解，而真正意义上的阅读则较少，对一些学生来说，甚至根本不存在自由的阅读。很多学生不具有科学高效的阅读能力，这限制了他们阅读的速度和质量，这无论对其知识结构的建立，还是社会化水平的提高，都是一个很大的限制。就大学生活本身来讲，阅读也具有重要的作用。首先，阅读是获取知识的手段。大学生处在一个多信息渠道的时代、一个多媒体的时代，每个人都迫切地需要汲取知识，高效的阅读能力对于大学生接收信息、获取知识尤为重要。其次，阅读是写作和研究的基础。在大学阶段，论文写作是大学生需要面对的一个新课题，尤其是毕业论文的写作，要求大学生大量阅读各种资料和书籍。相当多的大学生，自身低效的阅读能力，往往只在学校图书馆借阅5～10本相关书籍后就开始进行毕业论文的写作，由于不能有效提取参考书的信息，往往采用直接引用原书的文字、观点或者直接从互联网上收集相关资料，通过复制、粘贴等简单粗糙方式完成论文的写作。如果大学生注重高效阅读训练，就能在参考书籍中迅速准确地捕捉信息，并将其纳入自己的思考体系作为参考，避免毕业论文抄袭、雷同等问题的发生。发达国家很早就普及高效阅读教育，从小学生到大学生都具有极强的快速阅读能力，因为他们的论文写作必须参考大量的书籍，一般至少会参考30～50本，如果不能快速、高效阅读，并准确获得所需知识，那么根本无法在规定时间内完成自己的作业。最后，阅读是提高大学生人文素养的重要途径。《中共中央、国务院关于深化教育改革全面推进素质教育的决定》指出"高等教育要重视培养大学生的创新能力、实践能力和创业精神，普遍提高大学生的人文素养和科学素质"，将人文素养和科学素质摆到了并列位置。我国高等教育通过几年的院校合并、专业调整和课程体系的改革，增加了人文社科课程，目的在于提高大学生的人文素养，但是单靠开设几门人文社科课程是远远不够的，大学生必须阅读人文、历史、社会科学书籍，博览群书、长期熏陶，才能逐渐提高自己的人文素养。

第五节　高校图书馆个性化服务

网络信息技术给高校图书馆带来了前所未有的发展机遇，高校图书馆如何利用网络信息技术提升文献信息服务能力，满足用户全方位、多层次的文献信息需求，是高校图书馆亟待解决的问题。个性化服务正是图书馆赢得发展机遇的重要选择，那么什么是个性化服务，高校图书馆为什么要开展个性化服务，高校图书馆怎样开展个性化服务呢？

一、个性化服务的内涵

个性化服务包括个性化信息服务、个性化定制服务、个性化信息搜索服务、个性化信息推荐服务、个性化信息提醒服务和个性化信息代理服务等。它是相对以往整体式服务而产生的一种新型服务方式，是在与用户的交互过程中，收集用户的兴趣、信息需求等信息，并根据收集的用户信息，为用户传递其所需信息和服务的过程。它是根据用户提出的明确要求，基于用户的信息使用行为、习惯、偏好和特点或通过对用户个性、习惯的分析而主动向用户提供其可能需要的信息、产品和服务的过程。高校图书馆个性化服务，就是高校图书馆利用网络信息技术，以读者的需求为中心，研究读者的行为、兴趣、爱好、专业和习惯，利用图书馆信息资源通过以网络为主的传输媒介，所开展的有效的、分层次的、多种类型的服务。这种服务一方面能够满足读者个性化的需求；另一方面能够通过学习、总结、推测读者的信息需求，不断改进服务质量，提高读者的满意度。

二、高校图书馆开展个性化服务的必要性

（一）计算机网络、信息技术的发展，推动着高校图书馆服务方式的变革

高校网络环境的变化，给高校图书馆带来了信息服务方式的彻底变革，借助计算机网络能便捷地实现图书馆的信息共享、传递和利用，以便为图书馆开展个性化服务提供了可能。高校图书馆借助网络可以便捷地实现图书馆之间、图书馆与信息机构之间的信息资源共享，馆藏文献资源的丰富、文献检索与传递加工手段的提高，加速了文献信息交流，为高校图书馆开展个性化信息服务奠定了资源与技术基础。视听资料、缩微资料、机读资料的收藏和对数据库、光盘、文献的复制与传递，以及建立各种数据库的镜像站点，不断改变着读者获取信息、知识的习惯及行为方式，读者文献信息猛增与需求多样化，也促使高校图书馆提供新的服务方式。

（二）读者对服务要求的差异性要求服务的个性化

高校图书馆服务对象需求的多元化与个性化，这也是高校图书馆深入开展个性化服务的主要推动因素。教学科研人员乃至学生在创作科研论文、学术报告、学位论文时，需跨越时空界限通过网络获取自己所需的相关文献；个人网页、项目网站、学科门户及数字化文献系统全面组织的相关信息等都是高校读者的个性化需求。高校图书馆的服务对象，过去主要是本校的师生员工，读者结构比较单纯，原有的"以馆藏为中心"的传统服务就能够满足他们的需要。如今高校在教育形式上变得多样化，开办了各种成人高等教育班和网络远程教育培训班，及面向社会多个部门的定向委培或短期培训班，使高校图书馆的服务对象在年龄、职业、性别、知识背景、所从事专业、课题研究及兴趣爱好等结构方面发生了明显的变化。在这些因素的共同影响下，读者的文献信息需求均体现出个性化的特征，以往的服务方式已经满足不了多元化需求了。这些不同层次的读者迫切需要高校图书馆为他们提供个性化的服务平台，以便准确地获得最佳信息。

（三）高校图书馆的发展要求服务的个性化

随着各种信息提供商及咨询机构的不断涌现，高校图书馆在信息界的传统主导地位受到了一定的威胁，网络使资源共享成为可能，各高校图书馆的信息资源建设必须向特色化、个性化空间发展，而个性化的信息资源也要求有个性化的服务。因此高校图书馆只有从加强自身建设，关注读者个性化需求，提高个性化服务质量的角度出发，提供具有高附加值的信息服务产品、高效的信息咨询服务和个性化服务，方能开拓更大的生存空间。

三、高校图书馆个性化服务的特点

高校的教师既是教学骨干又是科研骨干，承担着各级各类的科研项目，为了更好地完成自身的任务，需要全面、系统、专深的专业文献信息，他们的研究过程必须随时随地补充大量的信息资源，需要高校图书馆提供国内外的最新学科、科研课题的前沿动态信息。高校中的大学生一方面为了完成一定专业的系统学习，需要阅读大量的相关专业文献和参考资料；另一方面为了补充课堂学习的不足、扩大知识面和满足兴趣爱好，他们要涉猎其他学科的大量文献，为将来走向社会、从事各种工作做好知识和能力的储备。因此高校图书馆的个性化信息服务，是指根据读者的专业特征、兴趣爱好以及独特要求等开展的信息服务，它是针对高校师生在教学、科研与学习方面的不同需要而进行的一种对应式的服务。

高校图书馆的个性化服务具有如下显著特点：

（一）层次性

高校图书馆的主要服务对象是高校的教师、学生和科研人员，这些读者都具有较明显的层次性，如教师可分为教授、副教授、讲师、助教等，学生也可分为博士研究生、硕士研究生、本科生等。很显然，不同层次的读者的信息需求侧重点不同，所要求提供的信息服务也有所区别。例如，对科研人员来说他们要求掌握学科的前沿发展动态，因此他们对高校图书馆的信息服务要求体现在查新检索上，对教师来说，主要侧重于对教学参考资料的使用与教学方法的研究上。

（二）专业性

高校图书馆的服务对象是具有一定专业背景的读者，他们对信息的需求，主要集中在自己从事研究或学习的学科专业及相关学科专业上，不同学科专业的读者有着不同的信息需求，因此高校图书馆的服务具有较强的专业性。

（三）特色性

从服务对象上看，高校图书馆个性化信息服务是相对于图书馆整体服务而言的，它既可以针对单独的个体，也可以针对具有相同特征的特定群体，因为同一专业、学历等背景下的读者，有着相似的信息需求。一般来说，一所高校的图书馆，与其他高校图书馆在馆藏与服务方面都有一定的区别，即所谓的特色。拥有高质量的特色资源，就等于拥有自己生存与发展的空间，就能立于不败之地。由此可知，高校图书馆的特色服务是提升高校图书馆形象的关键所在，所以高校图书馆要有特色服务的意识，开发特色服务的产品，打响高校图书馆的品牌，以此扩大高校图书馆的影响。

四、高校图书馆个性化服务的内容

高校图书馆个性化服务主要是通过提供以下的服务内容来实现的。

（一）原始信息检索服务

网络上存有大量不需要经过任何二次加工就能利用的事实性、数据性、参考性、凭证性的信息，但这些信息大多被淹没在无用或暂时无用的垃圾信息之中，读者自己无法找到或者需要耗费大量时间才能找到，而高校图书馆馆员可以利用自己对网络的熟悉和长期训练形成的分类编排能力，通过对某个网站的某个栏目或某个数据库的查询，迅速、准确地查询到读者所需要的信息，为读者提供个性化的原始信息服务。高校图书馆信息咨询部，就是具有这一功能的服务部门，即读者提供原始的信息检索服务。

（二）文献信息加工服务

高校图书馆可以进行深层次的文献信息加工服务。读者将咨询信息，发送至信息咨询信箱或直接反映给高校图书馆相关服务部门，该部门就会根据要求查找原始文献，进行深层次加工，形成文摘、综述、研究报告等二次、三次文献，最后通过网络传输给读者。高校图书馆也可以进行委托课题咨询。读者把委托课题及要求发送至信息咨询信箱，信息咨询部门将按约定把委托课题的阶段性成果、进展情况发送至读者电子信箱，直至委托课题结束。高校图书馆还可以进行资料翻译。读者把需求意向发送至信息咨询信箱，信息咨询部门对所获取的原版资料进行翻译，译文通过网络传递给读者。当然，目前高校图书馆在这方面的工作刚刚起步，还需加强和提升这一方面的服务。

（三）参考咨询服务

参考咨询服务是国内外图书馆近年来开展个性化服务的主要方式。它利用现代化计算机网络、通信技术和全球性图书馆网络资源，充分采集、分析读者在信息需求及使用过程中的特征，对其提供个性化、有针对性的服务。它包括在网上信息咨询台上提供实时在线数据、知识导航、定题跟踪、专题论坛等服务。个性化的参考咨询服务，其突破了传统参考咨询服务在时间和空间上的限制，读者可以在任何时间提取或获取信息，是一种更为灵活的信息服务和信息获取方式。在图书馆中，除了图书馆馆员与读者以直接交流方式完成咨询以外，由于信息技术与网络的应用，兴起了许多的数字化咨询方式，而且得到越来越普遍的使用，主要有网上实时服务、E-mail 服务、FAQ 服务等。网页上的 FAQ 完成有关图书馆情报知识的常规性咨询服务，不受时间与空间的限制解答一些普遍性问题，供读者随时随地查询；利用 E-mail 进行咨询的读者，可以通过 E-mail 等方式提出各种问题，图书馆馆员可以运用同样的方式通过查阅有关的信息资源，完成解答，这种服务通常是一对一的，具有保密性，又突破了空间和时间的限制，极大地方便了读者；

而许多高校图书馆通过电子公告板（BBS）或是讨论组（group）方式向读者提供新书通报、书目推荐、专题文献述评或是文献检索的教育等服务，比如电子资源中有中文数据库、外文数据库、自建和试用数据库以及外购数据库等。

（四）信息推送服务

信息推送服务是指依据一定的技术标准和约定，自动从信息源中选择信息并通过一定的方式（如电子邮件）有规律地将信息传递给读者或自动推送到读者桌面，是一种比较深层次的、主动的和个性化较强的服务方式。它不仅能根据读者的特性提供具有针对性的信息，还能通过对读者专业特征、研究兴趣的智能分析而主动地向读者推送其可能需要的信息。推送服务器不仅能把信息传送给读者，而且能够按照读者预先设定的信息频道和发送要求，在满足条件时，及时主动地向读者推送不断更新的动态信息，实现真正的个性化信息服务。部分高校图书馆尚未开展这方面的工作，希望在不久的将来越来越多的高校图书馆能够提供这一服务。

（五）智能代理服务

智能技术采用复杂的决策和推理反馈机制，帮助读者进行信息选择。智能代理服务是人工智能技术的典型应用，例如用于新书预订、在线书店图书预订等。不同于普通软件，它们可以快速便利地在互联网上寻找读者所要的信息。智能代理是一种能够完成委托任务的计算机系统，智能代理以及它的自动搜索处理，也是一种未来的搜索引擎。未来的互联网是一种由智能代理交互驱动的网络，它通过跟踪人们的信息行为来发掘读者的兴趣与习惯，从而为读者收集信息。许多高校图书馆在这方面提供了一些简单的服务，如新书通告、书籍预约、在线浏览等，还需要进一步提升服务质量。

（六）呼叫服务

呼叫服务是一种专门提供一对一读者服务的系统，该服务是集电话、传真机和计算机等通信和办公设备于一体的交互式服务系统，有人工座席、自动语音设备等，可以直接回答读者咨询的问题，读者可以通过电话、传真、拨号接入和访问互联网站进入图书馆服务系统，然后呼叫服务以满足信息需求。比如对课题服务设立热线电话，课题负责人拨通电话，提出具体的信息需求，图书馆信息人员就会在最短的时间内，利用馆藏和网络查找将信息亲自送到课题撰写人手中。目前来说，我国高校图书馆在这方面做得还不够，希望下一步可提供这种呼叫服务，如上门服务、借阅服务等。

（七）信息导航服务

大学图书馆、科研部门等学术科研气氛浓厚的地方，对一般的信息检索、查询都已具有较强的能力，但是，当学术资源网站业务繁忙时，要查找急需的信息资源却非常不易。读者要根据自己的兴趣，汇集众家之精华，显然是一个耗时费力的过程。这就需要一种导航式个性化服务方式帮助寻找资源。如查询学科发展最新动态、科研课题内容信息的重组与潜在信息的二次开发、解答各种学科问题、重点学科网上的收集和整序等，能提供给读者的是可利用、可借鉴、有规律、有价值的信息资源。当前学术资源类网站层出不穷，读者就想到了利用互联网交互技术让服务器自动完成这项工作，在读者和信息源之间架起一座桥梁。专业学术导航服务是将互联网上的节点，按某些主题加以归纳、分类，按照方便读者的原则，引导读者到特定的地址获取所需信息。图书馆馆员作为信息社会中的知识导航者，可以充分利用图书馆的丰富信息资源和自己的专业知识，针对特定读者开展个性化的信息服务。信息导航服务是一种非常好的网络信息整合方式，但需投入大量的人力和物力，需要的知识含量也高。目前，我国高校图书馆在这方面做得较好，比如图书馆网页上有信息导航、读者指南、读者服务等。

（八）在线咨询服务

高校图书馆可为读者提供在线的、实时的咨询服务，读者不用到馆就可以获得及时的服务。高校图书馆馆员可在线与读者进行即时的文字交流和语音视频交流，解答读者有关图书馆资源与服务相关内容的咨询，为他们提供实时的个性化咨询服务和定制服务。高校图书馆还要积极创造条件，实现图书馆自动化，依靠互联网技术，实现网上联机检索，合理配置馆藏资源和网上资源，对读者的需求进行分析研究，设计个性化服务系统，灵活、动态地定制信息资源、信息参数、信息活动过程及相关服务。目前大部分高校图书馆尚未展开这方面的工作，希望通过调查研究、了解教职员工的需求，增设类似岗位，提供完善的服务。

五、高校图书馆个性化信息服务存在的问题

通过近几年的研究和探索，高校图书馆个性化信息服务取得了丰硕的成果，同时也面临着很多问题。

（一）资金问题

尽管国内一些高校不同程度地开展了个性化信息服务，但是对于大多数高校来说，资金不足仍然是一大难题。高校图书馆为读者提供良好的个性化信息服务，需要必要的技术支持，或引进国外成型的个性化信息系统，或与其他公司合作开发个性化信息系统，或组织馆内相关技术人员自主研发个性化信息系统等，这些都需要大量的资金。

（二）技术问题

基于网络的个性化信息服务的实现有赖于成熟适宜的技术支撑，虽然支持个性化信息服务的技术，如完成读者登录、身份认证、数据匹配的 Web 数据库技术，根据读者数据动态生成网页的网页动态生成技术，实现主动服务的数据推送技术，以及数据加密技术等已基本成熟，但是生成相对完整的方案的方法和技术，如信息融合技术、数据挖掘技术、知识表达技术等，还有待进一步研究。另外，数据格式和检索途径的差异、读者界面的复杂性和差异性，会导致高校图书馆个性化服务的水平和进程受到影响。

（三）观念问题

在资源建设上，很多图书馆都给予了相当的重视，在保证纸质文献采购数量的同时，

均不同程度地购买了电子图书、引进了各类型数据库，使高校图书馆的文献资源建设上了一个新台阶，为信息服务提供了保障。然而，大多数图书馆对开展深层次的个性化服务，未表现出很大的热情，仍然沿袭传统的、被动的服务模式，这就严重影响了高校图书馆信息服务向纵深方向发展的进程。

（四）读者隐私安全与保护问题

为了更好地开展个性化服务，必然要收集读者的个人信息，这就涉及了读者的隐私问题。由于个性化信息服务需要对读者的基本信息和查询行为进行基本的分析，因此有关读者日常行为、个人信息、注册信息等，都在读者个性化特征分析之中，一方面读者担心在使用个性化信息服务时，个人信息会被泄露；另一方面，读者对个性化信息系统的隐私保护技术和能力不清楚。图书馆的个性化信息服务，应该使读者相信其个人信息不会被滥用，只会用于有效满足其需求上。图书馆应该在读者中树立良好的信誉，鼓励读者提供详细的个人信息，制定出较为完善的隐私保护政策，提供隐私政策公示并提供设定读者隐私公开程度的工具和运用保证隐私不外泄的保护技术等，进一步满足读者的信息需求。

（五）服务反馈问题

个性化信息服务反馈问题，不仅反映了读者的满意度，而且是今后进一步开展个性化信息服务工作的重要依据。其中包括读者信息、访问频率、反馈信息等内容。通过统计和分析上述内容，可以研究读者的行为和习惯以及评价服务效果，总结和分析服务中存在的问题，为读者选择更为重要的资源，以便进一步提高服务质量。

（六）知识产权意识问题

图书馆进行个性化信息服务，必然会涉及大量的信息资源和电子文献资料的处理、下载和上传，而大量的信息资源、文献资料都存在作者版权保护的问题。另外，图书馆会采用一些新的网络技术，而网络技术作为一种技术创新成果，其本身的许多微观技术包括硬件和软件，也可以成为知识产权的保护对象。

可见网络环境下的图书馆工作，在很多方面都涉及知识产权保护问题。现代图书馆要不断强化知识产权保护意识，图书馆馆员也应掌握一定的知识产权规则，只有这样才能在实际工作过程中避免侵犯他人的知识产权，减少不必要的纠纷，从而集中更多的时间、精力为读者提供更优质的服务。

（七）人员问题

个性化信息服务要求图书馆馆员具有较为扎实的专业知识与广博的学科知识、信息检索能力、对信息的整序与加工能力、计算机能力、外语能力、文字表达能力以及人文素质等。在个性化信息服务中，体现在人员方面的问题，主要有人员文化素质不高、技术能力偏低、知识结构单一等。

第四章　高校图书馆读者服务

第一节 高校图书馆服务创新

在科学技术飞速发展、知识经济观念深入人心的当下，读者对图书馆的重视程度越来越高，在高校中的表现更为显著。作为高校三大信息资源支柱之一的图书馆，不仅要以服务为根本，且要广泛应用新技术，同时不断创新服务工作，适应读者不断发展变化的需求状况，更好地为教学科研服务。

一、高校图书馆服务创新的含义和特点

简言之，服务创新就是改变服务理念，应用全新技术手段，提供更新的服务内容，提高服务质量。对于高校图书馆来说，服务创新包括改变服务观念、引进新设施、提供范围更广的服务、加强与读者之间的交流、更加了解并贴近学校的教学科研活动等。高校图书馆服务创新有以下特点：

（一）服务创新的基础是服务

不管图书馆工作方式方法如何变化，其根本目的是为学校的教学科研工作服务，一切改变都要以提高服务质量为出发点，不能因追求创新而盲目跟风。

（二）服务创新的关键是创新

随着读者要求的提高，创新成为图书馆面临的巨大挑战，要适应读者不断变化的需求，高校图书馆要结合新技术的应用，在服务方式、服务手段、服务内容、服务范围等各方面都实现创新。

（三）服务创新要有针对性

首先高校图书馆要密切关注学校教学科研动态，其次应加强与读者的互动，了解他们所需，以便服务创新的针对性更强。

二、高校图书馆服务创新的必要性

（一）高校图书馆的自身发展需要创新

知识经济时代，人们对图书馆的需要大大增加，对图书馆服务的要求也大大提高，高校图书馆传统管理和工作方式急需改进。在图书馆事业不断进步的状况下，高校图书馆在人才配置、馆藏建设、场馆设施等多方面都不再符合读者需求，导致读者逐渐流失，服务功能逐步减弱，地位也一再降低，影响高校图书馆自身发展。

（二）高校教学科研需要创新

为学校教学科研服务是高校图书馆的工作任务，新兴学科的出现，科研水平的不断提高，都要求图书馆改变工作现状。大学生是高校图书馆的主要服务对象，这是一个充满活力的群体，他们乐于接受并使用新事物，在网络、通信技术发展的环境下，他们更倾向于使用电脑、智能手机等方式获取信息，图书馆十分有必要对此创新服务手段、拓宽服务范围，以实现资源的合理利用。

（三）科学技术的发展需要创新

要做好现代图书馆读者服务工作，不仅有丰富的馆藏资源，要有优秀的图书馆员队伍，还要有现代化科学技术的支撑。图书已不仅仅是局限于纸张书本，还包括海量的电子资源，各种非书资料，这些都要借助高科技的阅读工具以及网络、计算机等来实现。在铺天盖地的网络信息资源的冲击之下，越来越多的人选择从网上获取信息，图书馆要适应读者这一变化，就必须顺应社会发展趋势，对自身进行服务创新，既要从网络收集信息供自己利用，也可通过网络与其他兄弟单位或相关机构实现资源共享，以满足读者日益提高的服务需求。

（四）与学校培养创新人才保持一致

现代社会的竞争核心是人才的竞争，高等学校要在竞争中取得优势，最主要的是要培养出创新型人才，这要求高校在教学、科研以及图书馆管理上都要保持一致，在教育教学的观念上要与时俱进，创新服务体制，为培养创新型人才服务，为学校发展服务。

三、高校图书馆服务创新的具体措施

（一）创新服务机制

高校图书馆领导要充分认识到服务创新的必要性，对上要寻求学校和主管单位的支持与帮助，对下能充分挖掘图书馆员的潜力，培养他们的创新意识，并制定切实有效的规章制度，激发其工作热情，为读者提供优质服务。

（二）改变服务观念

高校图书馆一贯有着被动等待服务的传统观念，要实现图书馆服务创新，首先要打破这一传统，变被动为主动，吸引更多读者利用图书馆，提高图书使用效率。同时要破除原有束缚，主动与学校各院系及资料室加强联系，了解教学科研需求，并保持跟踪服务，以便及时提供最有价值的信息资料。

（三）拓展服务范围

在网络技术、信息技术飞速发展的影响下，高校图书馆服务工作不能局限于图书报刊的阅览和简单借还，还要充分利用新技术、新设备，开拓新的服务领域。例如：将图书馆馆藏资源数字化，让读者使用起来更加快捷、方便；建立特色数据库，满足教学科研需要；通过网络为读者提供包括文献导航、借阅、检索、在线咨询、查新等在内的全方位服务，适应读者多样化需求，提供个性化服务；设立网站、宣传栏、公告板等及时发布图书馆信息动态等。

（四）提倡资源共享

高校图书馆馆藏是与学校专业设置相关的，所以图书馆与各院系资料室联系也十分密切。在网络化基础上，将馆藏资源与各院系资料建立共享服务，方便教学科研活动的开展，有助于提高信息资源使用效率。

（五）增加服务深度

对于高校教学科研活动，图书馆不能只负责提供简单信息资源，还要考虑到专业发展需要，制定学科馆员制度，做好对应服务工作。对馆藏资源进行深度挖掘，从简单的文献传递到提供深层次资料，开发二次文献、三次文献等，实现信息重组，为教学科研人员选择最前沿的专业成果，提供优质信息服务。

（六）加强人才建设

高校图书馆服务创新离不开图书馆员队伍建设，在网络化、信息化的冲击下，图书馆不能只有图书情报专业人员和计算机技术人员，作为学校的文献服务支持部门，还要配备与学校发展相适应的学科专业人员，以便为教学科研提供最直接服务。同时，图书馆员也要努力提高自身综合素质，在过硬的专业知识以外，还应多掌握一些网络和电脑知识，关注学校教学科研动态，提高信息资源开发能力。

四、关于高校图书馆服务创新的建议

（一）创新可以借鉴，但不能是简单的"拿来主义"

高校图书馆要根据学校教学科研情况以及读者需求状况，以此为向导，结合本馆自身实际，在适用的基础上合理借鉴，寻求最有效的方式方法。

（二）创新不能对传统全盘否定

图书馆传统管理方法和服务方式存在缺点，但不可否认还是有好的部分值得保留。比如文献资料可以长久保存、能够不借助工具直接阅览、方便与读者面对面交流等。高校图书馆应该将传统与现代管理和服务手段相结合，充分利用其优点为读者服务。

（三）要有规范的激励机制和长效监督机制

图书馆的创新服务最终还是要靠图书馆员的工作来实现，因此应予以物质、精神等奖励激发其工作热情，确保优质服务。同时，还要通过多种渠道对图书馆员的创新服务进行监督，例如在本馆网页设置监督平台，对读者开展满意度调查；鼓励读者直接参与到图书馆工作中进行体验，让他们更有效地实行监督。

（四）创新是一个发展过程，要随着读者需求的变化而不断调整

高校图书馆要密切关注学校发展动态和学科变化情况，及时了解读者需要，掌握读者阅读心理，引进新技术新设备，注重培养能够提供多种服务的复合型人才，并在此基础上积累经验，便于开展主动服务。

高校图书馆的存在以服务学校为宗旨，在科技进步、读者要求提高的情况下，高校图书馆要不断探索服务创新的途径，发挥其应有功能。同时，进一步要求图书馆员深化服务理念，在创新基础上保证服务质量，让更多人走进图书馆，利用图书馆。

第二节　高校图书馆服务社会化

经济文化科技随着信息化、全球化时代的到来不断发展，高校图书馆机构，在提高全民族科技文化素质、培养社会公众终身学习能力、推广阅读等方面，具有极大的资源优势，也肩负不可推卸的社会责任。

一、高校图书馆服务社会化的概念

阮冈纳赞认为，图书馆的目的是为社会利用，与社会同步前进。作为其中一分子的高校图书馆，也面临这一未来发展的必然趋势。

高校图书馆服务社会化，需要打破为本校师生服务的限制，向社会公众开放，满足公众使用图书馆的愿望，实现高校图书馆的社会价值。高校图书馆根据自身特点，在做好本职工作的基础上，与社会实现资源共享。

如为社会读者提供图书借阅，开放校内网络资源，提供参考咨询、信息检索教育，各种电子数据库使用与培训远程教育、文献传递等。

高校图书馆长于知识收集、信息加工和储存等工作，不仅有利于文献管理，也便于为读者提供服务。要提高馆藏信息资源利用率，高校图书馆必须打破常规，扩大服务面，面向社会提供全方位信息服务，这样才能全面利用高校图书馆馆藏资源，为社会进步发展做出贡献。

二、高校图书馆服务社会化的范围

当今社会是知识经济时代，知识就是力量，信息是一种重要的社会资源。社会和经

济的飞速发展，使得信息需求量快速增长，这是高校图书馆发展的重大机遇。

（一）服务理念社会化

参考终身教育、全民教育理念，图书馆隶属于社会教育机构范畴，它是对社会成员进行教育的学校，是不受地域、年龄、学制等限制的学校。这其中，高校图书馆是高校文献信息中心，是实施教育的重要场所，为公众提供服务也是一项社会责任。

高校图书馆事业在传统办学方式的影响下，长期以来存在"重藏轻用"的思想。高校图书馆一直被认为是为高校教学和科研服务的，忽略了高校图书馆资源属于社会财富，没有认识到其在提高整体国民素质方面具有不可推卸的责任。高校图书馆在馆舍设施建设、信息资源占有、信息技术掌握及人员水平素质等诸多方面都有自己相当大的优势，如此丰富的资源得不到充分利用，是一种极大浪费，违背了图书馆建设的基本宗旨。

因此，高校图书馆可以在保证本职工作的前提下，发挥优势，根据自身特点和具体实际面向社会，把服务职能延伸到社会中去，实现资源共享，充分发挥图书馆信息资源的作用。

（二）图书资源社会化

高校图书馆服务社会化，面对的读者类型和需求必然也会多样化。高校图书馆馆藏结构一般与学校教学和专业设置匹配，馆藏书刊、数据库等多以本校专业和学科建设为主，不完全符合社会读者需求，单靠一个图书馆是难以满足长远发展状况的。所以，高校图书馆必须打破资源壁垒，与其他图书馆以及相关机构联合起来，加强合作，整合各种类型的信息资源，探索图书馆之间资源互用的方法和政策，建立统一业务管理平台，打破馆际限制，实现资源共享，互利互惠。在提高服务水平的同时降低成本，也让高校图书馆社会化服务面得到拓展。

（三）相关准备

1.宣传准备

高校图书馆馆藏丰富却没有被充分利用，其主要原因在于高校图书馆不为社会所熟悉。针对这种情况，可以采取现代化管理思路，改变传统方式，利用各种媒介宣传高校图书馆，充分发挥资源和人才优势，使图书馆的服务理念和新形象深入人心，提高社会认知度，深入基层群众，介绍自己的特点和所长，让死书变活，提高文献利用率，为社会大众服务。

2.管理制度准备

社会读者庞大而复杂，他们对图书馆的服务范围、内容和服务方式都有着不同的要求。高校图书馆是为本校教学科研服务的，要重视本职工作，必须在保证本校师生优先利用的前提下才能面向校外读者开放，不能本末倒置。高校图书馆的管理制度是与学校相匹配的，不适合对外服务，所以改变现行管理制度是面向社会开放的前提，需要图书馆对各个环节做好明文规定，让读者有章可循，使对外开放规范化。

3. 人力资源准备

高校图书馆人力资源配置与学校和图书馆特点一致，面向社会开放后，传统的被动服务转变为主动服务，在高层次专业人才方面的需求增加。高校图书馆需要对管理人员进行专业培训，在深层次服务的思考和挖掘、高科技管理技术手段的引进等方面提升业务水平，满足社会读者的信息服务需求。

三、高校图书馆服务社会化的组织与实践

（一）打破旧观念

高校图书馆面向社会开放，首先要摆脱专为高校服务的思想束缚，对自己重新定位，正视其社会属性。高校图书馆不仅是为高校教学科研服务的，也要为社会所有，要改变传统的封闭模式，树立为公众服务的思想。

（二）服务至上，了解社会用户需求

高校图书馆要把服务贯穿到图书馆发展进程中，在各项工作中融入人文思想，实施人性化服务，充分体现"读者第一，服务至上"的宗旨，保证读者权利，让所有人都能利用知识信息，享受图书馆的各种服务。高校图书馆的服务及管理要从读者角度考虑，打造便利的阅读、学习环境；多种渠道调研，准确掌握社会用户需求，以此为导向明确服务目标，提供有效服务内容。

（三）加强图书馆与相关机构间的合作

高校图书馆可以和公共图书馆实行馆际互借，打破按系统各自为政的条条框框，建立资源共享协作关系，与公共图书馆实现文献资源互通有无，弥补自身不足。高校图书馆与其他机构合作，在扩大影响的同时，推进社会经济文化建设，促进服务水平不断提高，发挥信息资源的最大效益，提高服务质量，提升图书馆的社会影响力，有助于提高学校声望。

（四）开展个性化服务

高校图书馆拥有丰富的特色资源，社会读者一般很难接触到。通过社会化服务方式，对信息资源进行系统管理，及时准确地满足社会读者的信息需求。要进一步发挥高校图书馆在社会中的作用，图书馆需要改变传统服务模式，不再提供简单信息，而要对资源进行深度加工，有针对性地开发各种知识产品，提高资源利用率，为读者提供多种类型的信息服务，提高服务质量，保证图书馆的可持续发展。高校图书馆面向社会服务不能只是一句口号，必须能提供具有特色的、针对性强的信息服务，让读者感受到图书馆的价值，方为长久之道。

四、高校图书馆服务社会化的具体方式

（一）基础文献服务

要提高馆藏文献的资源利用率，拓宽服务领域，可以向社会发放一定数量的借阅证，既适应社会读者需求，又能发挥高校图书馆的作用，这是高校图书馆社会化服务最基本的形式；在此基础上进一步拓展服务范围，如资料复印、设立公众开放日等。

（二）数字资源共享

在信息化背景下，数字资源服务是高校图书馆开展社会化服务最便捷的方式。数字资源以丰富的馆藏资源为基础，通过网络对社会开放，能够突破图书馆时空限制，改变传统的资源获取方式，提高服务效率。同时，设立专门的网络服务通道，及时为社会读者提供个性化服务，满足读者多元化需求，扩大图书馆和学校的影响力，促进产学研结合，实现图书馆的社会价值。

（三）进行信息深加工，提供高层次服务

图书馆为用户提供信息服务，不能简单局限于原始图书或资料，旦要进行信息深加工，发挥文献信息的巨大潜力，为科研用户提供具有深度和广度的综述性文献，满足他们对综合性信息的需求。通过不断开发信息资源，为社会提供多层次、多品种的信息产品，促进管理人员整体素质的提高。拓展服务还可以涉及远程教育、社会教育和培训、专题讲座等，发挥高校图书馆的资源和人才优势，拓展社会公众文化视野，提高公众文化素养。

高校图书馆服务社会化是社会物质文明和精神文明建设的需要，同时也能促进图书馆发展，提升学校影响力。在具体实践过程中，还有许多问题亟待解决，在服务、管理等方面也要进一步完善，这些都需要集思广益，开创新思路，在工作中总结经验；同时还要得到学校、图书馆以及社会各界的支持和配合，方能使高校图书馆服务社会化工作顺利开展。

第三节 创客理念与高校图书馆服务工作

信息技术的发展带来了文化领域的变革，作为文化知识的集中地，高校图书馆服务工作面临新一轮创新发展。创客是指利用互联网、3D 打印机和各种桌面设备与工具将自身各种创意转变为实际产品的人，源自英语单词 maker，包括设计师、艺术家等人群，他们以用户体验为中心进行制造、设计，致力于把创意变成现实，追求更美好的生活。在当前"互联网+"技术背景下，图书馆服务创新是适应社会发展的必然要求，也是为读者提供更好服务的前提。作为图书馆系统中技术、人才及资源的重要集中地，高校图书馆在服务创新方面有极大的发展空间。

一、创客文化

创客文化兴起于国外，现今在国内也开始蓬勃发展。创客理念的核心内容是创新，创新是信息时代到来的本质特征，创新型人才是信息社会的内在诉求。创客文化的主流形式是非正式的，热衷于将新技术和传统领域的绘画、设计等相结合，并利用网络、计算机、多媒体等技术手段来实现全新的展现方式，因此可将创客理念理解为创新、创造、主动、开放、公益、共享等。

高校是创新发展的主要园地之一，作为学校教育教学和科研文献情报中心，随着教学模式、课程体系的变化，以用户群体逐步扩大，高校图书馆也要充分领会创新的意义，以发展的理念结合先进技术，改变传统服务模式，引进竞争、合作等全新观念，合理利用交互式网络技术，向当前文化和信息环境靠拢，突破单纯的在校读者和阅览室的限制，成为全社会各种学历、年龄段以及工作领域人群的阅读学习场所。

二、高校图书馆传统服务模式

（一）重藏轻用

高校图书馆传统工作重心是文献，所有工作都是围绕文献开展的，包括文献收集、整理、加工、保存等。虽然藏书量逐年增加，但并没有将读者需求放在首位。馆藏图书虽然"大而全"，却因为没有深入调研、系统分类而造成重复订购，不仅花费高昂的采购资金，占据馆藏空间，还得不到有效利用，是对馆藏资源的极大浪费。印度图书馆学家阮冈纳赞提出，"图书是为了利用的，图书则是为了一切人而存在的"，其突出的中心就是图书馆服务工作。

（二）服务面过窄

高校图书馆传统服务对象仅限于本校教师和学生，只为他们的教学科研提供简单借阅、复印等服务，服务面过窄和图书馆被动服务形成一个不良循环。一方面服务对象单一，使得图书馆的服务方式、服务内容等无法得到扩展，馆藏资源不能有效利用；另一方面，高校图书馆服务的被动性导致服务对象只熟悉固定、单一的获取信息资源方式，局限于图书资料的表面信息，读者不能在最合适的时间以最便捷的方式获取所需资料，需求不能得到满足，对信息资源也是极大浪费。

（三）服务被动

传统高校图书馆给人的印象是工作清闲、借还修补；工作内容简单重复、技术含量低，几乎任何人都能胜任。这也间接导致了高校图书馆一向成为学校教职工亲属、子女安置地，如此循环往复，再加上没有高质量的专业人才，致使图书馆服务工作停滞不前。

三、高校图书馆现阶段服务模式

（一）服务对象扩大

在校内读者的基础上，服务对象扩展到更加广泛的科研人员和社会人群。图书馆是高校信息资源的三大支柱之一，在某些方面也代表了学校水平，服务工作的好坏直接影响到高校图书馆整体形象。因此，目前很多高校图书馆实行向社会读者开放或有限开放，用户群体的扩大提高了图书馆知名度，推动信息资源利用率得到提高，同时用户需求多样化也推动了图书馆工作的开展。

（二）服务方式改变

传统的高校图书馆出于收藏需要，采用封闭式书库模式，读者需求要通过书库管理人员来实现，读者和图书资料不能面对面接触；现在多数图书馆都采用"开架"借阅，读者直接进入书库查阅所需图书，不仅选择范围扩大，针对性也更强，大大提高了图书使用效率，读者满意度也逐步上升。同时结合场馆特点打造优质的阅览环境，提供相应的人性化服务，使读者在舒适、温馨的环境中接受文化熏陶。

读者需求是图书馆服务工作前进的动力，读者群体的扩大使得服务需求显著提高。根据创客理念的精髓，图书馆要发掘读者的个性化需求，加强服务手段。而针对不同读者，在调查研究之后，高校图书馆要在收藏、加工、保存等工作的基础上拓展服务面，对馆藏资源进行信息加工，针对读者具体需要，编制一次、二次文献及其他专题文献资源。各高校图书馆之间加强联系和交流，互通有无，实行馆际互借和文献传递服务，在提高资源利用率的同时进一步扩大读者群。

四、创客理念对高校图书馆服务创新走向的影响

创客理念是通过不断地尝试、学习，通过与他人的融合、合作等方式实现的，强调不故步自封、不模式僵化，只有打破常规才有前进的可能。高校图书馆身处学校内部，虽然以馆舍形式存在，但馆内的信息资源可以是开放的、共享的，不受高墙建筑限制的。高校图书馆具有厚重的文化底蕴，不仅是学校的信息资源中心，在文化知识传承方面也可以为社会服务。创客理念对高校图书馆服务创新走向的影响表现在以下几方面：

（一）观念创新

图书馆文化是图书馆在其活动过程中形成或创造的具有图书馆个性特征的精神财富，图书馆服务工作要改变以往单纯围绕书、刊的观念，要以读者为中心，把封闭的高校图书馆转变为公众能直接参与创新的地方，大众和图书管理人员一起"头脑风暴"，打造开放型高品质图书馆，实现双方共赢。高校图书馆面向社会开放，逐步扩大馆藏开架范围，增加开放时间，电子资源全年不间断使用等，都是将读者放在首位的具体表现。

（二）拓宽服务领域

数字化时代背景下，高校图书馆要进一步拓宽服务领域，依托先进的计算机技术，

致力于开发质量高、影响力度大的数字化信息产品，及时发布和积极宣传高校图书馆新增的数字化信息文献。在"互联网+"的环境下，高校图书馆可持续发展目标的实现，需要将原有优势与新思想、新技术融合在一起，及时找准社会定位，借助创造性思维实现自身社会价值的提升。现在，很多图书馆开发了云服务平台，只要连接到互联网，读者都可以浏览阅读，不再拘泥于以往的实体图书馆。

（三）服务方式创新

高校图书馆服务工作经过多年发展，虽然突破了传统的被动服务，以读者为中心进行了一系列调整，但在数字化、信息化、网络化的今天，要确保图书馆事业得到可持续发展，还要进一步创新服务方式。创客理念中跨界、融合观点的引入，为图书馆服务的发展提供了新方向，如推出手机图书馆服务等。现在智能手机普及率均超过了家用电脑，其便携和随时随地可以上网的属性决定了手机图书馆的推广速度。

（四）在公益服务的基础上提供有偿服务

创客，其特点在于主动学习、积极实践。高校图书馆是各种信息资源传播中心之一，要充分发挥这个优势，在于通过不同的、新的服务方式的探索与实践。例如，在公益服务基础上提供有偿服务就是一种大胆尝试。

高校图书馆向社会读者开放是公益性质的，读者查阅图书资料不承担任何费用，这是图书馆的基本职能，但长期没有竞争的环境使图书馆工作失去活力、效率低下。针对这种情况，高校图书馆可以调整自身资源配置，用以满足读者需求为目标，在公益服务的基础上提供有偿服务。例如，部分用整合、分析、加工等存在困难，高校图书馆可以利用自身专业和技术优势为他们提供数据挖掘、信息深加工等服务；又如文献信息资源代查、代译服务等。这些形式的服务不仅更好地满足了读者需求，也更有效地利用了馆藏信息资源，提高了高校图书馆的竞争力，使高校图书馆保持可持续发展。

（五）打造学科馆员服务团队

按照创客空间目前的发展趋势，今后会逐步走向专业。高校图书馆可以借鉴创客空间的发展模式，结合自身特色和优势，在服务方面进一步深化。学科馆员制度就是一种立足于高等院校、积极联系高校院系，为其提供更专业的学科服务的方式。学科馆员设立的目的是为了加强高校图书馆和各院系间的交流，提高院系对图书馆的了解程度，也更有助于图书馆为各院系提供有针对性的服务。高校图书馆根据学校院系设置情况安排学科馆员队伍，一到两位学科馆员为一组负责某个院系或学科的日常工作，做到深入院系，主动与院系或学科负责人保持联系，及时了解其科研、教学需求；同时负责收集各院系读者其他方面的信息需求，将工作细化、具体化，为读者提供个性化服务。另一方面，这种创新服务方式也促使高校图书馆员践行积极探索、大胆创新的理念，努力提高自身专业素质和各种业务技能，实现各院系的不同信息需求。

（六）为读者创业活动提供空间

目前，国内外很多图书馆都把创客理念融入图书馆建设之中，创客空间的发展逐渐受到重视。在美国，第一个建立创客空间的图书馆是费耶特维尔公共图书馆，他们将创客空间分为儿童、中学生、成年人等几个区域，为不同年龄段读者提供有针对性的服务。不仅用各种先进的技术手段为读者进行培训或提供设备，更注重创新成果的分享和发布，在促进读者之间交流和联系的同时，也拉近了读者与图书馆的距离。

在开架阅览和向社会开放的基础上，高校图书馆可以为校内外学生、科研人员开辟专门的创意空间，让不同专业、年龄的各类读者互相交流、思维碰撞，利用图书馆馆藏资源和各种软硬件设备为他们提供创新平台。上海图书馆成为国内第一个提供创客空间服务的图书馆，其"创新空间"对外开放包括阅读、IC 共享、专利标准服务、创意设计展览、全媒体交流体验等五大功能区，围绕创意、创新的主题配置先进设备，提供完善的人性化的服务，成为创客读者之间交流的桥梁和纽带，也促进了图书馆与社会的融合。

创客运动的发展带来了创新教育的变革。近年来，国家连续出台一系列鼓励高校毕业生自主创业的相关政策，作为教育的前沿阵地之一，高校图书馆也肩负不可推卸的责任。为大学生自主创业提供服务，能够帮助他们提高实践能力和综合素质，在就业大军中提高竞争力，从而提高学校的整体就业率，也能提升图书馆的地位。在信息技术和创客理念的潮流推动下，高校图书馆服务工作为了满足读者多元化需求，要突破常规，以自身优势为基础结合时代特点开创全新的服务内容和方式，提升服务品质。

第四节 高校图书馆面向信息弱势群体提供服务

信息技术的迅猛发展使得信息资源海量涌入，信息弱势群体由于经济、文化、身体条件等差异，在获取信息资源的手段和使用能力方面都存在很多问题，需要得到全社会的帮助。作为社会公益性文化传播机构的高校图书馆，并对此负有巨大的社会责任。

一、信息弱势群体的内涵

（一）信息弱势群体

信息弱势群体是指在信息社会中，由于经济、年龄、身体或受教育程度等条件的限制，使得一部分人群获取信息的渠道少、能力弱。在当前社会，信息逐渐成为一种重要的社会资源，不能有效获取信息资源必然会在享受信息服务方面处于劣势，由此对生产生活造成很大影响。

（二）信息弱势群体的组成

信息弱势群体一般分为生理性和社会性两类：生理性信息弱势群体包括受年龄、身体等因素影响的老人、儿童及各类残障人士；社会性信息弱势群体是指受经济条件、知识背景等限制的人群，如贫困人员、体力劳动者、无业人群等，其普遍收入低，只能维持基本生活需要，甚至更差，相应受教育程度也偏低，因此从事的大都是技术含量较低的体力劳动。

20 世纪 90 年代末，国际图联教育与发展部属下的"社会责任讨论组"定义了信息贫穷者，包括：一是发展中国家经济处于弱势的人群；二是与外界缺乏交流和沟通的边远地区的人们；三是文化缺乏和社会贫穷弱势群体，尤其是文盲、老人、妇女和儿童；四是生理残疾者。

二、信息弱势群体产生的原因

（一）缺少公共基础设施

随着信息技术的发展，各种数字化设备成为获取信息资源不可缺少的工具，网络和移动设备等为人们带来了巨大便利。但对于信息弱势群体来说，生活负担已经很重，高昂的费用让这些都变得遥不可及。因此公共信息设施的普及是保障信息弱势群体享有信息权利的基础。

（二）生理障碍者的存在

生理障碍者一般是指身体有视觉、听觉、肢体等残疾的人或体能有障碍的年老体弱者，他们因为身体原因或因无法使用常规工具而不能顺利获取信息资源。

（三）信息资源不够丰富

由于经费紧张等原因，目前部分地区人均图书数量还很少，偏远地区更甚。此外，图书馆硬件设备配置偏低，设施简单，不仅馆室面积不够，也没有为信息弱势群体提供使用的配套设施以及相应服务，使得信息弱势群体很难有机会接触到高质量、有针对性的信息资源。

在如今的信息社会中，接收不到新信息、学不到新知识就属于信息弱势。随着网络技术的发展，各种手持移动终端设备的普及，使得信息资源传播的速度加快。人们在信息的海洋中畅游，获取所需的各种信息资源，但对于一些学历低甚至没上过学的人以及年长者来说，他们由于信息素养低，缺乏获取信息资源的能力，或不关注这种学习方式，从而形成信息弱势群体。

三、高校图书馆为信息弱势群体服务的意义

图书馆是公益性机构，要公平对待所有公民。作为文化知识和信息资源传播机构，高校图书馆要大力进行全民阅读推广，不仅要面对普通群众，要多加关注信息弱势群体的需求。

（一）高校图书馆有服务于信息弱势群体的社会责任

图书馆本身就具有传播知识、保存文化的职能，在现代信息社会，高校图书馆成为知识传播地，是全民阅读推广中心之一。联合国教科文组织与国际图书馆协会在 20 世纪 40 年代的《公共图书馆宣言》中指出："公共图书还必须向由于种种原因不能向其提供正常服务和资料的人……提供特殊的服务和资料。"在信息知识就是财富的社会中，高

校图书馆要在免费为读者服务的基础上，为信息弱势群体提供有针对性的服务以及便利的设施，保障他们获取信息的权利，为信息弱势群体改变自身状态尽一份力。

（二）高校图书馆为信息弱势群体服务有利于社会稳定

和谐社会的建立依靠社会各行各业共同努力，信息弱势群体通常伴随着收入低、学历低、经济条件差以及身体弱等状况，这些都是不利于社会稳定的隐患。在这里，高校图书馆可以发挥自己的功能，通过保障人们的文化权利，在为信息弱势群体提供知识的同时带来精神慰藉，不仅提高他们的文化水平和信息素养，还增加他们与社会交流的机会，以人文关怀推动社会整体素质的提高，并为社会稳定以及和谐发展做出努力。

（三）高校图书馆为信息弱势群体服务是自身发展的需要

各行各业都存在着竞争，高校图书馆也不例外。要谋求自身发展，就要拓宽服务范围，提高服务质量。对于信息弱势群体来说，可以获取信息资源的方式和途径少之又少，高校图书馆可以把握住这个服务方向，在做好常规服务的同时，加强自身基础设施建设，丰富馆藏资源，有计划、有针对性地开拓信息弱势群体这一市场，为他们提供相应服务。

四、高校图书馆为信息弱势群体服务的优势

（一）信息资源丰富

高校图书馆具有丰富的馆藏资源，信息资源类型多样，例如印刷书籍、视听资料、缩微胶片以及网络数据库等，在图书资料总藏量和人均拥有量方面都有得天独厚的优势。

（二）服务设施比较健全，能满足各类读者需要

在硬件配备上，高校图书馆的馆室设计和服务设施，能满足信息弱势群体的需求，如为轮椅使用者建立坡道、专用电梯、卫生间，为盲人配备专用刻印机，以及为年老体弱者加设扶手、座位等。在服务上，可以为信息弱势群体提供有针对性的无障碍服务，如为残障人士开设专门阅览室，为儿童读者设立儿童阅览区域等，使各类读者的不同需求都尽可能得到满足，从而享受阅读，享有获取信息资源的权利。

（三）高校图书馆具备为信息弱势群体服务的实践经验

由于高校图书馆一直以来从事信息资源的收藏及利用工作，在这方面积累了大量实践经验，在面向信息弱势群体服务时，在理论和实际工作中都得心应手，能够保证为他们提供长期、免费的信息服务。

五、高校图书馆为信息弱势群体服务的主要内容

（一）为生理性信息弱势群体提供相应服务

如为年老体弱者设置操作简单的电子阅读机，提供更高层次的健康咨询服务，向他们普及有关医疗、卫生方面的常识；为肢体残障读者配备触屏机器便于检索和查询；设

计有针对性的网络服务方式，减少他们的奔波劳顿；硬件设施方面设计无障碍通道、卫生间等。

（二）提供法律咨询服务

信息弱势群体普遍学历水平低，法律常识欠缺，高校图书馆可以发挥识，不仅可提高他们遵纪守法的自觉性，还可帮助他们维护自身合法权益。

（三）注重对信息弱势群体综合素质的培养

信息弱势群体形成原因之一是缺乏对现代信息技术的掌握和使用能力。高校图书馆在为他们提供服务时，不能仅仅简单提供咨询、查询、阅览等，更要注重综合能力的培养，为他们提供学习技能的机会，这样，在信息技术和网络普及的现代社会，他们才有能力获取信息资源，为生产生活所用。

（四）重视信息弱势群体的心理健康

高校图书馆是社会公益性文化传播机构，对全社会都负有不可推卸的文化宣传责任。对于信息弱势群体的心理健康，高校图书馆要发挥自身优势，在馆藏资源上略有侧重，增加有利于身心健康的图书资料，并对信息弱势群体进行心理疏导，减少心理问题的产生。

（五）为信息弱势群体设立特色资源

信息弱势群体大多由于经济、知识等因素缺少学习机会，高校图书馆可以开展人性化服务，针对他们开设特色资源、打造学习空间，增加学习机会，提供与他们能力相符的学习内容，从而提高其社会竞争力。同时，根据各馆实际能力，可以为信息弱势群体建立读者档案，对他们的年龄、阅读兴趣、满意度等进行登记归类并做好相应统计研究，以便提供更专业的信息服务。

六、高校图书馆面向信息弱势群体服务的新举措

（一）设立信息弱势群体档案

高校图书馆可以面向社会，主动寻求为信息弱势群体服务的机会，通过建立信息档案，收集他们的年龄、性别、身体状况、兴趣爱好等，了解其的具体需求，在自身馆藏基础上研究更适合的、有针对性的服务，提高服务效率和满意度。

（二）服务手段多样化

互联网技术的发展和移动设备的普及，使高校图书馆的服务渠道不断增加，在门户网站的基础上，现在越来越多的图书馆都建设了移动服务平台，并通过微博、微信等方式提供服务，及时推送最新信息。针对信息弱势群体的特点，高校图书馆在人工服务的同时，利用馆内设施等向他们普及网络服务的使用方法，确保他们不仅能顺利获取到信息资源，而且能学习到实用知识。

（三）寻找合作平台

《公共图书馆宣言》中开放、平等的观点，体现了图书馆信息机会平等精神，确定了图书馆的服务对象是所有社会公民。要尽力实现这种公平，高校图书馆自身之力过于单薄，需要与外界合作。比如与政府合作，利用报纸、电视、公告等各种大众媒体形式，为信息弱势群体传递信息，是一种行之有效的、易为他们所接受的服务方式；如与社区合作，吸纳志愿者加入服务阵营，并深入社区为信息弱势群体提供一对一上门服务，拓宽服务面。

和谐社会的发展需要我们多多关注弱势群体，高校图书馆为信息弱势群体服务是责任也是义务。利用尽可能多的方式和渠道，为信息弱势群体提供更贴心、更有效的信息服务，是高校图书馆服务社会化的表现，也是其发挥信息文化传播功能的表现。

第五节　高校图书馆与女性阅读服务

阅读，是人类文明的标志之一，带有很强的社会性，不同群体存在很大差异，其中由于性别不同产生的差异十分显著，女性阅读始终处于弱势。随着社会的进步，女性地位的提高，现代女性越来越多地参与社会活动，女性阅读也得到广泛重视。与传统状况相比，现在的女性读者更希望全面改变和提升以往的思想观念，以便帮助自己在工作、家庭及子女教育方面承担更重要的责任。近年来，国家对女性在政治、经济、文化等各个领域的重视程度都在逐步提高，作为教育阵地之一的高校图书馆，应该给予女性读者以更多的关爱和帮助。高校图书馆在服务女性读者方面有着不可推卸的责任和得天独厚的优势，因此如何为女性读者提供更优质的服务、如何吸引其更加关注高校图书馆并有效阅读，是高校图书馆的迫切任务。

一、女性阅读特点

（一）性别特征明显

现代社会男女同工同酬，大多数女性走出家庭，走向不同工作岗位，和男性一起承担起社会责任。但相较于男性，她们仍然有柔弱的一面：年轻女性喜欢爱情小说、童话美文；已婚女性爱看服装、美容杂志，爱看修身养性的散文、游记，借以达到内外兼修、丰富阅历的目的；而已育女性则钟情于幼儿教育、家庭亲子等。这也是女性不断提升自我，实现人生价值并获取社会认同的表现之一。

（二）情感诉求高

现代女性越来越多地参与社会活动，受教育程度也有大幅度提升，在社会地位显著提高的同时，也承受着前所未有的压力，她们必定想寻找一方属于自己的空间放松身心，阅读不失为一剂良药。由于生理特点及长期的社会影响，女性爱幻想、爱浪漫、追求完美，但现代生活的节奏又迫使她们必须面对现实，因此女性有着很复杂的阅读心理。在阅读中，一方面她们偏爱感性类书籍，希望在其中寻找到精神寄托，满足情感需要，从而实现心灵享受；另一方面又要立足实际，从教科书一般晦涩难懂的读物里探究人生道理，寻求认同感，并活学活用于生活、工作中，这其实也是情感需求的一种表现。

（三）年龄差异较大

不同年龄段的女性读者阅读倾向差别较大，年轻女性富有活力、个性鲜明、时尚自我，对完美爱情充满向往之情，因此她们喜爱阅读学习类、励志类、情感类图书；稍长已婚已育的女性往往选择教育类、科普类图书；而中年以上的女性则追求精神享受，钟爱实用性较强的如养生保健、修身养性的图书。

照顾子女自古以来主要就是女性的责任，而现代社会的激烈竞争使得男性承受巨大压力，所以在家庭中与孩子接触最多的仍然是母亲，母亲的阅读对于孩子的习惯养成和素质高低有很深的影响。作为教育和娱乐的重要组成部分，阅读不仅有利于帮助孩子成长，还有利于加强亲子关系，因此关注女性阅读，就是关注孩子的未来。

（四）阅读倾向发生转变

近年来，随着社会的发展，女性地位的提高，对女性读者阅读倾向的转换有很大影响。社会意识的逐步增强，使得女性读者更多地要求精神独立、发现自我，希望得到社会认同，她们的阅读目的从休闲向关注自身、关注社会动态转变。

二、女性阅读现状剖析

（一）现状

1. 女性读者比例低

受传统观念影响，家庭主妇或相当一部分职业女性把闲暇时间都花在家务劳动上，或者选择最简单的逛街购物来打发时间，很少会通过阅读来体验身心之旅。

2. 数量逐渐增长

在读者群体中，女性读者比例依然较低，但绝对数量却呈现上涨趋势。家庭和事业是现代女性不得不兼顾的双重任务，而在这其中，妻子、母亲、女儿、领导或员工等多重角色又使得女性承担了更多的责任和义务。随着女性社会地位和经济地位的不断提高，她们逐渐从尘封的旧观念中破茧而出，在忙碌的工作和繁重的家务之余，对精神生活有了更高追求。

作为社会工作者，不管是在企业还是事业单位，优胜劣汰的规则都同样作用于女性群体，激烈竞争和严峻的就业压力迫使她们不得不充电学习，否则就很可能被无情淘汰；同时，作为参与社会活动的一分子，女性需要与外界交流和沟通，想要获得他人的尊重和认同，而阅读恰恰就是充实自己的绝好途径，通过阅读女性可以更加了解社会、了解他人，可以全面提升能力和素质，以便在工作和人际交往中取得优势。除此之外，女性还是母亲，子女教育是家庭的重中之重，母亲对孩子起着榜样作用，她们的一举一动都会对孩子产生潜移默化的影响。通过阅读来启发、教育孩子是一个很好的方式：第一，女性读者在阅读中可以学习到很多教育知识，改变传统的"棍棒之下出孝子"的落后教育方式；第二，女性读者在阅读中修养身心、陶冶情操，在改变自己的过程中又影响孩子向积极乐观的健康方向成长；第三，用亲子阅读或家庭阅读的方式，不仅可以从小培养孩子良好的阅读习惯，而且有利于家庭的和谐，促进亲子关系、夫妻感情更加深厚。

3. 阅读多样性

现阶段高校图书馆女性读者数量在逐渐增长，阅读状况也具有很强的性别特点，但这并不代表阅读类别单一，反而更趋向多元化，不单单局限于美容、化妆、服装、情感等，而是各种领域的图书杂志都广泛涉猎，反映现代女性积极参与社会活动的强烈愿望和注重精神提升的自我意识。

（二）形成原因

1. 女性社会地位的提高

现代女性懂得使用法律武器保障自己的合法权益，能够更多地在家庭经济、社交等相对重大的事件中表达自己的观点，这些都是女性社会地位显著提高的直接表现。在这种状况下，女性有更多自主权选择喜爱的生活方式，使得女性越来越多地参与阅读成为可能。

2. 信息载体花样繁多

网络技术的迅猛发展和移动设备的更新换代，使得信息传播向数字化方向转变，传统阅读方式也随之产生了很大变化。现在，很多人的阅读习惯已从阅览纸质书本转到网络阅读，进而发展到使用手机、平板等手持移动终端设备，以文本、图片、音频以及视频的方式来阅读获取信息，读者的阅读不再受时间和空间上的限制。

3. 向有益身心的休闲方式转变

忙碌的社会工作，繁重的家庭杂务，也是现代女性必须双肩挑的重担。当代社会倡导积极健康的生活方式，这一观念也得到受教育程度普遍提高的女性的认同。双休日、小长假出门旅游已经不是很多人度假的首选，相当多的人会选择去图书馆、书店、书吧或者宅在家里阅读，既放松身心又有益于精神充实。

在阅读时间方面，现代化家用电器的升级换代使女性做家务相对轻松，同时在男女平等思想的影响下，男性也开始分担一部分家务，女性的个人时间较之以前更加宽裕，给她们的阅读活动提供了很多便利。

三、高校图书馆关注女性阅读的必要性

（一）高校图书馆自身发展要求

高校图书馆是为全民服务的，社会发展使得读者的阅读需求也多样化。要满足不同类型读者的需要，在女性阅读日趋重要的今天，高校图书馆要优化服务、创新手段、分工细致，在全心全意为读者服务的同时，求得自身发展，以适应社会的不断变化。同时，在全民教育体系中，高校图书馆在女性阅读服务方面具有突出的优势，无论是场馆设施、书刊总量、阅读设备以及人才建设等硬件方面，还是女性工作人员比例大、便于与女性

读者交流互动等实力方面，有利于为女性提供更深入细致的服务。

（二）丰富女性内心世界

现代女性由于受教育程度的提高以及与外界交流机会的增多，对知识的渴求程度越来越高，她们由过去的被教育逐步走向主动要求丰富、充实自己。阅读是一个非常适合女性的学习途径，在阅读中，女性可以开阔视野，充实内心，缓解工作中的压力，忘却生活中的烦恼，在心灵得到慰藉的同时使内心更强大，提高身心抗击打能力。

（三）有利于阅读推广

女性在家庭中的重要性不严而喻，女性阅读对家庭阅读及子女教育有很深的影响。家庭的重心是孩子，是教育孩子成人、成才，在家庭中，其作为与孩子交流最多的母亲，其阅读习惯会直接影响孩子。孩子就是未来和希望，良好的阅读习惯有利于培养孩子的创造力和想象力，有利于提高他们的综合素质。同时，女性在家庭中有多重角色，女性阅读能够提高其自身素质和品位，其有利于家庭和谐，化解深层矛盾；同时女性社会工作者的属性又决定了深入阅读有助于社会发展。

四、高校图书馆关注女性阅读的具体措施

（一）加强推介

女性阅读特征明显，高校图书馆应该抓住女性心理特点，有针对性地进行图书推介，提供的书刊既要有休闲功能，满足其情感需求，又要有助于修养身心、提升品位。高校图书馆可以举办专题讲座，吸引女性读者参加，了解女性的关注热点，为她们推荐适合的读物；利用女性员工数量多的优势，鼓励高校图书馆员广泛而有重点的阅读，在丰富自身的基础上以书评等方式进行图书推荐，以便做到藏以致用。

（二）打造优良的阅读环境

女性的感官比男性更加敏锐，也更容易受到外界以及环境变化的影响，女性细腻、温柔、感性，温馨优雅的阅读环境可以让女性读者觉得舒适、松弛。高校图书馆在阅读区域的布置、装饰上，要迎合女性心理，从细微处体现人文关怀。如在馆内空白墙体张贴有文化内涵的图画或名人佳作，增添艺术气息；在阅览室摆放柔软的座椅，在阅览桌上放置美丽的植物，阅览室的灯光尽量调成柔和的光线，使读者身心放松，达到阅读最佳状态；在馆内提供空间制作女性阅读主题，集中摆放女性较为感兴趣的读物，这些都能使阅读成为女性读者美好的享受。

（三）加快数字化进程

女性读者由于琐事缠身，阅读时间相对零散，手机阅读是她们最方便的选择。互联网的便利性使得阅读更加随时随地化，高校图书馆应当积极开发数字资源，打造突破时空限制的数字高校图书馆、手机高校图书馆等，让信息的传播速度和广度都能够大幅度提升，将实体高校图书馆和虚拟馆藏相结合，以此满足女性读者的多样化阅读需要。在

此基础上，高校图书馆还可以设立网络平台供女性读者交流思想。女性多愁善感，擅于表达，在这个平台上能够与图书馆员或其他读者进行互动，既能有效优化高校图书馆服务，又可提高女性读者的阅读兴趣。

（四）提供个性化服务

首先，高校图书馆在采购阶段就要考虑到女性阅读的特点，购置女性读物，优化馆藏结构，如"她阅读"系列丛书等，还要针对女性在家庭中的重要角色，抓住女性阅读倾向，着重家庭、婚姻、子女教育等类型图书和期刊的配置。其次，在调查研究的基础上，针对不同年龄段女性读者数量及阅读特点，适当调整图书比例，避免盲目投入。最后，出于对女性需要兼顾工作和家庭的考虑，可以适当放宽借阅政策，在阅览室设立女性专题书架，方便查找和借阅，为其提供充满关爱的人性化服务，尽量为她们提供便利，体现对女性读者的尊重。

（五）开展丰富的阅读活动，培养女性阅读意识

高校图书馆是属于公众的，每一位公民都享有使用权利。在高校图书馆使用率方面，社会读者中女性数量明显少于男性，除了一些客观原因，高校图书馆在服务方面也存在很多不足之处。高校图书馆的阅读活动一贯有之，但针对女性读者的却不多见，男女的生理、心理不同造成了两者在性格、情绪、认知等各方面都有显著差异。因此高校图书馆可以开展形式多样的活动邀请女性读者参加，同性之间互相交流，享受阅读的乐趣；还可以从"母亲"角色的角度出发，在"三八妇女节"、母亲节、儿童节等特殊节日里，组织有孩子的女性读者和子女一起参与亲子阅读活动，这样不仅能够培养孩子的阅读兴趣，有助于阅读的进一步推广，提高女性各方面能力和素质，有利于增进家长和孩子的感情，促进家庭和谐，从而有助于社会稳定。

女性地位的提高是社会文明进步的体现，关注女性阅读是高校图书馆的职责。女性阅读一直以来没有得到足够重视，高校图书馆有义务肩负起这一光荣的使命，为女性打造更优良的阅读环境，提供更贴心的服务。

第六节　高校图书馆与儿童阅读推广

儿童阅读是提高社会整体文明水平、加强公民文化素养建设过程中的重要一环，但一直以来大众对儿童阅读的需求并不十分迫切，一方面是受到考试教育的影响，偏离了阅读的初衷，另一方面是儿童对课本之外的阅读需求意识薄弱。

一、儿童阅读的重要性和必要性

作为人类一切自我导向学习的重要基础与方法，阅读关乎个体成长乃至国家竞争力的提升。据联合国《儿童权利保护公约》规定，儿童有接受教育、阅读、社会信息等的权利。阅读不仅能够帮助孩子学习，也有助于发展其个人能力。当下的信息社会，传统

童书馆的规模和发展方式难以满足现今儿童数量增长以及对信息的需求，从儿童时期普及阅读、建设多样化的儿童图书馆

二、我国儿童阅读存在的问题

中国图书馆学会阅读推广委员会下属有专门的青少年阅读推广委员会。这些都表明，目前全世界非常关注儿童阅读和儿童的身心健康成长，我国也在这方面做出很多努力，但目前儿童阅读仍然有很多问题，亟待进一步解决。

（一）城市等图书资源优越的地方，儿童阅读兴趣有待提高

互联网和手持移动终端设备的迅猛发展，网络游戏、聊天、视频、音频等强烈冲击着儿童阅读，艳丽的色彩、直观的视觉体验特别容易引起孩子的兴趣。对比之下，书本上的文字显得非常枯燥。另外，数字电视、网络电视等功能强大，各种节目应有尽有，孩子接触过多会造成不爱动脑、注意力不容易集中等问题，愈发觉得读书无趣。

（二）农村和贫困边远地区阅读资源匮乏，人多书少

农村和贫困边远地区一般资金短缺，很难像城市一样在阅读资源上有较大投入，在图书数量、阅读设施等方面都难以和城市相提并论。兴起多年的打工潮造成很多儿童留守在家乡，他们都是由祖父辈抚养，老人意识不到阅读的重要性，也没有物力、财力支持儿童阅读。

（三）学习压力影响阅读空间的提升

影响儿童阅读的主要环境因素是父母、学校和少儿图书馆，其中父母"对儿童阅读能力的影响有不可替代性"，学校是"儿童阅读能力规范化和组织化的教育者"。我国目前中小学阶段学习压力依然巨大，分数和升学率还是衡量学生和学校优秀与否的重要指标，考试、作业等依然是学生生活的主要内容，再加上课外辅导班、兴趣班等，使得孩子几乎没有时间用在自己真正感兴趣的阅读内容上，久而久之，学生的阅读兴趣被磨灭，阅读空间也逐渐狭窄。

三、高校图书馆儿童服务的局限性

（一）儿童阅读资源贫乏

高校图书馆不是单纯的儿童图书馆，为孩子提供的馆室面积小，藏书量有限，馆藏资源不具有针对性，难以满足儿童读者对文献信息资源的需求。有的高校图书馆规模不断扩大，藏书量逐年上升，馆藏设施也越来越先进，然儿童图书资源的数量并没有得到相应增长。

（二）缺少专门阅览区域

高校图书馆为儿童提供服务的是一个部门或者只是一个阅览室，普及面窄、空间小，

规模稍大的各类活动不方便开展，局限性大；儿童阅览室的设置没有充分考虑到便利性、舒适性，不适合儿童活动；有的虽然举办儿童讲座，但不能设置相应的儿童指示标志，或者配备专门服务儿童的引导员和阅读区域等，存在一定的安全隐患；或者活动形式不能灵活多样，局限于讲座等单一模式，难以培养儿童阅读兴趣；各个馆之间联系少、交流少，没有做到互通有无、协作活动。

（三）服务不专业

高校图书馆的工作人员一般很少参加有关儿童阅读、教育等方面的专业培训；服务封闭，缺乏对外调研，对儿童身心发展需求没有足够了解，不能制定出高效、有针对性的服务目标，在阅读推广的长期性、系统性发展方面不能从宏观上整体把握，没有从大局着手将儿童阅读推广工作和其他社会活动联系起来；对儿童读者个体差异性缺少研究，在儿童阅读的重要性等方面难以提高认识，从而限制了阅读推广工作的进行。

四、民营童书馆的服务优势

儿童阅读推广日益受到重视，其作为图书馆体系的重要组成部分，高校图书馆为儿童提供的服务显得愈发单薄，新兴的民营童书馆有许多做法值得借鉴。

民营儿童图书馆近年发展迅速，这类图书馆最初是针对幼儿园及入园年龄以下儿童的早教需要开办的，活动内容以阅读为主，通常以幼儿园教师承办居多。民营童书馆的开办，既能缓解家长无暇陪孩子阅读的问题，也能配合幼儿园的阅读教育需求。随着童书馆影响力的扩大，逐渐面向社会开放，招收更多的适龄儿童进馆阅读，参加活动，从而促进童书在馆规模、藏书量、服务面等方面得到进一步提升。相较于高校图书馆，其优势表现在：

（一）定位明确，理念先进

童书馆服务人群定位明确，一般3～6岁儿童均可参加。秉承为孩子服务的理念，注重培养儿童的阅读兴趣，从带读、陪读到独立阅读，提高儿童的阅读能力以及理解能力，在保证阅读数量的基础上实现质量提升，重视阅读但不仅局限于阅读。服务对象不只是孩子，甚至家长都可以受到较专业的亲子阅读指导，更加有助于阅读推广的进行。

（二）服务内容和服务形式多样化

孩子是活泼、好动的，一成不变的读书方式明显不适合他们。与高校图书馆相比，民营童书馆的服务内容更加丰富多彩，服务形式也更加灵活多样。

1.针对儿童

一般设立特色绘本课、图书借阅、图书销售，及在阅读基础上延伸出的逻辑思维训练、科学小实验、泥塑、绘画，或者更高层次的幼小衔接教育等。还可以根据孩子和家长的要求制定一些更具个性化的表演节目、故事等，有助于培养孩子的表达能力和阅读兴趣。

2.针对家长

由于童书馆读者年龄大多属于低幼水平，为了改变家长的阅读习惯、阅读方式，从而使儿童阅读更有意义，民营童书馆会为家长开展更多的、更有特点的服务项目。如阻止家长讲故事，不仅能够提高儿童的兴趣和专注力，还能促进亲子感情；定期举办家长课堂，请专业人员或者童书馆老师为家长答疑解惑，从家长角度准确把握儿童心理，在儿童阅读以及儿童成长方面更好地辅导家长，帮助孩子。

此外，还可以借助互联网，用目前比较流行的微博、微信公众号等方式分享正确的育儿理念和阅读方法，加强与家长的互动，从宏观上指导家长养成正确的育儿习惯。

（三）整合资源、借鉴交流，提高服务质量

儿童阅读工作的推进不是单单靠图书馆或者家长个人就能轻易实现的，民营童书馆善于集各方之力，整合社会资源。

加强童书馆与社会各界联系，积极开拓社会资源，与节假日主题相结合，开展讲故事、朗诵比赛等儿童喜爱的活动，从而让儿童热爱阅读，主动参与阅读活动。

童书馆的开办者一般以幼教人员居多，其自身有很强的儿童教育经验和专业优势，了解儿童心理需求，较为注重专业从业人员的使用。除了招收有专业知识背景的员工，还会邀请专家为员工和家长进行阅读、育儿以及图书馆管理方面的培训和指导。不仅弥补了自身不足、提升了童书馆的服务质量，也对童书馆起到了宣传作用。

充分利用儿童家庭资源，调动家长参与阅读的积极性，还向社会招募热心志愿者，相当于壮大了民营童书馆的员工队伍，易于被孩子们接受，提高他们活动的兴趣。

五、借鉴民营童书馆之长，明确高校图书馆儿童服务发展方向

（一）重视儿童需求，优化馆藏资源

高校图书馆资源优势雄厚，馆藏丰富，但针对儿童主题的较少。要培养儿童的阅读兴趣和习惯，首先就要优化馆藏资源，从儿童心理需求、认知程度等角度着手，考虑儿童的兴趣所在、年龄段分布、图书色彩、语言版本、内容结构等各方面因素，选择最适合儿童需要的图书。针对不同年龄段和学习经历，其阅读能力也有所差异：低龄的适合绘本，稍大的可以读拼音识字，能力高的可以讲故事给其他人听等。

（二）认识导读的重要性

儿童心理不够成熟，认知面不够广，接触事物范围较窄，缺乏能力选择最合适自己的读物，一般人云亦云，容易盲目跟风。这种情况下，最直接也最有效的方式就是对儿童进行阅读指导，开展导读工作，以免他们把时间浪费在不适宜的、没有营养的书籍上面。高校图书馆通过开展导读，为儿童推荐书目，激发他们的阅读兴趣，提高阅读质量，从小就培养儿童的阅读习惯。读书不仅仅是因为喜欢，更重要的是可以提高理解能力，开发思维，导读工作的进行能及时引导儿童的阅读方向，以免长久停留在简单的文字层面。

（三）优化阅读环境，激发儿童阅读潜能

儿童的天性使得阅读需要有吸引力才能激发他们的兴趣。高校图书馆不仅在馆藏方

面丰富资源，硬件设施也要相应跟进。与成人相同的单调的书架、空旷的阅览室对于儿童缺乏吸引力，因此要在儿童阅览空间布置方面加强设计。阅览室书架造型、灯光设置、座位摆放以及墙面和桌面布置等，都是可以发挥想象力。例如选择儿童感兴趣的动漫或者童话，将阅览室打造成故事王国，优美有趣的阅览环境充满乐趣，使得阅读不再枯燥乏味，吸引儿童从不愿意进图书馆到主动寻求阅读机会。

（四）举办丰富多彩的阅读活动，培养儿童阅读兴趣

儿童阅读主要源于兴趣，普遍带有不确定性，单纯的读和看容易让人觉得无趣，进一步动脑筋思考也就无从谈起。对于知识性强、要边读边想的图书，需要成人从旁加以引导才能使阅读更有意义。所以，高校图书馆要借助自身的人力、物力资源，开展各种形式的阅读活动，选择适合儿童的、能够吸引他们的主题，用儿童更易于接受的活动方式，提高他们的阅读热情，在活动中阅读，在分享中学习知识，在实践中掌握阅读方法，并逐步养成良好的阅读习惯。

（五）让儿童参与管理，培养责任意识和动手能力

在目前的幼儿园教育和小学教育中，让孩子参与管理的教学内容。高校图书馆可以借鉴童书馆的做法，推选年纪稍大的孩子进行图书管理，负责图书借阅等，亲身体验图书馆的工作流程，培养他们的责任意识，并通过分享感受带动其他人参与进来，增强他们的动手能力。

（六）合理利用基于互联网的新型阅读方式

互联网的发展使得阅读呈现电子化趋势，在传统纸质图书之外，可以增加儿童数字化读物数量，购买相应的数据库，利用多媒体技术让儿童的阅读体验更加饱满。这样不仅顺应了阅读潮流，全方位提高儿童素质，还有助于丰富馆藏，打造特色资源建设。

儿童是国家和民族的未来，从儿童时期培养阅读兴趣，养成良好的阅读习惯将使他们终身受益。作为资源力量相对有优势的高校图书馆，应该借鉴他人之长，积极调整策略，重视儿童阅读，为儿童阅读推广工作的开展发挥自身作用。

第七节 高校图书馆与思想政治教育

大学生思想政治教育是高校工作的一项重要任务，良好的思想政治素质是学生成人、成才的基础和关键，学校各部门都有责任为此做出努力。高校图书馆作为文献信息中心，不仅要为教学科研服务，也要发挥推进思想政治教育工作的平台作用，也为大学生思想政治教育尽责。

一、大学生思想道德现状

（一）大学生思想道德现状

高校学生的思想状况大体积极向上，受少数不良因素的影响，也出现了道德缺失、自我主义等现象。当前社会价值观复杂多样，由于受到就业、经济等压力及网络文化的冲击，大学生的思想道德教育显得尤为重要。

不良表现主要有大学生综合素质较低，以自我为中心，社会意识淡漠等。他们大多心智不成熟，自控能力较差，没有明确的人生目标，面对复杂状况缺乏辨别能力；受市场经济快速发展的负面影响，部分学生的价值观和道德观陷入误区，这不利于他们的成长。

（二）高校图书馆思想政治教育不力的原因

首先，认识不足。高校图书馆对学生的思想政治教育在认识上有缺失，没有相关制度的硬性规定，认为不属于自己职责范围，忽略图书馆的德育功能。其次，力度不够。一部分高校图书馆注意到了思想政治教育的重要性，也做了相关工作，但实施力度不够。如只注重图书的引进，通过学生自发阅览图书来起到思想政治教育作用，再加上受管理体制的影响，图书馆员德育素质不高，不善于主动服务，没有在工作实践的各方面来引导学生，帮助他们完善人格，提升观念，这都使得高校图书馆对学生开展思想政治教育存在难度。

二、高校图书馆实施思想政治教育的优势

在课堂之外图书馆是高校学生主要的活动场所之一。高校图书馆是思想政治教育系统中不可或缺的重要组成部分，有利于学生树立正确的人生观，培养其健康、积极向上的人生理念。

（一）文献资源丰富

高校图书馆是学校文献信息中心，馆藏资源丰富，并形成了一定的藏书体系，在满足学生多层次阅读需求的同时，还避免了不良书籍对学生的影响，是一笔宝贵的精神财富。丰富的资源为图书馆开展思想政治教育提供了强大物质保证，有助于学生塑造心灵、陶冶情操，实现自我能力的提升。

（二）学习环境良好

高校图书馆文化氛围浓厚，全开架借阅服务方式给了学生最大的自由空间，自修室、阅览室提供了舒适方便的读书环境，是学生自主学习的重要场所，便于实施教育。良好的环境对学生的思想行为起着积极地引导作用，能激发他们的学习兴趣，培养其树立积极地人生观与价值观，促进其形成文明的习惯和高尚的行为。

（三）教育形式多样

高校图书馆自身优势明显，可以开展多种方式的思想道德教育活动。例如，利用先

进的信息技术及设施为学生提供检索、咨询等服务；让学生通过互联网获取信息，查阅丰富的网络资源，培养其自学能力；利用图书馆宣传栏及网页发布信息，引导学生思考，提升其鉴别能力；开展书评活动和举办学术报告，营造浓厚的学术氛围，鼓励学生阅读内容积极向上的书籍。

（四）馆员素质较高

近年来，高校图书馆也逐渐注重图书馆人才队伍建设，配备了一批高素质的图书馆员。他们来自图书情报、计算机、英语等专业，专业理论知识丰富，能利用各种信息工具为不同需求的学生提供优质服务，为大学生的思想政治教育提供了人力保障。

三、发挥高校图书馆思想政治教育作用的有效方法

作为高校信息中心的图书馆，在对学生的思想教育工作方面，既有不可推卸的责任，又具备自身独特优势。因此，高校图书馆如何根据现实需要，积极探索思想政治教育的途径，如何最大限度发挥作用影响学生，拓展思想政治教育的有效方法，是值得深入探讨的。

（一）加强基础设施建设，丰富馆藏

1.采购严格把关，提高藏书质量

高校图书馆要根据自身特色和实际需要，制定针对性较强的采购计划，构建科学合理的藏书体系，以配合学校的思想政治教育。高质量的藏书能对学生产生积极正面的影响，丰富的资源能满足学生的各种需求，激发求知欲，培养健康的心理，提升人文素质，保证思想政治教育顺利进行。

2.做好基础设施建设，优化阅读环境

图书馆对读者的影响是潜移默化的，环境作用不容小觑，美化阅读环境必不可少。物质上，要加强馆容馆貌建设，优化阅读环境，给学生以美的感受，使人心情愉悦，提高他们利用图书的兴趣和效率；人文方面，图书管理人员要注重仪表和言行，主动提供优质服务，给学生以有形的影响。

3.加强电子资源建设，调整馆藏结构

高校图书馆要丰富思想政治教育形式，除传统纸质文献，还要利用现代化技术手段，制作电子图书和数据库；提供多种载体形式的文献资源，提高学生阅读兴趣；充分开发网络资源，发挥互联网便捷快速的优势，满足学生不同需求。

（二）注重对学生的宣传引导

学生思想单纯，在阅读方面缺乏辨别能力，图书管理人员要加强宣传，及时把握学生阅读倾向和需求，以导读形式推广积极向上的文献，引导学生有目的地系统阅读，培养他们良好的阅读习惯。在网络方面，图书馆要打造健康的网络环境，主动与学生进行思想交流，实施正面引导，提高学生的读书兴趣，寓教于乐。

（三）提高工作人员综合素质

高素质的人员队伍是开展思想政治教育必不可少的条件，图书馆工作人员的素质直接关系到图书馆服务质量和图书馆功能的发挥。图书管理人员要在服务及专业素养、业务技能等方面全方位提高，发挥示范作用，言传身教，拉近与学生的距离，并给予学生最直观的影响。

（四）提供高质量服务

图书馆高水平的服务能使学生有直接的体验和感受，能提高思想政治教育的工作效率。首先，要创新服务手段，吸引学生提高阅读兴趣。高校图书馆要变传统被动服务模式为主动服务，向学生推广科学的阅读和学习方式，充分利用图书馆的丰富资源和网络技术，加强数字化建设，并结合实际举办各类读书活动，与学生加强交流和互动，及时了解他们的心理需求，以便加强对学生的思想引导。其次，要对资源进行深层次开发，提高信息质量，给学生提供最有价值的信息，提升图书馆服务效能。再次，要提供个性化全方位服务，根据学生需求来设定服务内容，处处体现人性化，使学生感受到来自图书馆的热情和关心，并传递给他人，从而加强思想政治教育的现实效用。

高校图书馆是社会主义精神文明的重要阵地，加强大学生思想政治教育，是高校图书馆不可推卸的责任。高校图书馆要积极发挥自身优势，配合课堂教学，主动参与，充分发挥思想政治教育职能，使大学生在学好专业知识的同时，树立正确的人生观与价值观，培养他们的政治素养和高尚的道德情操，成为德才兼备的人。

第五章　新形势下图书馆读者服务工作

第一节　图书馆读者服务工作影响因素及对策

图书馆作为社会的主要信息服务的中心，随着计算机技术、通信技术、网络技术、数字信息技术以及相关技术的发展，图书馆事业正向着电子化、数字化、虚拟化的方向迈进。作为以读者服务工作为核心的图书馆，在竞争激烈和挑战的环境下，改变和更新传统的服务方式、方法及手段，不断提高读者服务工作的质量和水平，已成为当前图书馆迫切需要解决的问题。

一、读者服务工作是社会发展的必然趋势

读者服务工作是图书馆的日常工作，是图书馆的基本职能，也是图书馆赖以生存的基础，图书馆的一切工作，归根结底就是为读者用户提供信息服务，除了利用先进的技术和馆藏资源的常用工具，通过完备的网络通信设施，为读者用户提供有用的信息资源外，更主要的是必须树立新的服务观念，主动了解读者的需要，及时满足读者的需求，在激烈的信息竞争中，图书馆只有把全心全意为读者服务作为最高宗旨，把工作的立脚点从藏书转向读者，把"吸引读者，争取读者"作为重要策略，不断及时地研究读者需求，才能在信息市场中立于不败之地。所以说提高读者服务工作是图书馆生存与发展的客观要求，是社会发展的需要，也是图书馆一切工作的出发点和归宿。

二、图书馆为读者服务所面临的具体问题

一个图书馆办得好不好，其办馆效益，社会价值如何，主要看读者对利用图书馆的希望程度，读者对服务项目和服务标准的信誉程度，读者对服务人员素质的服务水平的认可程度。图书馆的服务对象、内容手段如何变化，服务形式是外借、阅读、参考咨询，其服务工作都是以满足读者需求为最终目的，以读者满意为宗旨，以讲求实效为准绳。随着文献信息的大量增加，读者对图书馆的服务工作提出了更高的要求，也就是能够在最短的时间内，高质量地为他们提供更直接更专指的文献信息，也是当前影响图书馆工作开展所面临的具体问题。

（一）图书馆管理制度不完善，馆员专业知识不足

新时期图书馆服务工作要求图书馆必须拥有一批经验丰富，有较强的组织信息，应用信息技术能力的专业人才，不仅要有丰富的收集和组织文献的实践经验，而且还能够开发各种层次信息产品，开展不同项目的服务。可现行的图书馆体制只有管理权，而没有人事任免权，这就成了某人家属，某人亲戚，某些部门领导的"收容站"，造成了图书馆专业人才缺乏。比如：计算机专业、情报专业、信息专业等等。再由于图书馆的规章制度不够完善，馆长和部室主任的任免制度不完善，工作人员的工作职责不完善，人才发展和继续教育不完善，实际工作效率的奖惩制度不完善，同时工作人员对自身的形势认识不够，没有树立新观念，满足于现状，从而使大量的信息资源在手中流过。加上馆员年龄、职称、性格、性别、学历等结构不合理配置，使得每个人的工作心理和个人需求又有新差异，因而对某一项工作不能达成共识，不能齐心协力、通力协作。而那些有精深的专业知识的馆员在实际工作中难以施展才华，仅局限在借借还还的手工操作上，没有时间和精力去做深层次的文献开发和情报服务，严重地挫伤了大多数人的积极性，使他们丧失了主动进步的精神。对于不属于自己的工作范围的问题常常抱着一种"多一事不如少一事"的态度，以"不知道、不清楚"或"去问办公室"等应付读者，大家互相推诿和扯皮，使服务质量低劣。

（二）经费不足，现代管理、设备落后，购书量减少

随着大量联机数据库的出现、电子刊物出版和传统的数字化转换，电子信息资源将成为信息时代图书馆文献信息资源的主体。由于现代化文献信息的数量急剧增长，内容重复交叉，类型复杂多样。仅用传统的手工检索方式已远远不能满足广、快、精、准地搜集、整理、加工、存贮和检索文献信息。用计算机检索、光盘检索和网络检索等先进的检索方式，尤其是因特网络信息，其对读者至关重要。所以图书馆读者服务的内容也将逐渐从提高传统印刷型馆藏向提供多元化、电子化的信息领域及深层次的信息服务发展。由于经费不足，无法购置现代办公设备和网络建设，造成图书馆联机公共目录根本不能提供文献资源共享，读者也不能得到所需的信息。其次，近年来由于书刊价格的增长，图书馆的书刊订购品种与数量也减少，严重制约了读者对文献资源的需求。

（三）深层次的文献信息开发及服务工作薄弱

较少开展馆际互借服务，文献信息资源利用率较低，由于传统的图书馆工作以藏书为中心，图书馆馆藏的布局和规模制约着读者服务的范围和水平，而图书馆管理受传统思想观念的束缚，重"藏"轻"用"，现代意识淡薄，缺乏创新思想，开放观念滞后，没有把信息服务工作面向社会开放，寻找市场，更好地满足读者的需求，使图书馆获得新的活力，增强社会效益和经济效益。图书馆是一个文化和教育的阵地，也是一个信息的集成地，图书馆应向读者提供"多元化信息服务"。目前许多公共图书馆主要是开展以半开架式的书刊借阅为主，电子阅览室的计算机书目检索，电子出版物阅览及上网服务，较少开展馆际互借服务，各自为政，处于封闭服务状态。从而造成文献信息资源利用率较低，使大量有特色的文献闲置与文献资源缺乏并存的局面。由于专业人才缺乏，无法开展对文献的进一步开发。

（四）宣传力度不够，难以被读者利用

图书馆是搜集、收藏、整理及流畅图书资料、担负着引导人、教育人、塑造人的重任。树立图书馆品牌形象，可以增强图书馆服务和主动性和自觉性，强化读者对图书馆功能的认识。但由于图书馆只停在借借还还的工作层次上，没有以独特鲜明的形象吸引公众注意，很少对社会宣传、包装和推荐自己，对用户教育的力度不够，信息咨询服务功能不齐全，与读者之间沟通反馈渠道不健全和通畅，在社会上没有影响力、号召力，影响了图书馆在公众的形象和信誉。

三、强化优质服务树立新形象的思路

针对上述存在的问题，目前图书馆的读者服务工作应采取几个方面的对策。

（一）开展调查咨询活动

图书馆一方面竭诚为读者服务，一方面能充分开发利用读者的智力资源，以读者的优势激活自身，这不仅能得到公众的咨询、建议及各种良好的社会效益，提高服务能力，也可以与社会各个机构、公众形成良性互动机制，树立图书馆的品牌。所以要通过深入读者群，深入基层，直接架设图书馆与广大读者沟通的桥梁，密切图书馆与读者的交流，把读者反映的各种矛盾、问题、通过收集整理调研、综合分析、归纳形成改革方案，反馈给各部门，以此作为纠正以后服务行为的基础，达到服务质量控制的目的，推动各个环节工作的深入开展。比如通过实地调查、问卷调查、馆内调查、网上调查等等。只有通过形式多样的调查征询、采集信息、把握民意，广泛了解读者对图书馆的认识，收集读者对图书馆的反映信息，为图书馆提供决策，切实优化服务行为，为建立良好的形象提供根据，从而有效地协调图书馆与读者的供需关系，且也能塑造和传播图书馆的形象。

（二）开展特色服务项目

图书馆已不再是旧式的"藏书馆"，而是一座极具有魅力的正在被开发利用的文献信息中心。特色服务就是服务创新，既要实现服务读者诸方面的优化组合，在服务项目或服务产品上创立名优品牌，以质量取信于读者。围绕图书馆信息服务内容，举办各种独具特色的展览和演示会，是图书馆扩大影响并提升形象的良好时机。通过主动参与媒体的宣传力度和深度，让更多的人认识图书馆，了解图书馆，走进图书馆，向社会展示图书馆的魅力。针对某一特定课题的需要开展定题服务，进行跟踪服务，主动、持续、系统地向相关课题的人员提供最新的相关信息。充分利用馆藏文献信息资源和专业队伍的优势，面向特定用户定专题开展专题服务，大力开发蕴涵在馆藏信息资源的有效信息，向读者提供浓缩的直接可利用的数据、事实、结论。为提高读者的阅读意识、阅读能力和阅读效益，通过各种有效措施开展读者辅导服务。如向读者推荐优秀书刊，指导读者正确理解图书馆内容，帮助读者从优秀书刊中吸取有益的营养。引导读者有目的地阅读，克服读者阅读中存在的盲目性或不健康倾向。组织知识竞赛、读书演讲比赛、读书征文

活动。举办各时期历史回顾展及学术报告。

（三）建立各种专门阅览室

随着计算机为中心的现代信息技术及相关技术的迅速发展，图书馆必须建立专门阅览室，如视听资料室、多媒体光盘阅览室、电子阅览室、网络检索室等等。为读者更便捷地获得文献创造了良好的条件。读者在网络检索室利用网上的计算机就可以方便地查阅、下载、组织和重新编辑文献信息。在这些专门阅览室里，读者不仅可以查阅文字、数值、图形、图像等静态文档，且可以获得多媒体信息的动态文档。

（四）加强专业人员的知识更新

图书馆员的素质高低直接影响信息开发的服务质量。所以要求馆员必须具备有丰富的学科知识，熟悉各种信息资源，善于把握新动态，能依据一定的科学原则，对知识进行创造性组合，来挖掘信息资源的各种价值。所以必须建立一支适应新一代数字图书馆的建设和需要的高素质的人才队伍。一是要更新图书馆工作者的思想观念，改革以"藏"为主和封闭式服务，树立开放意识、竞争意识、创新意识，把被动服务变成主动服务，把滞后服务变成超前服务。二是图书馆工作者要及时接受新观念，不断学习，接受新知识、新信息、提高专业知识水平，做到想读者之所想，急读者之所急，全心全意为读者提供高层次优质信息服务。三是重视对计算机与图书馆学、信息管理以及其他学科专业人才的引进和培养，以保证高质量数字信息资源建设及高水平，深层次信息服务的持续开展。四是强化图书馆在职人员的培训和技术教育，使他们爱岗敬业，并具有奉献团结协作精神，选修相关专业课程，参加业务培训班培训。

（五）要加大对公共图书馆事业经费的投入

公共图书馆是公益性文化单位，为全社会成员服务是公共图书馆的主要任务。它所具有的公益性和公共特质，规定了它并非盈利单位，不以营利为目的，因此，必须依靠国家的全额拨款，否则无法生存。各级政府要根据图书馆的规模、编制服务工作的需要，给予财政支持和有力保障措施，可随着书刊价格的上涨而相应增加经费，以确保投入比例的合理性，要把图书馆的购书费、业务费、公务费、设备购置费等项费用实行计划单列专款专用，不得挤占，使图书馆随着国民经济的增长而协调发展。

总之，图书馆的一切工作都是为读者服务的。满足读者的需求是公共图书馆服务工作的中心，图书馆的服务工作必须得到广大读者的满意和高度认可。所以必须充分利用现有的文献资源、人才、设备等优势，树立与读者公众利益一致的原则，积极与读者公众沟通、协调、协作，转变传统的服务方式，从封闭不断走向开放，从静态不断走向动态，从单一不断走向多元，从被动不断走向主动。

第二节 图书馆拓展读者服务工作的新领域

公共图书馆已有一百多年的历史，在整个历史长河中，这只是短短的一瞬间，但今天她已发展为现代文明社会不可缺少的社会文化机构，她在现代社会中的作用和影响已经深入人心。过去那种不越雷池、封闭单一、等客上门的传统借借还还的服务方式，随着社会及科学技术的进步，市场经济的拓展，已不再适应用户的要求，图书馆工作人员只充当着阵地守门员的职责也极大地限制了边远地区的读者利用图书馆。为适应经济社会及知识经济时代的到来，公共图书馆的事业不断发展，功能不断扩大齐全，在现代高新科技的推动下，图书馆正进行着一场革命。在这场革命中，图书馆的每一个组成部分都在发生剧烈的变化，尤其是读者服务工作，坚固的"围墙意识"已逐步被摧毁。读者服务的领域不断向各个角落延伸。现代公共图书馆已是一个无边界、大图书馆的概念，网络化图书馆的概念。其能够自由地运用各种有效的方法为读者服务。公共图书馆如何充分发挥自身的优势，利用馆藏文献资源，扩展读者服务的新领域，为经济建设服务，为精神文明建设服务。

一、创建高品位的社区文化，开垦现代都市的"文化绿洲"

丁萨巴拉特南姆根据新加坡的经验，指出公共图书馆需要建立一个密切的包括其他组织和社区在内的伙伴关系以发展图书馆的服务规模，扩大图书馆的服务面。日本在社区图书馆建设上有许多值得我们借鉴的地方。70年代中期，日本政府在经济建设上取得巨大成功以后，立即着手发展社区文化建设。20世纪90年代末，颁布了"第三次全国综合开发计划"，改变了过去产业优先的发展政策，进行社会发展的基础调整工作。该计划以"定居圈方案"为中心，力求建设自然环境、生活环境和文化环境协调一致的居民小区。定居圈方案还对图书馆的建设提出了要求，并提出在居民徒步20分钟之内必须有一个图书馆。

随着经济的发展，不断崛起的住宅小区越来越多，而这些小区却绝大部分地处郊外边缘地带，配套服务，尤其是住宅小区的文化设施建设缺口较大，居民呼声较高。虽谓之为"文明小区"，却缺少文化气氛。生活在现代都市的人们越来越意识到，没有文化配套设施服务的小区只能算是低层次的小区。为提高住宅小区的文化品位，满足小区居民学习的需要，开发商们都在寻求一条行之有效的路子。将知识与文明注入小区，成为公共图书馆扩大读者服务又一新的理念。

二、图书馆走入家庭，服务工作深入社区基层

家庭是社会的细胞，很多图书馆都非常重视为家庭提供服务，并将此列为扩展服务

领域的重要内容。

（一）开展邮寄图书服务，实行远程信息传递

目前，为远离图书馆的家庭邮寄图书提供各种信息服务的图书馆越来越多。如美国亚拉巴马州伯明翰图书馆和杰佛逊图书馆除了对那些不方便来馆的老人、残疾人实行免费邮寄图书服务外，还为远离图书馆的科研工作者邮寄所需要的文献信息，甚至代为查阅、复印信息资料、数据、图表等。解决了他们科研工作中的问题，节省了时间。这种邮寄服务，读者不需办理任何证件，只要打个电话，就可以借书，借期4周，每次限借4册，而且逾期也不罚款。

（二）服务到家，把文献信息送到用户手中

公共图书馆上门送书的服务方式，除了采用汽车图书馆把书送到人们的家门口提供借阅服务外，配备一定的人力，直接把书送到读者的手上。如上海图书馆读者服务中心的工作人员主动为不方便来馆借书的老年、残疾读者结对子，为他们提供预约借书服务。

（三）开展家庭读书活动，营造浓厚的家庭文化气氛

为推广和倡导家庭的读书活动，美国有的民间团体发起了"关闭电视，倡导读书"的呼声，呼吁家庭重视读书。为提倡家庭的读书活动，上海公共图书馆从20世纪90年代起就组织家庭读书活动。由市文化局、市妇联及新闻单位发起成立了市家庭读书指导委员会，有计划地在全市开展家庭读书活动。并于20世纪90年代中期起在全市各街道乡镇评选读书之家，各区县评选优秀家庭读书户。上海图书馆与上海总工会定期在每周六在新馆大厅举行上海职工家庭周末读书会。

在美国的多个州图书馆都开展有"农村家庭识字计划"，该计划不仅开展扫盲工作，而且指导人们如何适应社会文化环境、组织辅导、家庭教育、就业咨询等活动。此外，还有"家庭义务教育"计划，即学生可以在家上课，完成义务教育，公共图书馆和学校图书馆则对这种形式的教育提供帮助和辅导。在美国有6千多个地区的公共图书馆系统都配置有阅读辅导员。

（四）家庭联网，读者足不出门，即可踏上"信息高速公路"

公共图书馆为市民提供各种网上服务，如建立社区服务网页，为家庭提供各种社区信息服务和图书馆服务，同时还为市民提供电子邮件等网络服务。家庭电脑通过图书馆的网络与因特网联网。如纽约市布鲁克林公共图书馆网络系统为当地250万市民提供因特网服务。

美国加州亚帕勒顿公共图书馆专门开了一个"家庭因特网"的网页，向家庭介绍各种馆内外有关信息资源，如儿童书籍、音像带及儿童节目等。由于网络上有许多内容不适合青少年的信息资源，该网络通过"家庭因特网"节目，可提供有利于青少年成长的健康信息，深受家长的欢迎。

三、公共图书馆是学校教育的延伸和继续

教育家蔡元培先生说过：教育不单在学校，学校之外有许多机关，第一是图书馆。日本有的学者把学校教育和图书馆看作是对学生教育"同一辆车上的两个车轮"。两个车轮协调转动，才能使学生的成长得到全面发展。学校注重的是系统的知识教育，而图书馆为人们提供可选择的自我教育的场所，是学校的第二课堂。

（一）进行图书馆利用的教育辅导，让学生掌握开启宝库的"金钥匙"

很多国家都十分重视对读者进行图书馆利用的教育，而且从青少年就开始做起。如日本对学生进行图书馆利用的教育一直受到日本图书馆界的关注。早在20世纪50年代末，日本文部省出版的《学校图书馆运营指南》一书指出：让学生广泛地了解有关图书与图书馆的内容与机能，并能熟练掌握其技术的组织和指导是非常必要的。并根据形势的发展变化对图书馆教育的课程不断进行修改。

目前我国的市民对图书馆的意识不强，对图书馆的认识不深，利用图书馆的能力较差。为了适应新时期的需要，很有必要对读者进行图书馆利用的辅导。且目前我国几乎没有一所中小学校对学生开设图书馆教育的课程，所以，青少年对图书馆的利用大部分是被动的。为了弥补这方面的不足，现在有的公共图书馆与学校合作，派馆员到学校或请学校组织学生来馆，除了参观图书馆外，举办如何利用图书馆的知识讲座。湖南、上海、武汉等少儿图书馆都经常对在校学生进行图书馆利用的辅导，并吸收学生参与图书馆读者服务工作的管理，让他们从理性到感性认识上加深对图书馆的了解。

（二）指导学生多读书、读好书、建造健康的校园文化

现代社会，由于科学技术的进步，多媒体文化以其特有的魅力吸引着无数的学生。青少年的阅读能力下降，阅读兴趣淡薄已是普遍性的现象。同样，在我国改革开放环境中成长起来的青少年，思维活跃，求知欲强，好奇心重，但认识能力低下，是非观念不强。随着改革开放的深入，中外文化、经济相互融合、渗透的情况下，指导青少年多读书、读好书，这是图书馆的重要任务。特别是当前一些港台方面的武打、神怪、言情小说，电视电影充斥着大街小巷，"追星一族"越来越膨胀的时候，图书馆对读者进行阅读指导，用社会主义、爱国主义、集体主义和科学文化知识占领青少年读者的思想文化阵地，营造健康的校园文化，让广大青少年在奋发向上、努力进取的氛围中健康成长，这是图书馆义不容辞的职责。

（三）扩大服务工作的科技含量，提高和丰富学生的知识结构

当前高新科技的世纪，是电子技术的世纪。为适应时代的要求，各个国家都十分重视人才的培养。当前在校的学生正是21世纪经济建设的生力军。培养人才，学校固然肩负重担，但图书馆作为重要的社会教育机构，是学校教育的延伸和继续。利用现有的电子技术和力量，配合学校教育提高和丰富学生的知识结构是责无旁贷。

第三节　微博使用下的图书馆读者服务策略

微时代的开端是以微博作为传播媒介代表，以短小精悍作为信息特征，具有信息发布信息传播、信息调研、信息争鸣、信息评价等功能。微博在中国真正兴起始于21世纪的第一个十年末新浪微博的推出，其影响力是爆炸式的。在微博中一种全新的理论可能瞬间被传播开来，这种爆炸式传播已经成为当代发布者和受众群之间主要的信息传播模式。随着移动互联网和大数据时代的纵深发展，继微博之后，微信、微电影、微小说、微音乐等一系列微观发展文化现象随之也蓬勃发展起来，人们喜闻乐见不断开发利用，进而形成一种微时代潮流。这种流行趋势将碎片化、微量化信息采集、传播，并将伴随而来的相关服务模式推向了一个崭新的时代。

微时代信息传播的最大特点是辐射面广、速度快、互动性强，且具有集文字、图像、视频、音频等多种信息传播方式为一体，形象、生动、获取便利等特征。微时代背景下，用户对信息的需求在时间上具有不固定性、零散性，在内容上也呈现出碎片化、多样化的特点。移动互联、云计算、大数据、智能终端5G及多元传播介质的出现和其在技术上的不断突破、技术之间的相互叠加影响与嵌套，已成为微时代显著特征。

在微时代背景下公共图书馆读者服务工作也受到很大的冲击，其传统模式的服务理念逐步随着微博、微信、QQ等移动终端平台及衍生工具的广泛应用而发生颠覆性的变化，公共图书馆利用微时代媒介传播平台开展创新服务正成为新的趋势。正如在《传播学教程》中所说："真正有意义有价值的信息不是各个时代的传播内容，而是这个时代所使用的传播工具的性质所开创的可能性以及带来的社会变革。"

一、微时代背景下公共图书馆读者服务工作面临的困境

（一）读者到馆率和馆藏利用率低

近年来，随着社会新科技的发展，公共图书馆面临着转型发展的瓶颈。传统意义上的运营模式已经不能满足读者对信息获取的需求，数字资源、电子文献的涌现，更是打破了传统服务的思维方式，促使读者服务工作必须向多元多样的新方向转型。如何利用多种新平台共同运营以求达到拓展服务新功能的效果，也已成为当代公共图书馆开展读者服务工作普遍关心的问题。受空间、人力、财力等限制，公共图书馆读者到馆率和馆藏利用率不高，一直是图书馆面临的困境，虽然近年来全国大力开展全面阅读推广工作，但是走进图书馆、有效利用图书资源，依然不尽如人意。公共图书馆如何通过深度的社会参与，拓展宣传面，提高宣传效果，从而提高读者到馆率和馆藏利用率，已成为公共图书馆读者服务的重中之重。以中文学术期刊为例CNKI维普和万方3个数据库基本可以囊括所有中文学术期刊。数据库可通过作者篇名、关键词、出版时间、刊名、卷期等字段准确无误地找到读者所需要的各种电子期刊。由此可见，读者可以不用来到图书馆，便足不出户获得自己想要的资源，还省了到馆查阅纸质期刊、复印所需期刊内容的繁琐。再加上微博、微信等不断地普及，越来越受到大众喜欢，很多浅阅读、碎片式阅读完全

可以通过这些微时代阅读工具轻松实现，这些都是致使读者到馆率低，馆藏利用率逐年下降的原因。

（二）公共交流平台薄弱，读者服务效果差

公共图书馆作为社会第三空间公共交流平台，其具有引导全民开展交流、交往、发展非功利性社会关系，从而提升文化素养以及思想境界，使其找到文化认同及归属感的功能。公共图书馆在传统管理模式下，其交流平台受到一定的局限，已然不能满足当代民众的要求。虽然公共图书馆每年依然按期开展读者座谈会、读者征文演讲、知识竞赛、阅读讲座、经典导读、新书推荐等活动，但与读者的交流互动仍然存在分裂感主办方积极热情搞活动，受众方却因时间、空间、年龄、知识层次等诸多因素受限只能表层敷衍，不但读者参与人数有限，而且有的甚至流于形式，走过场，仅仅停留在配合搞活动上，因此交流效果往往并不能达到预期，与读者不能建立真正的互动关系，读者服务工作自然就不能满足读者的需求。

随着微时代的到来，丰富的资源获取渠道让读者对图书馆服务要求越来越多元，内容、层次、资源内容形式也有了更高更广的要求，这就使得传统服务模式与微时代交流服务模式并重已成为公共图书馆必须形成的服务新格局。利用微时代公共交流平台拓展读者服务工作广受社会各界欢迎，对全民阅读推广、推进图书馆信息传播和资源利用、开展公众交流，提升读者对信息的把握、知识的获取、文化的认可及延伸等读者服务工作的促进均取得了显著的效果；同时其作为公共交流平台，其打破传统管理模式的局限性，以图书馆传统知识信息交流为基础，以人际交流为主要特征，这对图书馆服务模式的转型具有一定的引领意义。

二、微时代公共图书馆读者服务改进策略

（一）利用微信公众平台，拓展服务方式和服务空间

随着移动信息技术的发展，建立微信公众服务平台是公共图书馆拓展服务手段的有效途径。

微信公众服务平台是图书馆在新媒体应用上一个新的服务模式。相比传统媒体，新媒体的显著特点是移动互联网技术的应用，通过手机、平板电脑等移动终端可随时随地浏览资讯、传递信息，碎片化的时间得以充分利用，平台为广大读者更广泛便捷地利用图书馆资源提供了条件，同时拓展了服务手段和服务空间，最终形成了读者随时随地查找文献、办理相关业务、数字化资源移动阅读、交流与分享等图书馆新常态。

公共图书馆应当充分利用微信公众服务平台自身的特点，构建服务微门户以适应广大读者的新需求。如可以充分将图书馆的自动化系统、读者验证系统、OPAC、跨库检索、自助借阅、门户网站、参考咨询等系统集成，利用馆内各项数据，数字化资源库、读者服务平台为读者提供查找、办理、阅读等快捷服务。同时可以利用微信公众平台绑定读者借阅卡，实现网上一键续借。

众所周知，公共图书馆具有地方性特点，尤其地方文献具有地域性，公共图书馆可

以充分利用微信公众平台，整合利用这些专题性数字资源库实现数字化资源的移动式阅读分享如设立地方志历史典籍、民俗风情荟萃等模块，利用微信公众平台向读者及时推送具有地域特征的独特的微数据。当代公共图书馆服务的新模式，应该从单独的阅读服务功能走向阅读功能与读者互动功能并举的状态，开发实现以读者为核心的零距离交流互动平台，将是公共图书馆生存发展的必然要求，利用微信公众平台，建立读者与读者、读者与图书馆、读者与馆员的交流互动，通过微话题、公众号推送，促使读者发表各种阅读体验，让读者成为新的信息载体和信息创造者，传播将是图书馆读者服务拓展不可或缺的方式。

1. 加快完成图书馆微信官方认证，加强对微信公众号的重视

微信认证是腾讯集团为确保微信公众平台发布信息的真实性、安全性，为具备官方资质的微信公众服务号进行的认证服务。微信认证后，将获得更丰富的高级接口和衍生工具，以便公众号经营者为其粉丝受众提供更有价值的个性化服务。公众号是开发者、商家或公共组织机构在微信公众平台上申请的应用账号，通过公众号，商家或公共组织机构可以在微信平台上实现与特定群体的文字、图片、语音、视频的全方位沟通互动，公众号包括服务号和订阅号。

图书馆以服务为核心理念，将微信公众号提供的服务纳入图书馆服务体系，可使读者对图书馆建立忠诚度，从而提高读者到馆率，提升图书馆电子文献的利用率。加快完成微信认证，也就是加快与用户建立黏性关系的速度，增强用户的信任度和体验感。图书馆作为阅读的前沿阵地通常也应该是最早接触新媒体和使用新技术的地方，但是目前，公共图书馆在公众平台上缺少优质账户，只有重视微信公众平台的运营管理，建立优质公众账号，才可以快速累积读者粉丝，提高账号影响力。因此，公共图书馆若想更好地拓宽服务，吸引更多的读者，应重视微信公众号的推广，增强用户互动，并通过微信认证，完善图书馆服务相关衍生工具开发，线上线下传播互动，技术引流等手段，为微信公众号服务的建设营造良好的条件。

2. 强化微信订阅号的内容管理，提升内容质量

一个具有优质内容的订阅号，可吸引大批读者阅读，并积极转发其内容，因此微信订阅号推送的内容水平，直接影响着微信公众平台的运营质量。图书馆微信公众平台订阅号要强化内容的管理，提升内容质量。

首先，微信推送内容要具有特色。应根据图书馆自身特点，策划一些有特色的主题板块，吸引广大读者，激发用户的阅读兴趣和持续关注的热情。如自媒体订阅号黎贝卡的异想世界，拥有大量粉丝，其主要推出的是前沿时尚服饰搭配，具有独特风格，因此吸引了大批女性。再如北大图书馆的佳片有约，南开大学图书馆的小语都极具特色，获得众多粉丝的青睐。因此，公共图书馆应结合自身所处的受众环境及具备的条件，发布具有自身特点优势的微信推送内容，力求获得最大数量的读者粉丝的认同。

其次，微信推送的内容要结合图书馆特点，多做专业化内容。图书馆微信应本着其工作特点做原创内容，而不能总是定位在发布讲座通知、好书推荐通知、活动预告等，应充分结合图书馆文化资源，将经典的资源推送给广大读者，应以书评、书摘、作者简

介等形式通过微信公众平台进行阅读推广。如订阅号看书有道就非常不错。其每天推送一篇原创作品，同时设有零碎时光、看书日签、手不释书等板块，分别推送经典语录和经典书目，其通过内容简介、精彩书摘、作者简介、简短书评等形式，使读者快速掌握相关信息，激发读者阅读兴趣，以此来促进读者走进图书馆借阅该文献，达到了良好的阅读推送效果。

（二）基于微博平台，设置微话题延伸图书馆阅读推广工作

微博是一个资讯平台，微博的媒体特性决定了其更依赖于内容以及具有内容聚合效应的平台特征。因此，公共图书馆有效利用微博这一特征进行阅读推广工作是重要的手段和方法。通过微博发布微话题等系列内容可以引起读者对阅读推广活动的关注，实现公共图书馆阅读推广的目的微话题是以微博为平台的用户互动专区，根据微博热点、个人兴趣、网友讨论等多种渠道的内容，由话题主持人补充修饰加以编辑，是与某个话题词有关的专题页面微博用户可以进入页面发表言论，同时话题页面也会自动收录含有该话题的相关微博。这样，通过微话题形式读者互动加大，便可以放大阅读推广效果。同时微话题还有可能潜移默化地引导读者的阅读倾向、阅读爱好、阅读审美观，由此传达出图书馆阅读推广的理念，其作用不可忽视。

1. 注重精品内容分享模式

微话题的设置要具有图书馆自身的个性特点，与其他微博要有一定的差异性，也就是要具有独特的魅力，吸引广大读者成为其粉丝，这样才可以使读者与图书馆之间建立更高的黏性特质。在阅读推广活动中，应明确阅读推广主题，所有设置的微话题要紧密围绕主题展开。在文字描述中，应根据读者不同群体的需求，通过图书馆大数据整合，如访问阅览室数据、书刊外借数据、数据库检索和下载数据、访客属性等读者资料整合，深度分析了解读者阅读偏好，明确阅读推广对象，采取平易近人或者幽默诙谐、活泼有趣的语言方式有针对性地进行不同推介，以满足不同读者群的阅读需求。如针对现代年轻人，紧跟时代潮流，可将微话题设置成网络流行红词，像"Duang""世界那么大，我想去看看""人丑就要多读书""我们主要看气质""且行且珍惜"等，唤醒读者的注意力和内心潜藏的阅读情感。

同时在微话题的设置上还要结合读者的兴趣点、读者的阅读需求、近期阅读的热点，抑或是根据图书馆开展的各项活动，包括近期节日推出专题进行设置。如世界读书日、莫言获得诺贝尔奖等热点，提出优秀的热点微话题进行阅读推广，展开与读者持续互动，从而产生与读者的共鸣效应。当然，也可以征集读者推荐的微话题，凡具有原创性，精彩的微话题均可被图书馆采用，通过读者参与产生浓厚的阅读氛围，进一步提升阅读推广工作的效果。

2. 注重同边网络效应和跨边网络效应

图书馆利用微话题开展阅读推广工作，无非是突出人气效果，通过与用户互动、经验分享、扩大社会群体影响力，达到阅读推广的良好效果。如聚集人气聚合读者粉丝，图书馆应利用同边网络效应和跨边网络效应来快速实现。所谓同边效应是指：当某一边群体的用户规模增长时，将会影响同一边群体内的其他使用者所得到的效用；跨边网络

效应是指：一边用户规模的增长将影响另一边群体使用该平台所得到的效用。图书馆如果能够积极开发建立同边网络效应和跨边网络效应，就会很大程度上增加读者满意度，进而达到良好的阅读推广效果。

图书馆主要的阅读群体即持证阅览者，持证读者的逐年增加提升了读者到馆率，就这个群体来讲，持证读者越多，可以获得的交流互动就越多，文献推送就越多，交流效用也就是同边效应就越大。到馆读者或者持证读者越多，人气积聚就越来越旺盛，其他多边群体开展各项活动效用就更好。因此，图书馆可有效利用网络效应，通过吸引其他群体对图书馆的利用来增加读者量，逐步形成良性循环，不断捕捉社会各团体需求，激发同边效应，对整个图书馆的发展而言是非常可取的方式。如图书馆可线上线下同时搞阅读推广活动，线下利用流动书车下军营送书实地搞活动，线上则采用军旅微话题形式，开展各项读者互动活动，并由此达到吸引新的群体走进图书馆利用图书馆，从而撬动整个网络效应。

图书馆的发展趋势日渐明晰，传统模式基本上是以书为本，而微时代下新的运营模式逐渐形成了以人为本，虽然传统模式依然是主体模式和基础模式，但是新模式作用是绝对不可忽略的，其在促进传统模式的运营效果上起到非常重要的推动效果。激发同边网络效应和跨边网络效应是崭新的读者服务模式，在遵循传统模式的框架下，结合新模式开展大量推广活动，逐步吸引各类人群与图书馆建立黏性关系，利用微时代媒介拓展读者服务工作，已成为图书馆充分利用新媒体，实现线上线下融合共进的必然选择。

第四节　图书馆读者服务中读者意见处理机制

服务是图书馆存在的理由，其为读者提供优质的服务是图书馆工作的核心目标。如何进一步提升读者服务工作，许多图书馆有较多的理念探讨及实践操作经验。但在实际工作中，读者意见处理作为重要的有助于读者服务工作提升的管理手段，并未被一些图书馆所重视，或虽意识到却没有很好地对待。图书馆"读者第一"的宗旨要求工作人员尽心尽力地为读者提供优质、便捷的服务。但因种种原因，读者对图书馆的服务提出了各种意见。读者意见是读者利用图书馆后对图书馆的原始认识，是读者所思所想的直接反映。图书馆对各种读者意见的处理与读者对图书馆的看法是直接关联的。读者意见处理得当，可有效提升图书馆的服务质量，使图书馆从被动走向主动，赢得读者，扩大影响力。

一、读者意见成因分析

图书馆对读者意见处理一般实行月报制，在办公室设立专人专岗处理读者意见，编制读者意见月报、年报，对全年的读者意见做统计分析，为领导决策提供参考，积极促进读者服务工作，增加读者对图书馆的信任度。根据读者意见月报、年报的统计分析，有研究发现，读者意见的产生，主要由工作人员的服务态度、服务质量、管理制度、图书馆服务环境所引起的。

读者提出的意见中,由工作人员的服务态度而产生的问题占了大部分。服务态度不好,主要是态度冷淡,语气生硬,面无表情,怠慢读者的询问,缺乏主动服务精神,让读者产生"门难进、事难办"的感觉。另一种是服务语言不够规范,举止言谈粗俗失礼,工作时间扎堆聊天、打电话影响读者。还有,与读者发生争执时得理不饶人,不给读者台阶,使读者尴尬难堪。有些读者提出意见起因并不是服务态度,但由于处理不当,造成言语冲突,发生争执,读者最终提意见时也说是工作人员的态度不好。若工作人员服务态度好,正如一本书的书名《态度决定一切》,即使处理并不很得当,大多数读者也不会穷于追究工作人员的责任,矛盾自然就化解了。

服务质量的原因。主要有:一是因书目数据差错而导致有号无书或有书无号而影响读者借阅,书库调整、图书遗失、污损等未及时修改数据导致索书号与馆藏地不符;二是因图书馆系统原因造成读者无法查阅,预约、续借不成功,数据库无法检索等;三是新书(包括报刊)、过期报刊装订周期过长导致书刊上架速度慢,读者无法查阅;四是书刊破损严重,影响读者借阅;五是开架借阅室的书刊摆放凌乱,错架、乱架严重;六是因开架借阅室空间有限,将较多近年的图书放入闭架借阅室,使得读者不能自由阅读;七是阅览室工作人员不能满足读者深层次的参考咨询;八是工作人员不及时制止读者在借阅区打电话、聊天而影响其他读者等。诸如此类的原因导致图书馆读者服务的质量受到限制。

管理制度的原因。近年来,由于读者权利意识的增强,对图书馆的管理制度提出了更高的要求。主要有:一是收费问题,如办证收费、存包收费、图书逾期费、复印价格及小卖部价格问题;二是进入阅览室时的各种限制,如不能带包入室,不能自携书刊、食品、茶水入室,不能自行在阅览室内复制资料等。读者认为这种不合理的管理办法、规章制度应及时修改、调整,与时俱进。比如允许读者携带手提电脑包进入,延长阅览室开放时间,一些非特藏阅览室如自修室、开架借阅室允许读者自带茶水进入,当天借的书可以当天还,还书时不必非要有借书证等。

图书馆服务环境的原因。图书馆的服务环境,包括阅览室的照明、空调的冷热、饮水设备、书车推动和桌椅移动的噪声、厕所异味、读者检索电脑故障、残疾人设施配备、广场停车、图书馆阅览室分布导示图、对读者手机铃声做禁声的提示标牌等。

二、图书馆读者意见处理流程

图书馆读者意见处理流程主要分分件、解决处理、答复反馈、统计分析这4个环节。读者意见的处理主要围绕这4个环节展开。

图书馆读者意见主要来源于5个方面:读者到馆后当面所提意见、读者投入意见箱内的意见、读者向"馆长信箱"(设于图书馆网站上)提交的电子邮件、电话、书信、由各系部等转来的意见。办公室工作人员定期从设置于各阅览楼层的读者意见箱收集读者意见,并将电话记录、读者信件、馆长信箱内的读者意见等各种来源的意见进行归纳、整理。此外,图书馆还召开各类读者座谈会、发放调查表等形式收集读者意见。

（一）分件环节

工作人员将上述意见分成 4 大类型：表扬类意见、投诉类意见、咨询类意见、建议类意见。根据意见内容，附上读者意见处理单，分发到意见相关部门，由各相关部门直接处理。如果读者意见中的各条内容分别涉及多个部门，工作人员将意见转给分管领导，并由分管领导对所属部门提出处理意见。

（二）解决处理环节

由相关部门针对读者的意见进行核实，提出相应的处理意见和整改措施。如涉及规章制度方面的意见，由图书馆读者工作委员会讨论后提交馆部。若意见内容须多部门协调，由分管领导协商后，馆部讨论决定。

（三）答复反馈环节

原则上要求意见处理部门必须对留有联系方式的读者做答复、反馈，进行解释沟通。如部门未对留有联系方式的读者做反馈，有时由办公室工作人员对读者做反馈。

（四）统计分析环节

各部门交回读者意见处理单后，办公室工作人员每月定期编制读者意见统计月报。全年结束后，编制读者意见统计年报，分别对每月、每年的读者意见进行统计分析，为馆领导决策提供依据。

三、读者意见处理原则

（一）换位思考，肯定读者

读者不论以何种形式提出意见，并向工作人员当面、通过电话或写成书面形式，接受读者意见的工作人员，尤其是窗口服务部门的工作人员，都应遵循换位思考的原则，从读者的角度出发，设身处地为读者考虑，热情接待，态度自然友善。切忌将提意见的读者看成对立面，对其爱答不理或急于推脱，从心理上排斥读者，抗拒读者。不管读者提的意见是否中肯，工作人员首先从态度上应肯定读者。

（二）认真倾听，耐心沟通

读者提出意见，尤其是当场提出意见，工作人员应将读者带离阅览室等现场，避免读者情绪激动而影响其他读者，或使其他读者误会，从而影响图书馆声誉。工作人员注意声音平和，认真倾听，表情自然，以使读者的激动情绪稳定下来。通过读者的讲述，了解事情的经过和读者的意图，既不附和读者的意见，也不急于表态。对读者的意见表示理解，并对工作中的疏漏表示歉意。在明确读者的意图和要求的前提下，做必要的解释说明，提出解决方案，尽可能将问题在小范围内解决。如果读者不满意当前的解决方案，记录下来，告知意见受理人姓名、电话（办公室专人负责处理读者意见的人员）。

（三）以礼服人，适当变通

有时读者的意见是对的，但鉴于图书馆目前的情况，不能立即采纳整改，即便如此，也要将情况向读者解释清楚，多数读者都会谅解。有时个别读者的要求与读者群体适用的规定发生矛盾，在不违反规章制度的范围内，向读者讲明规定和原则，适当变通。

四、建立健全读者意见处理长效机制

图书馆的读者意见处理工作，与图书馆读者服务密切相关。为了能更好地为读者服务，读者意见的处理还应该有更好的机制：受理机制、处理机制、检查回访机制。

（一）受理机制

设立意见箱、读者投诉电话等多种意见流通渠道，设专门机构或岗位受理读者意见，对反映较多的意见及时通知部门和馆领导，对读者意见进行统计分析。

（二）处理机制

对读者提意见不排斥也不反感，认真处理，积极整改。窗口服务部门和内部业务部门团结协作，窗口服务部门工作人员及时将读者的意见转达给内部业务部门。内部业务部门加强质量管理，结合实际及时调整。

（三）检查回访机制

不定期检查部门工作，将读者意见的落实列入部门考核范围，回访读者，向其征求意见，设立专栏将典型意见向群体读者反馈。

图书馆读者服务工作的管理相对较复杂，需运用不同的策略和全新的服务理念来予以实现。读者向图书馆提出意见，建议也好，投诉也好，都是出于对图书馆的信任，相信图书馆有解决问题的诚意和能力。读者提出意见，使图书馆发现管理上的疏漏，读者工作中的不足，业务工作中的薄弱环节，这些意见，是图书馆所忽视的。正是读者的意见，使图书馆各种规章制度、各项工作有了检验的标准。在图书馆读者服务工作中必须以积极地姿态解决读者的种种问题，想读者之所想，急读者之所急，方能增加读者的信任度，吸引读者前来利用图书馆。也只有建立健全图书馆读者服务中读者意见处理机制，才能使图书馆读者服务系统更加完善。

第五节 图书馆读者服务质量评价指标

读者服务工作是图书馆全部工作的出发点和归宿，为读者提供高质量的文献信息服务是图书馆的根本宗旨。对服务质量进行评价，也正是各图书馆改进和完善服务策略，提高服务质量的重要措施。但长期以来，我国各级各类图书馆工作评估和考核中，大都将馆舍、文献资源、自动化设备等硬件作为考察的重点，对读者服务工作虽有所涉及，但也往往只将一些业务工作数据（开馆时间、流通量、借阅率、开架率、提供辅导、咨询和情报的数量等）作为考核的指标，很少真正将服务质量纳入考察范围。然而，图书馆作为一种服务性机构，虽然所有的硬件和工作都是服务的基础，但是，服务本身是一种行为过程，所谓服务质量，是指这种行为过程及结果的优劣程度，它是一个难于计量的主观范畴，往往由被服务者的满意程度来决定，并非通过所做工作的统计就能评判其优劣。

20世纪70年代以来，西方学者从营销学角度对顾客满意程度作为评价服务质量的标准进行了大量的研究，提出期望—实绩模型和需要满意程度模型，并被国外图书馆界引入图书馆读者服务质量评价的理论与实践。近几年，我国图书馆学界对读者服务质量评价理论与方法的研究也日渐重视，而且也有学者借鉴国外的有关理论，提出了读者满意程度评价方法。但是从整个图书馆学界来说，其研究还不够广泛和深入，还没有形成一科学合理的评价标准和简便易行的评价方法，特别是在新的信息环境下，面对图书馆服务内容、方式的改进和读者信息需求的小断变化，图书馆如何调整评估手段，以什么样的评价标准来加强对读者服务质量的评价，有待于广大图书馆学者和管理者做深入的探索，在研究和实践中寻求既利科学合理又简便易行的评价标准和方式，以便有的放矢地推动图书馆服务工作，提高服务水平。

一、读者服务质量评价指标

读者服务是图书馆工作人员以一定的文献媒体，通过一定的方式来满足读者知识信息需求的行为过程。在此过程中图书馆工作人员和读者是服务行为的主体和客体，从全面、客观的原则出发，对服务质量的评价既要考虑施事主体努力程度的客观表现，也要考虑受事客体满意程度的主观感受，可以说"读者满意程度"和"图书馆服务实绩"是读者服务质量评价的两个不可或缺的主要指标。同时，因满足读者的信息需求是图书馆实施服务的最终目的，所以，两个指标中"读者满意程度"应该是评价服务质量的更重要的指标。

（一）读者满意程度评价指标

在读者服务过程中，除了工作人员和读者这一对主客体以外，还必须有文献资源和一定的服务方式，而且最后能否满足读者的需求都必然有一个结果，所有工作人员、读者、文献资源、方式、结果共同构成读者服务工作的5个要素。读者作为要素之一，主要就是通过其他4要素来感受服务，其满意程度实际也就是对4要素的感知程度，是读者对4个要素的预先期望与其实际感受的对比。所以，这4个要素也就应该成为反映读者满意程度的4个主要指标。

但是在读者服务整个过程中4个要素与读者发生关系的作用大小是不同的，其重要性也有一定差异。首先，工作人员是整个服务行为的主体，对其他要素起着主导作用。在传统服务中，读者到图书馆寻找所需的文献信息，直接与工作人员打交道，工作人员的综合素质、知识水平和服务态度等对读者的满意度产生直接影响；随现代图书馆自动化水平和开架率的提高，读者与工作人员的直接接触相对少了，甚至有的不到图书馆，直接从网上登录，但图书馆网页的人机界面是否友好，网络检索方便与否，网络信息的集成度如何等，都还是人为因素的作用；特别是在图书馆工作逐步由传统文献服务向知识单元服务发展的新形势下，图书馆工作人员的知识水平以及知识组织、知识分析、知识开发能力和社会交往能力、应变能力等都对服务质量起着决定性作用，所以，无论什么形式的服务，对于读者的满意度来说，"工作人员"都应该是最重要的评价指标。其次，"服务结果"则是读者需求最终是否得到满足，目的是否达到的直接表现，从重在结果而无管过程的一般惯例，"服务结果"也是读者满意程度的重要因素。相对来讲"文献资源"和"方式"影响力稍小一点，但在整个服务过程中也不可忽略。此外，不同的时间，不同的读者对这4个要素的感受往往是不一致的。

有时候可能对工作人员的服务态度和方式很满意，但其文献信息并不能满足需求；或者有时候对得到的结果是满意的，但对获得方式或工作人员的素质并不满意。甚至在同一时间内对同一要素的不同方面来说，读者的感受也是复杂的。所以，为了准确表达读者的满意程度，有必要对这4要素分别从不同的角度进行评价，即建立起不同层次的评价指标。

（二）图书馆服务实绩评价指标

读者满意程度指标主要是从读者感知的角度对图书馆服务质量的主观性评价，是以读者感受到的人和事作为评价对象。图书馆服务实绩评价则是以工作人员的实际工作成果对其进行客观性评价，图书馆各项服务工作的成绩也就是其主要评价指标。长期以来，图书馆各项业务工作统计为服务实绩评价打下坚实的基础，各级各类图书馆评估工作也为此积累了丰富的经验。但是，需要说明的是，在以服务实绩为指标的客观性评价中，仍然要以最大限度地满足读者的需求为衡量尺度。特别是在当前信息超载、信息泛滥的现实情况中，读者反映出来的突出问题一方面是知识饥渴，而另一方面又缺乏选择和鉴别信息的能力，这就要求图书馆读者服务工作要由被动的文献传递逐步向主动的知识提供发展，要加强信息素质和信息能力的教育。因此，图书馆服务质量的评价也应由注重文献传递数量向重视信息能力培养转变，由重视文献借阅指标向注重知识情报服务指标转移。应在对读者服务工作各项指标全面评价的基础上，可通过加大信息教育和知识情报服务的权重系数，用以引导读者服务工作在一般服务的基础上向加强信息教育和提供高层次知识服务发展。

二、评价方法

（一）读者满意程度评价方法

国内有学者曾在其"期望—感知"评价模型中，采用象限分析法对每个评价因子的期望值与其感知值进行图形分析评价，形象地反映出评价因子的运动规律，直观地评价图书馆服务工作业绩，不愧为一种科学严密而形象的评价方法，值得一些大型的评估活动借鉴。但如果用于一般常规性评价，操作起来有一定难度，即使在建立了该评价软件系统的情况下，其数据的收集也相当不易。因为要求读者就每一个评价因子的最低要求值、最高期望值、实际感知值都作出明确的判断，需要读者高度配合，这在实践中往往难以达到。而且以这种完全的定量评价方法来计算读者满意程度也是不太适宜的。读者满意程度本身就是一个主观范畴，读者的期望值与其感知值的比较应该是一个心理过程，这个过程中包含着丰富的不断运动的可变因素，它只能是一种模糊比较，只有其比较的结果才具有一定明确性。所以，兼顾简单性和可行性的思路，对读者满意程度的评价是适用于定量与定性相结合的等级评分法。其具体步骤如下：

1. 设立评分级次

根据读者对最后一层评价指标的满意程度，设立优、良、一般、差 4 个评价等级，并以百分制分别给 4 个等级赋值，以便读者将定性的等级量化评分。

2. 设置权重

各级指标中相关的一组指标对上一级指标的作用大小往往是不一致的，必须根据其作用的大小，分别给各级评价指标设置权重。可采用比率标度法，通过各指标的比较矩阵计算出各指标的特征向量，即权重。如"在读者满意程度"的第二层次 4 个指标中，依其重要程度可排列为工作人员、服务结果、文献资源、服务方式，由此可形成各指标比较矩阵，并运用方根法或和积法，求得各指标的权重。同样，在工作人员下的 3 个第三级指标可靠性、可信性、可交性也可以根据其重要程度形成比较矩阵，计算出各自的权重。

3. 计算评分

将读者对第三级指标的满意程度的实际评分乘以其相应权数，每一组指标加权后的分值之和即为上一级指标的得分，第二指标的得分再乘以各自相应权重系数，所得分值之和即为第一级指标得分。由此即得到读者满意程度评价指标的总得分。

（二）图书服务实绩的评价方法

由于图书馆服务实绩评价指标大多都是具体数据，针对每一个指标不宜直接判断评分，而应根据各图书馆人员编制和读者类型等具体情况，先给各指标确定一个合理的上下限标准，将其实际数据与标准比照评分。为突出信息教育和情报服务的重要性，可在矩阵标度排序过程中增加其权重，与读者满意程度评价指标计算方法一样，再进行加权计算，求出服务实绩评价指标的实际得分。

最后，根据读者满意程度和图书馆实绩两项指标的重要程度，采用专家直接定权法，即由多个专家分别根据自己的经验和知识，直接给出两大指标的权数，然后求出专家们所给指标权数之和的平均值，作为两指标各自的权数。再将两个指标的得分加权求和，最终得出图书馆读者服务质量评价总分。

第六章　档案信息管理

第一节　档案鉴定与收集

人事档案是国家机构、社会组织在人事管理活动中形成的，记述和反映个人经历、德才能绩、工作表现的，以个人为单位集中保存以备查考的文字、表格及其他各种形式的历史记录。人事档案是处理完毕的具有使用价值和保存价值的文件材料。人事档案必须做到整体内容完整齐全，个体材料客观真实，方能为用人部门提供优质服务。

一、人事档案的收集

收集人事档案材料，充实人事档案内容，是贯穿于人事档案工作始终的一项经常性的工作。

（一）人事档案的归档

做好人事档案收集工作，人事档案材料的归档范围包括：调配、任免、考察考核材料，录用材料，办理出国、出境材料，各种代表会材料，工资待遇材料，学历和评定岗位技能材料，职称材料，加入党团组织材料，政审、考核材料，奖励与处分材料，履历、自传、鉴定材料，科研材料，残疾材料，其他材料。必须是办理完毕的正式文件材料。材料必须完整、齐全、真实、文字清楚、对象明确、写明承办单位及时间。手续完备。凡规定应由组织审查盖章的，须有组织盖章；凡经本人见面或签字的，必须经过见面或签字。档案材料须统一使用 16 开规格的办公用纸。不得使用圆珠笔、铅笔、红色及纯蓝墨水、复写纸书写。除电传材料外，一般不得用复印件代替原件归档。

（二）人事档案材料的收集渠道

通过组织、人事、劳动（劳资）及其他人员管理部门，并收集各种履历表、简历表、登记表、自传、鉴定、考核、考绩、任免、招聘、录用、招工、"以工代干"转干的材料；评聘、晋升、套改专业技术职务（职称）和评定工人岗位技能的材料；授予学位、学衔、军衔的材料；审计工作中形成的有关材料；出国、出境、办理工资、调整级别待遇、离休、退休的材料。通过员工所在党、团组织、政府机关、企业、事业单位的有关部门，收集员工入党、入团，民主评议党员、退党、退团、除名及参加民主党派的有关材料；授予各种荣誉称号的先进事迹和奖励材料；有关政治历史问题的审查、甄别、平反结论、调查报告和本人的申诉、检查交代材料；更改姓名、年龄、参加革命工作时间、入党入团时间、申请书和组织审批材料。通过纪律检查部门、行政监察部门、保卫部门和公安、司法、检察部门，收集员工违犯党纪、政纪、国法所受的党内外处分及撤销处分的材料，刑事判决书等。通过科技、业务部门、学校和培训部门，收集反映员工业务能力，科技发明、论著的篇目，业务考绩、成果、贡献评定、学习成绩、学历、鉴定、奖励、处分等材料。通过军队有关部门和地方民政部门，收集曾在部队工作过的人员的档案材料，地方干部兼任部队职务的审批材料，复员和转业军人的档案材料。

（三）建立和健全收集制度

人事档案部门应建立和健全移交制度，明确规定各单位、各部门日常工作中形成的，凡是属于归档范围的材料，均应移交人事档案部门。人事档案部门对所管人事档案数量的状况，应定期（季度、半年、1年）进行检查核对，将不符合归档要求的材料，退回形成单位重新制作或补办手续；不属人事档案范围的材料，予以剔除或退回原单位处理；发现缺少的材料，应填写补充材料登记表，以便有计划地进行收集。组织、人事、劳动（劳资）等部门，根据工作需要和档案材料的缺少情况，统一布置填写履历表、登记表、鉴定表、自传等，确保人事档案及时得到补充。

二、人事档案的鉴别

鉴别是系统整理的基础和前提，也是保证人事档案材料完整、精炼、真实的重要手段。鉴别工作的好坏直接决定着人事档案质量的优劣。对能否正确贯彻人事政策也有一定的影响。

（一）鉴别的内容和方法

鉴别工作的任务之一，即把不属于人事档案归档范围的材料剔除出去。人事档案是以员工姓名为特征整理保存的，确定档案材料是否归档，应仔细核对档案材料上的籍贯、年龄、性别、家庭出身、本人成分、工作单位、加入党团组织、参加工作时间、职务、工资级别等基本情况是否相同，主要经历是否一致。鉴别时要核查曾用名及更改姓名的材料，否则，容易把同一个人的材料分散在几处，给查找、利用造成困难。

对处理完毕和手续完备的材料，才能归入人事档案。人事档案材料的内容必须真实、准确，不能有虚假和模棱两可或相互矛盾。鉴别中发现内容不实、词义含混、观点不明确、相互矛盾的材料，均应及时退回原形成单位重新撰写、核实。鉴别中应仔细检查材料系列的完整程度。每份材料不得有缺页、无时间、作者或签章等要素，一经发现应及时收集、补充、补办手续。人事档案要保持精炼，拣出重份和内容重复的材料。不管什么材料，正、副本只各保存一份。鉴别工作中，还应检查档案材料有无破损、霉烂变质、字迹模糊、伪造或涂改等现象，有问题时及时处理。

（二）鉴别工作的原则

鉴别工作的政策性很强，必须遵循"取之有据，舍之有理"的原则。取之有据，是指归入人事档案的材料要有依据，符合上级的有关规定。舍之有理，是指决定剔除的材料，要有足够的理由，尤其是准备销毁的材料，更须十分谨慎，不能武断或草率。人事档案是培养、选拔干部的依据，有时一份材料会影响一个人的使用。因此应以高度负责的精神，慎之又慎地决定材料的取舍。鉴别档案材料必须以有关政策规定为依据，以有关规定为依据，严肃认真地进行。鉴别工作应坚持历史唯物主义和辩证唯物主义的观点，具体问题具体分析，根据形成材料的历史条件、材料的主要内容、用途及其保存价值，确定材料是否归入档案。鉴别是决定档案取舍和存毁的大事，必须有严格的制度保证其顺利进行。凡从档案中撤出的材料，必须遵循"舍之有据"的原则，符合有关规定；要有专人负责，严格把关，对比较重要材料的取舍，应请示相关领导；销毁档案材料，必须逐份登记，履行审批和监销手续

第二节 档案信息资源开发

档案信息资源是国家信息资源的重要组成部分，要高度重视档案信息资源的开发与利用。在信息化时代的背景下，提高档案工作者的素质和优化馆藏结构、提高馆藏的利用效率是加快档案信息资源开发的重要途径。

当今世界是以高科技为主导的知识经济时代，知识已成为经济、社会发展的主导力量。知识信息在飞速增长，信息利用率已成为国家实力的重要指标。档案作为历史的记录，知识的载体之一，汇集着大量的信息，且是最原始，最可靠的信息，并具有不可估量的开发利用价值。推进档案资源的开发利用，对经济发展和社会建设具有重要的推进作用。我国的档案管理已从传统的实体管理向档案信息化管理发展，档案服务职能已从行政服务向社会化服务过渡，档案信息资源已成为社会共享的信息资源的一部分。因而如何在网络环境的背景下，充分开发利用档案信息资源是现今必须要思考和解决的一个问题。

一、正确认识档案信息资源的地位和使用现状

正确认识档案信息资源的地位，是开发和利用档案信息资源工作的前提。档案包含了大量的数据、资料、图表、文件等原始凭证，是最原始，最真实，最有说服力的历史记录。它数量巨大，涉及各个行业，社会的方方面面，上至国家、各级政府，下至企业、社区，直至家庭、个人，是国家的基础资源，是信息资源的重要组成部分，具有不可估量的社会经济价值。这些档案资源只有开发利用起来，才能促进经济的增长和国家职能的转变，才能满足人民的物质文化需求，发挥它们应有的价值。特别是各地方档案部门收藏了大量含有当地历史文化信息档案史料，但至今大多处于"养在深闺人未识"的阶段。在各地注重文化建设，挖掘地方资源的今天，这些档案史料的价值不言而喻。

我国档案信息资源虽然很丰富，越来越多的人已认识到它的价值，但由于受到多种主客观因素的制约，各地档案利用率很低。当前存在的问题主要是档案现代化管理落后，传统的档案管理模式仍在主导地位。多数档案馆（室）采取被动上门服务的方式，且对自身宣传力度不够。档案人员做到了收集、整理、保管和保护等基础性工作，但对档案

利用这一中心工作却没有应有的认识，多数档案置之高阁，没有发挥它们应有的社会经济价值。从档案的编研工作来看，不少编研部门形同虚设，它远远跟不上档案信息资源的开发利用需要，使社会各界难以了解馆藏情况，不能及时了解馆藏中有哪些资料可供自身的使用。再者没有充分利用网络这一载体，没有实现档案数字化、网络化，因而使用者难以方便、快捷地利用档案信息。

二、开发利用档案信息资源的途径和方法

针对档案信息资源丰富，但档案管理方式落后、档案利用率不高的现象，我们认为目前应从提高档案工作者的素质和优化馆藏结构两条途径来加以改变，实现档案信息资源开发利用工作的新局面。

（一）着力提高档案工作者的素质

在现阶段档案信息数字化的过程中，迫切需要现代化的综合性的人才，他不仅要具备较高的专业水平，而且要精通现代网络技术。但从目前情况看，许多档案部门缺乏这样的人才，大部分档案人员现代技术水平偏低，甚至有现代文盲现象。那些从事传统纸质的档案工作者有不少专业领域水准较高，可惜没能及时补上档案网络技术这一课。他们的管理理念和工作方式已渐落后于时代的要求。档案信息化的发展，要求他们与时俱进，更新自己的知识结构，转换管理理念，适应时代发展的要求。

1. 改变档案工作者的管理理念

档案工作者面对信息化的时代要求，应自觉地从传统的实体管理向档案信息化管理发展。档案工作者将不再像以往那样仅仅提供实体性的档案服务和维护档案的物质安全，他们要意识到自己的首要职责是以最高的效率给档案利用者提供档案信息服务。在档案工作中，档案工作者应把加工和完善馆藏档案，加速档案数字化建设，以满足档案利用者的需求为工作的主动力。把档案的利用率作为衡量自身工作成绩的一个重要标准。同时档案工作者应开放自己的工作，通过与其他相关部门的合作来推进档案信息化的开发和利用，如实现档案部门、电子文件形成部门和计算机与信息管理部门三结合。

2. 优化档案工作者的整体人员结构和个体知识结构

针对传统纸质档案工作者对网络技术的陌生，档案部门应引进部分高科技人员，通过他们所带来的计算机前沿知识和档案后台管理技能可以实现对档案的初步数字化和网络化过程。此外，新引进的人员在管理档案的开放性思想和管理高效性思想可以逐步地同化档案管理的落后思想。其次，必须加强对在职档案工作人员的观念和技能培训，使他们尽快熟悉现代化技术、技能的运用，同时壮大适应信息时代要求的档案管理队伍。

（二）优化馆藏结构，提高馆藏利用效率

1. 丰富和充实馆藏内容

充实和丰富馆藏档案是开发利用档案信息资源的物质基础。长期以来，档案工作者所做的努力，无论是档案的收集、整理、鉴定，还是保管、统计、检索等环节，都为档案信息开发利用打下了坚实的基础。充实、丰富的馆藏是开发利用档案信息资源的前提，

也是优化馆藏结构的前提。在充实馆藏工作中，档案工作者要注意档案信息资源的系统性，连贯性。在征集范围上应改变以往注重党政机关文书档案的单一性，应扩大到社会各个方面，注意征集反映当地经济建设、科学研究等方面的档案以及企业生产经营管理方面的档案，包括具有地方特色的历史文化档案。

2. 稳步推进馆藏档案信息资源的数字化

传统的馆藏档案主要以纸张、照片、录像和录音等形态为主，利用方式也主要是借阅、咨询和编辑出版档案史料等，这些纸质的档案信息资源即使再充实，但未实现数字化之前，它们还将淹没在历史的灰尘之下，无法实现档案信息资源的共享。实现档案数字化建设，就可突破传统档案利用的种种局限，最大限度的实现档案信息资源的共享。档案信息资源的数字化分为两个方面进行：

（1）对现有纸质档案进行数字化

对现有纸质档案进行数字化是指运用现代数字技术把文字图像转化成数字化形式，主要有两种方式，一为文本录入，一为图像录入。这两项工程都需耗费大量的精力，由于人力、物力、财力的限制，一般情况下应优先考虑具有较高价值的馆藏档案、特色馆藏档案以及利用率高、需求大的馆藏档案，同时兼顾档案原件的字迹质量，尽量选择字迹比较清晰的档案文件。在具体实施数字化时，要制定电子文件标准，规范电子文件格式，充分考虑与现行电子文件的统一，及数据的共享，避免因重复建设而造成的资源浪费。

（2）加强现行电子文件的收集归档管理

电子文件只在数字设备及环境中生成，以数码形式存储于磁带、磁盘、光盘等载体，依赖计算机等数字设备阅读、处理，并可在通信网络上传送的文件。在办公自动化系统逐步成为机关公文处理的平台时，电子文件是各级机关和单位职能活动的历史记录。现行电子文件的收集归档是档案信息数字化的主要内容。针对当前各档案部门所使用的硬、软件系统不同及档案所建的数据库种类繁多而造成的电子文件格式不一，相互间不兼容的现象，档案管理部门应建立严格的电子文件归档制度。明确电子文件的归档范围、归档要求、归档方法，确保电子文件的归档率，将电子文件归档工作与归档人的考核挂钩。

3. 推进馆藏档案的网络化发展

馆藏档案的网络化就是将已经完成的数字化档案资源通过某种方式放在网络上，使得利用者可以通过网络，利用这些档案信息资源。

档案的网络化借助网络的方便性、快捷性和连续性，也就突破了传统档案管理的限制。但档案网络化是一个复杂的过程。首先要对档案信息进行简单的检索编辑，建设档案数据库，体现档案目录系统的完整性。在数据库的建设中，应考虑到用户需求，开发数据库的经济效益及技术问题，然后集中人力、物力、财力，构建资源丰富、功能齐全的档案信息数据库，如文件目录数据库、全文数据库、多媒体数据库等。此外，还可以发挥部门优势，建立有自己特色的数据库，如名人数据库、图片数据库、专利数据库、科技成果数据库等。其次，对档案进行分化与有序化，即开展编研工作。档案编研工作是指以库藏档案为主要研究对象，以社会需求为目的，通过对档案内容的编辑、归档，形成系统的档案信息加工品，主动、直接为社会各方面工作服务的一项工作。

第三节　档案利用的方式

一、档案利用的方式——内部控制健全性评价

内部控制制度是在一个单位中，为实现经营目标，维护财产物资完整，保证财务收支合法、会计信息真实，贯彻经营方针和决策，以及保证经济活动效益而形成的一种内部自我协调、制约和审计的控制系统。其实质是通过制度约束，进行内部控制。

（一）健全性评价程序

健全性评价程序反映了对被稽查单位内部控制进行健全，性评价的进程。科学地确定健全性评价程序，不仅可以保证健全性评价的质量，而且可以提高健全性评价的效率，节约人力和时间。

下面是健全性评价程序应有的步骤及各步骤应包括的内容。

1. 调查内部控制制度的基本情况

这是对内部控制制度进行健全性评价的基础工作。调查主要内容包括一般控制（如企业组织机构的设置、权责范围以及有关制度规定等）和应用控制（企业主要业务活动的处理程序和手续，在业务处理过程中设置的控制环节以及相应的控制措施等等）。通过对这些情况的调查了解，税务稽查人员可以弄清内部控制制度运转的环境是否理想，控制点和控制措施是否健全完善，从而为判断内部控制的健全性提供依据。

调查可以通过以下几种途径。

（1）访问

通过与企业有关管理人员和业务人员座谈，尤其是同业务熟练、经验丰富的专业人员座谈，可以掌握有关企业内部控制制度多方面的情况。对于疑点，也可以请他们作出解释，以便更明确地了解控制制度的主要特征，发现易于发生问题的主要环节。访问还可以以税务稽查人员事先拟好调查表由被访问者填答的方式进行，这样可使所调查的问题比较集中，有利于提高调查的效率。

（2）查阅以前年度的税务稽查档案

对于连续性税务稽查来说，以前年度的税务稽查档案文件可以作为了解企业内部控制制度的一项主要手段。如税务稽查工作底稿中有关对该企业内部控制制度进行测试和评价的记录，或有关内部控制制度评价的意见书或说明书等，都记载有企业内部制度的情况，税务稽查人员应尽可能地利用这些档案文件中所记载的有关信息。当然，由于企业情况不断变化，税务稽查人员也应通过访问等途径对这些信息予以修正。

（3）查阅企业的制度规定或其他资料

一般来说，大型企业都制订有各项经营管理制度以及各种业务规范。这些制度规定中也包括了有关内部控制的系统、程序和方法等方面的内容。这些内容有助于税务稽查

人员了解企业内部控制制度的情况。但是这些制度规定往往涉及面广、过分详细，税务稽查人员难以从中迅速了解到自己所需要的情况，因此其只能作为了解情况的补充方法。如果企业编制有业务流程图或其他专门描述内部控制制度的资料，税务稽查人员可加以审核、利用，以减少调查的工作量。

2. 描述并证实内部控制制度

在调查企业内部控制的同时，税务稽查人员应及时地把自己所了解的有关内部控制制度的情况记录并描述下来。描述地详细程度取决于税务稽查人员的素质和评价的性质。如税务稽查人员关于内部控制制度方面的知识比较丰富，可以简要进行记录，反之则应将所了解情况都详细地记录下来；如果是第一次评价该企业的内部控制制度，应比较详细地加以记录，反之，如果以前曾对该企业内部控制制度进行过评价，可以比较简要地对变化了的情况加以记录和描述。

税务稽查人员对内部控制制度的描述固然最终会在符合性评价阶段得到证实，然而，为了避免因曲解或调查不实等原因可能带来的错误，为下步评价工作打下良好的基础，税务稽查人员应对已经了解的情况加以证实，以确保对内部控制制度的了解和描述准确无误。这项工作可以通过两种方式进行：一是将有关内部控制制度的记录送交企业有关人员审定，以核查这些记录是否与实际相符；二是对所记录的各类业务内部控制制度进行一两次简要的税务稽查，即从每类业务中抽取一两笔业务，从其发生一直追踪到结束，以证实记录中所描述的内部控制制度是否确实存在。通过证实，税务稽查人员既可以确定自己的了解和记录是否与企业内部控制制度的实际情况相符，又能进一步加深对企业内部控制制度的认识和了解。

3. 登记内部控制制度缺陷

通过调查了解并描述了被稽查单位内部控制制度后，税务稽查人员即可将该单位内部控制制度的实际情况与自己所理解的比较理想的内部控制制度相对照，从中发现内部控制制度的缺陷和弱点，并将这些缺陷和弱点记录在内部控制制度缺陷登记表内，以便于税务稽查人员全面评价内部控制制度的健全性。控制缺陷应按控制类型分类归集登记，并在表中列出有无补偿措施、可能造成的潜在影响及其重要程度等项内容。

4. 评价内部控制制度的健全性

通过以上几个步骤，税务稽查人员基本上掌握了被稽查单位内部控制制度的状况，并发现了内部控制制度存在的控制缺陷和弱点。此基础上，经过对发现问题的分析，就可以对内部控制制度的健全性作出评价了。

税务稽查人员应分析有无相应的补偿措施能够全部或部分地抵消控制缺陷的影响。如严格的出门审计制度可以在相当程度上避免因无关人员接触库存商品而可能产生的库存商品失盗问题等。补偿性控制既可能是税务稽查人员认为比较理想的内部控制制度中的一部分，也可能是被稽查单位自行采用的特殊的控制方法。税务稽查人员应认真辨别有无补偿性控制措施，并充分说明这些措施能否全部或部分地抵消控制缺陷的影响。

在确定控制缺陷可能没有或不能全部得到补偿之后，税务稽查人员应进一步分析这些缺陷可能导致的错弊的性质以及对财务信息影响的重要程度。如会计记录之间没有定期进行核对，就可能导致会计记录的错误，这对财务信息的正确性而言无疑是十分重要的。在分析控制缺陷的影响时，税务稽查人员应特别注意研究控制缺陷之间相互联系的影响。例如在调查中发现销售业务系统中无论是销售部门还是财务部门都没有审查销售发票这项控制制度。孤立地看，销售部门未进行审批的缺陷可能会在财务部门审核中得到补偿，但由于财务部门也未进行审核，这就可能使整个销售业务失去控制，从而极可能导致隐匿销售数量从中贪污的严重弊端。因此，税务稽查人员要注意把各项控制缺陷联系起来进行分析。

在全面分析内部控制缺陷的基础上，税务稽查人员可进而对内部控制制度是否健全作出判断和评价。内部控制制度的健全性可以从两个方面进行评价：

（1）评价内部控制制度的合理性

评价内容主要包括被稽查单位内部组织机构和岗位设置是否符合职务分离原则、所运用的凭证文件能否反映控制要求、业务处理程序是否可以互相牵制和自动校验等项。

（2）评价内部控制制度的完整性

在认为内部控制制度比较合理的前提下，税务稽查人员还要评价在内部控制制度中应设置的控制点是否齐全、各项控制措施是否完备。这是从局部来评价内部控制制度的健全性，主要是分析具体的控制环节和控制措施有无不完整的问题。

通过评价，如果认为被稽查单位内部控制制度比较健全，税务稽查人员就可以作出继续依靠内部控制制度的决定，进入下一评价阶段；反之，如果认为内部控制制度存在严重缺陷，税务稽查人员就应放弃依靠内部控制制度的打算，停止对内部控制制度的评价而直接进行实质性税务稽查。

（二）健全性评价方法

内部控制制度健全性评价的方法，是指描述内部控制制度现状并揭示控制缺陷的评价技术。在长期的税务稽查实践中，税务稽查人员摸索到许多健全性评价的技术方法。这里介绍比较常用的文字说明法、调查表法和流程图法。

1. 文字说明法

文字说明法是指税务稽查人员将所了解的被稽查单位内部控制情况以文字叙述的方式加以记录和说明的评价方法。文字说明法比较适用于反映与总体控制有关的内容，如组织机构的设置、职权范围等，也比较适用于静态控制制度的反映，并如实物保管控制等。此外，这种方法还可以对某些需要税务稽查的控制细节加以深入的描述。文字说明法具有灵活简便的特点，但其缺乏层次感和形象感。

2. 调查表法

其主要内容是：税务稽查人员根据自己对内部控制制度的理解，针对各项具体的控制措施事先拟定一系列的问题，并列在表上请被稽查单位有关人员回答，藉以税务稽查某项控制措施是否存在，并以此作为评价被稽查单位内部控制制度是否健全的依据。调查表法的运用标志着税务稽查人员开始以一种模式化、系统化的观念评价企业（特别是大型企业）的内部控制制度。

内部控制制度调查表是由事先拟定的一系列问题所构成，提出问题的恰当与否，直接关系到采用这种方法能否达到预期的目的。因此在提出调查问题时，应注意以下几点。

（1）避免提出笼统的问题

调查表要求回答的是有关被稽查单位内部具体的控制措施，因此，提出的问题也应具体明确。例如，"销售发票是否经过审核"这个提法就不如"销售发票是否经过部门负责人审核"这种提法具体明确。后者不仅了解到是否有"审核"这项控制措施，还可为评价这项控制措施是否合理提供切实的依据。

（2）避免提出双重意义的问题

双重意义的问题就是将询问两种或两种以上相类似的问题合并在一起提问。如"材料采购是否以请购单为依据并经过部门负责人批准？"这就属于双重意义的问题。这样的问题对于以请购单为依据但无须批准就进行采购或不以请购单为依据但需经过批准的企业，都很难作肯定或否定的回答。一般将这类问题分成两个问题提出。

（3）避免提出诱导性问题

在回答问题时，调查对象可能因诱导性问题而产生某种倾向性，导致答案不能客观地反映实际情况。因此调查表中的问题应以中性的形式表达出来，避免倾向性。例如，"明细账要定期与总账核对，是吗？"这种提问方式就使人认为明细账与总账核对是必须的，因而会不顾本单位情况如何都作肯定的回答。

（4）避免直接询问与财务信息正确性或经济业务合法性有关的问题

调查表要求回答的是内部控制制度中具体的控制措施是否存在，而非财务信息是否正确，或经济业务是否合法，因此，调查表就不应涉及这方面的问题。税务稽查人员是为了解具体控制措施是否存在而设计和使用调查表的，因此，必须选择熟悉或具体进行业务处理的人员填写调查表，以保证答案的真实、准确。在收回调查表后，税务稽查人员应立即进行整理，对有疑问的地方及时向调查对象做进一步的询问了解。

调查表法的优点是：一是能够较深入地了解到具体控制措施；二是由于调查事项是事先拟定，一般不会遗漏所需了解的情况；三是调查表可以由不同部门的不同人员同时填写，可以保证答案的可靠性；四是对调查问题的否定答案反映了内部控制制度存在着缺陷，便于税务稽查人员作进一步调查分析。

当然，由于调查内容限于调查表内，税务稽查人员难以了解到其他方面的有关信息，这是调查表法的主要缺点。

3. 流程图法

流程图法以特定的符号，按照业务处理流程反映和描述内部控制制度，是评价内部控制制度的主要方法。

下面简要介绍流程图法应用的几个问题。

（1）流程图的符号

流程图是由一系列的符号组成的，符号就是流程图的语言。目前，国际上还没有统一的流程图符号，税务稽查人员可以结合工作实际自行确定。

（2）绘制流程图的要求

在实践中，绘制流程图的形式很多，有的以横向方式反映业务处理的流程，有的以纵向方式反映业务处理流程。税务稽查人员可以根据需要和习惯选择适当的形式。但在绘制流程图时，务须注意下列带有普遍性的要求：一是明确反映各部门或人员的职责范围和控制区域，以便明确各部门或人员的责任。二是控制点的主要控制内容和控制措施应加以说明或标示，如在图中符号内加以注明或在图外另作说明。三是流程图要比较全面地反映业务处理中涉及的各种文件及其名称、份数和流向。四是应尽可能简明地反映业务处理流程及相应的控制环节，避免复杂。

（3）流程图的优缺点

流程图法自出现以来即被广大税务稽查人员所推崇，已成为描述和评价被稽查单位内部控制制度的一种主要方法。这主要是因为与其他方法相比，流程图法具有下列优点：一是它把内部控制制度中的各个控制点形象地连结为一个整体，因而容易辨别该业务处理过程中是否遗漏重要的控制环节；二是控制点与控制点之间的前后顺序以及实施控制的部门都可以在流程图中反映出来，便于对各控制点之间的关系进行分析；三是通过特定符号，集中反映了业务处理流程中的关键控制环节即控制点，便于税务稽查人员抓住重点。

当然，这种方法也存在一些缺点，其主要体现在两个方面：一是绘制技术要求较高，不易掌握，比较费时；二是这种方法只能反映企业处理流程中的控制措施，而业务处理流程之外的一些静态控制（如实物保管）及基础性控制（如凭证连续编号）等就不易反映出来。

第四节　档案实体管理的原则

一、学校档案实体的分类

我国的档案分类有着几千年的历史，是档案管理的前提，同时也是档案学中一个重要的研究课题。学校的实体档案分类要根据一定的分类标准，根据不同的来源、时间、内容进行分类，并形成一个实体的数据库。到如今，分类的方法也种类繁多，分类的意义也越来越明显。

（一）方法

在档案分类前，要做好档案的归类与整理工作，确保档案能够准确、速的进行处理。首先，为了避免档案的杂乱无章以及丢失，档案要进行集中归类。不得在档案上乱涂乱写等一些破坏档案的行为；其次，对于档案的归档时间要严格制定，学校各部门的归档日期可根据各个部门的实际情况进行合理的安排布置；第三，有效的落实办理文件、资料归档的相关手续，对于档案按照规定时间返还的要求要有明确说明；第四，档案编号要合理、科学；第五，专门设立一个保管部门，根据具体的保管材料进行编制目录，为档案归类做好服务。

学校的档案分类根据档案内容的性质、范围、特点以及相互关联等进行完整细致的归类。主要是提高学校档案的使用效率并使学校的档案管理有条不紊地进行下去。第一，制定档案的编制说明书以及目录。档案的编制说明书由档案归类的目的和原则等组成，是编制主表的方向。编制目录的目的是方便档案的使用，确保档案的系统管理。第二，档案的初步分类要根据学校档案涉及的到范围层次进行编制。学校档案一般分为六大类：教学档案、人事档案、基建档案、财会档案、文书档案和科研档案。第三，档案的类目要分层次，首先是要确立一级类目，以及编制一级类目的区分界限。例如老师人事档案、党政人事档案就可以归入到人事档案这一栏，档案内容要客观真实的表现个人在学校进行一系列活动的表现等。一级类目的标识要简单易懂，一般情况下都是以汉语拼音的首字母为准。二级类目和三级类目是在一级类目的基础上进行设定的。

学校档案分类是一个复杂、枯燥、繁琐的工作。在档案分类的过程中，始终要树立一个正确的指导思想，并可根据这个指导思想进行系统的、科学的、简单的、合理的分类。严格按照要求来进行档案分类工作，确保档案管理的快速、方便。

（二）意义

档案的管理中的核心部分是档案的分类，另外还包括档案的收集、保管、运用、销毁等等。而档案的分类意义表现在以下几个方面：第一，分类使得档案在保管时更加系统，在档案室的档案柜上可以按照时间、来源等分类摆放，一目了然。第二，档案的分类使收集到的资料更容易被查找与使用，提高了教学质量，也促进了科研项目的高效运行，对学校的长远发展起到极为重要的作用。第三，档案分类让方案的管理更加便利，档案的分类使档案的借阅更为方便，以此来提高了档案使用的效率，减少了档案在节约过程的不必要损耗。

二、如何加强档案管理工作

档案事业是一项任重道远的工作，要本着实事求是的原则，依法贯彻落实分类管理工作，不断完善管理体系，使档案管理实现科学化管理。

（一）设置相应的管理机构

只有成立专项的工作小组，明确档案管理工作中自己的职责，对整个过程中的建设业务，配备人员，建设库房等问题一一进行处理。加大对整个机构的资金投入和基础设施的建设，配备专门的管理人员对档案进行监管，做到责任明确，落实到位。

（二）对档案管理人员的综合素质进行筛选

档案工作的完成质量，如果档案管理人员的素质过低，会导致管理过程中出现很多不可挽回的失误。只有严格要求加强管理与培训，才能提高工作人员的思想认识并自觉遵守规章制度。加强法制观念以确保管理人员对档案能保密。还要通过培训加强管理人员的专业技能水平，以实现对档案的科学创新管理。因此档案管理人员的素质提高是档案事业发展的必备因素之一。

（三）落实各项日常基本工作

看似简单的工作如果不长期坚持下去就没有意义，制定季度甚至年度工作计划表，按照规定对档案的收集整理，鉴定，分类保管等日常工作应该严格执行，并建立管理数据库，以便迅速查阅。只有切实完成这些日常的工作规范，方能使档案管理工作循序有效地发展下去。

（四）依法管理档案

档案的管理必须依照我国相关法律执行，在日常工作处理好的同时，积极发现新问题探索新方法，根据档案建立相应的管理规定，增强工作人员的法律意识，遵守相关法律规定，做好档案保密工作。针对没有责任意识的管理人员要加强教育，无论是个人还是单位，一旦违反档案管理相关法律法规，要依法追究其刑事责任。切实贯彻好上级的指示，确保各项工作有效的执行。

（五）工作绩效与薪资挂钩

档案管理是非常基础性的工作，将工作与薪资挂钩能充分调动管理人员的工作积极性，将任务分配明确，责任到人。详细制定工作计划，公平公正的分配到每个工作人员。按时对每个工作人员的工作完成情况进行汇总审查，建立奖惩机制，赏罚分明，对于在工作上认真负责，做出贡献的人要给予奖励；针对玩忽职守，不认真工作造成损失或者工作效率极低的人要追究责任。以此提高工作效率，促进档案管理工作地发展。

（六）加大监督力度

上级领导要充分发挥领导作用，下基层实地考察，掌握工作进程与完成情况。根据此制定相应的工作计划，部署工作任务，并制定审核标准，明确任务，强化管理。定期对工作进行检查，发现问题督促改正，并进行跟踪复查。杜绝走过场的行为，确保工作落到实处，这项工作要坚持不懈的进行，是建立长效机制的重要措施。

（七）制定借阅规范守则

制定档案借阅规范守则是为了保证档案在借阅过程中不出现缺失、玷污等情况，保证档案的安全。借阅要严格执行手续，要有相应领导的签字同意，要和借阅人员签订有关的保密协议，让借阅者能高度重视档案的保管与保密，这也是档案管理工作人员不可忽视的职责之一。

学校档案是对学校日常运作的真实记录与体现，是非常客观的存在，是学校的稳定发展与开拓的基础。档案分类是档案管理的关键，影响着档案使用的效率与档案自身的完整性和可信度。档案管理保证了档案的安全，决定了档案的权威性，是档案能否发挥实效性的关键所在。所以，必须更加重视学校实体档案的分类与管理，坚持用科学实用的方法保证档案的真实性、客观性，通过严谨的工作态度来保护档案的完整，以便档案获得更大的实用性，为学校持续稳定的发展提供保证。

第五节 档案信息化与档案数字化的关系

一、档案信息化

档案信息化是指通过档案信息资源的数字化和档案管理过程的网络化，经系统加工和网络传输后，实现档案信息资源的合理配置与有效利用，最终实现档案信息资源共享。其含义有四点：一是档案信息的数字化和网络化；二是档案信息接收、存储、加工、传递和利用的一体化；三是档案信息的高度共享；四是档案管理模式的变革，即从以面向实体保管为重点，向提供档案实体的数字化信息服务为重心的转变，数字化信息服务是档案信息化的核心。

所谓档案信息化，就是档案管理模式从以面向档案实体保管为重点，向以档案实体的数字化信息这种主要形式向社会提供服务为重心的转变过程。其主要包括：基础设施建设、档案信息资源建设、应用系统建设、标准规范建设和人才队伍建设等五个方面。

在上述五个方面中，档案信息资源建设是信息化建设的基础和核心。它的主要任务：一是馆藏档案的数字化，二是现有电子文件的归档工作。后者指的就是您在各项公务活动中形成的有查考和利用价值的电子文件，要按照有关要求及时归档，而且要做到齐全完整，真实有效。我们常说，在进行档案信息化建设的时候，要处理好路、车、货的关系。所谓路就是各种类型的网络，车就是计算机的硬件和软件，而货则是数字化的档案信息资源库。有路无车不行，有了路和车，如果没有货，路和车就失去了意义。这里的路和车需要单位领导在人力和财力上的支持，而货除了我们档案人员对馆藏档案数字化之外，就是新形成的电子文件的归档工作。

档案信息化建设最终将实现，一是档案信息的数字化、网络化；二是档案信息接收、传递、存储和提供利用的一体化；三是档案信息高度共享理模式的变革。这就意味着，您将来利用档案，不用再亲自到档案馆来查阅卷宗，而是通过网络查阅利用开放档案，不受时间、地域和文件数量的限制，您可以在任何时间、任何地点浏览档案全文，您面对的将是永不关门的档案馆。这就是我们为什么说您是最大受益者的原因。

目前，为加快档案信息化建设，不少单位在开发利用档案信息资源过程中，都要对原有馆藏传统载体档案进行数字化，即把馆藏传统载体档案通过扫描、加工和处理，进行数字化转换。这就需要耗费大量的人力、物力和财力。在这种情况下，如果正在形成的电子文件及时进行归档，将来就减少了重新对其进行数字化这个环节。否则，一方面原有馆藏档案要进行数字化，而另一方面新形成的电子文件任其白白流失，事后再重新对这部分档案进行数字化。这样不仅仅造成人力物力的浪费，还会影响整个档案数字化的进程。更为严重的是，随着电子文件功能的不断增强、数量的迅速膨胀，如果再没有相同版本的纸质文件归档，将有可能会造成历史的断档。

在进行档案信息化建设时，应遵循的基本原则是：文档一体化，归档双轨制和确保网络安全。

文档一体化，是档案信息化建设的前提。这就要求把档案信息化纳入办公自动化的总格局之中，与办公自动化融为一体，同步进行。同时，也要求档案人员积极介入此项工作中，提出档案管理和电子文件归档方面切实可行的需求。

归档双轨制，是纸质文件向电子文件过渡过程中必须坚持的原则。虽然电子文件大量产生和应用，但它的法律作用和凭证作用尚未取代纸质文件的地位。据专家预计，在较长的时期内，纸质文件和电子文件还会继续并存。而且按照国家档案局的要求，电子文件必须与相同版本的纸质文件一同归档。

确保网络安全，是在档案信息化建设的同时，我们不能忽略的重要问题。一是机密档案信息的安全保密问题，应设置访问权限、身份识别等；二是计算机系统运行的安全问题，应采取相应的措施。如安装防火墙和实时更新的杀毒软件，对归档信息定期进行下载备份等；其次包括公共设施的安全管理等多项措施。

二、档案数字化

档案数字化是随着计算机技术、扫描技术、OCR技术、数字摄影技术（录音、录像）、数据库技术、多媒体技术、存储技术的发展而产生的一种新型档案信息形态，它把各种载体的档案资源转化为数字化的档案信息，以数字化的形式存储，网络化的形式互相连接，利用计算机系统进行管理，形成一个有序结构的档案信息库，及时提供利用，实现资源共享。

档案数字化是数字档案建设最基础的工作，传统载体的档案经高科技技术加工成数字档案形式，通过局域网、政务网、互联网进行计算机检索、阅读电子档案，为迎接档案信息服务新环境的挑战，提高管理水平、提高效率，增强档案业务部门的服务水平，为档案内部管理及面向客户服务提供高效率的全面服务。档案工作的数字化建设是顺应潮流、适应时代发展的新举措、新要求。档案作为一种原生信息资源，其重要性正日益凸显出来，逐步掌握信息技术为档案工作服务并为社会主义经济建设服务，为社会主义精神文明建设服务。

（一）优势

1.提高经济效益

过去一直使用粗放型模式即以增加办公人员和办公费用为解决这一难题的唯一手段，致使管理成本大幅上涨。而数字化管理档案使传统的以纸质为载体的档案信息对象转为机读档案，不仅节约了保管费用，节省了占地空间，而且查阅起来极为方便迅速，从而避免了反复印制资料而造成的纸张和人员的浪费。

2.提高办公效率

数字化档案管理使资料能及时归档，尽快提供利用。以组织部门为例，干部的任用、干部的提拔都需要详细准确的档案信息。然而档案数字化管理变可提供详细、即时的数据信息，为领导决策提供服务。与此同时，数字化档案管理使查询资料变得非常简单，真正让办公人员做到足不出户便可知晓天下大事。由于信息的超时空流动，数字化档案事实上成为"无墙界档案"，档案库也从文件实体的保管基本变成了提供利用方便的信息控制中心。

3. 增强档案原件保护

将纸制档案转变为数字化电子档案后，档案的使用更加安全。尤其对历史久远的档案材料，数字化处理后无疑是对其更好的保护，另外，通过档案的数字化处理后，防止了部分档案篡改的行为。

（二）内容

1. 档案数字化管理

数字化干部人事档案管理系统是对传统干部人事档案管理工作的一次创新，能够实现对档案和档案材料收集、鉴别、整理、保管、转递、统计、查阅等日常工作的数字化管理，并可通过组织系统专网实现干部档案的网上浏览和远程查借阅功能。按照干部档案业务工作流程，经过系统管理员的授权，单位内部领导和有关科室可以在各自办公室查阅干部档案，外来查档单位可以在阅档室通过电脑查阅电子档案，也可通过网络实现远程阅档。系统全面运行后，可以大大提高工作效率，提升干部工作服务的水平和质量，实现干部档案由管理向干部信息研究与利用的质的转变。

2. 档案数字化采集

从档案实体库提卷后，首先拆卷、校对档案页数、区分高扫、平扫材料，然后进行数据采集。档案采集同时对图像进行纠偏、去污、去黑边等处理，校对档案目录、核对电子材料，完成初步审核。然后由专人再次对档案原件及数据进行审核，确认无误后，完成档案装订还原，对电子数据进行归档。为档案的利用提供准确可靠的数据信息。在整个过程中，各环节相互配合，协同操作，通过流水线方式完成信息的采集、审核工作。

3. 档案数字化查阅

以组织系统专用资源网为网络基础，采用 B / S（浏览器 / 服务器）模式架构，在组织系统内部实现了本地及远程查档、阅档功能。系统在安全方面进行了方考虑：可按日期、时间或长期有效等多种方式，完成阅档授权；阅档过程进行详细的日志记录；信息采用加密信道传输等多种方式，使系统运行更加的安全可靠。

（三）集团企业数字档案馆解决方案

档案是企业开展业务活动的重要工具和凭证性信息记录，也是企业的核心信息资源与重要资产。集团企业具有机构庞大、下属单位较多且层次复杂，各下属单位分散等特点。对于集团企业，实现集中部署应用、分级管理，构建立体式企业数字档企业数字档案管理最佳解决之道。利用当前最先进的标准规范、信息技术，推出面向集团企业的数字档案馆解决方案。

1. 档案数字化网络拓扑结构

档案管理系统企业版支持集式、分布式部署和存储，集中或分级管理模式。对于网络条件比较好的集团企业，推荐使用集中式部署模式，即采用总部集中建设模式，基于企业内部网络，将档案信息资源集中存放在总部，如下图所示。通过网络实现下属分支机构之间、总部与各下属分机构之间的档案信息共享、汇总、移交和传递。通过通用的 WEB 查询平台和统一的权限管理，在任何分支机构都可以进行跨部门、跨单位、跨地域的档案检索、浏览和下载利用，形成总部和下属分支机构之间的虚拟档案信息中心。

2. 档案数字化功能框架

应用系统由基础应用平台、业务应用平台、信息服务平台、系统管理与维护、接口等五个部分组成：

（1）基础应用平台

为系统功能提供基础性的应用服务，如工作流引擎、OCR 服务、文档格式服务、全文检索服务、报表引擎等等。

（2）业务应用平台

为档案管理机构提供档案管理的平台，包括档案工作管理、档案收集整编、档案管理、档案保管、开发利用等业务。

（3）信息服务平台

为档案利用者提供信息服务的平台，其包括档案网站、多种档案查询模式、图书资料信息的查询、电子文件浏览等。

（4）系统设置与维护

实现系统设置、业务建模两大主要功能。系统设置主要用于配置系统运行环境的参数，包括服务器集群、存储系统（支持分布式和集中式）、基础应用层各应用参数的配置等。业务建模系统主要包括全宗群、档案门类、管理目录树、分类表、元数据、报表、表单等各基础数据结构的定义。

（5）接口

接口包括了两个部分，一部分是本系统与其他系统集成的接口，一般包括了与 OA 系统等系统的集成接口；另一个接口是指系统提供二次开发的接口，系统可提供基础应用、档案业务管理、档案信息服务等不同层面的 SDK 开发包。

所谓数字化，一般指把模拟信号转变为数字信号的过程。档案数字化，实质是档案信息的数字化，它是指将档案信息内容转换为计算机所能识别的数字代码档案数字化通常包括档案数字化输入；档案数字化转换；数字化档案接收。将传统档案信息输入计算机，由计算机提供档案信息为社会服务。它包括档案目录数字化和档案编研成果数字化。档案目录数字化，即建立档案目录中心，构建一个全面、完整、快速、准确、集中统一的计算机目录检索体系，使之成为档案信息的集散地。档案目录中心的建设，要求各级各类档案机构从大局出发，目标一致，统一行动；建立在以全宗为区别的检索体系，层次清晰、结构合理、使用方便。

三、档案网络化

档案网络化是充分利用现代网络技术，将各种数字化档案信息融为一体，进行管理、传输、检索和利用，真正实现档案信息资源的共享。档案网络化管理改变了传统管理模式下各类信息资源自立门户、分而治之的状态，它是档案信息化的重要环境。在此环境下，一方面档案作为一种信息，融入信息社会化的浪潮是必然趋势；另一方面档案管理可以突破传统时空的局限，在空间上实现异地归档、查询，在时间上真正实现全天候服务。正如美国档案学者比尔曼在第十三届国际档案大会上所指出的：电子时代，再像过去那样将档案集中于一个具体地点的做法，已显得不甚合理了。电子时代的档案馆，或许不再必须接受各机关、组织的电子档案，而主要是行使对分散的档案信息集中管理控制并使其便于公众利用。

四、档案信息化与数字化的关系

（一）档案信息化与数字化、网络化相比，是更为宏观的概念

档案信息化有着极其丰富的内涵，档案信息化建设是一项庞大的系统工程，它包含了档案数字化和网络化。当然档案信息化不是数字化和网络化的简单相加，除了数字化和网络化等技术外，还涉及人员、法律、政策、标准等社会因素。可以说，档案信息化是由档案信息的数字化、档案传输的网络化和档案管理的标准化、档案系统的集成化、档案人员的知识化构成的有机体系。

（二）档案数字化、网络化是档案信息化的物质基础和技术基础

从档案信息化的物质基础来看，数字化的档案信息资源是档案信息化的物质对象，离开了它，档案信息化就失去了存在的必要和研究的价值；网络设施与设备，同样也是档案信息化不可缺少的，它们承载人们的信息获取、传输、处理和利用。无论是档案资源加工的数字化，还是档案信息传输的网络化，都以计算机、通信以及相关信息技术为工作手段和技术基础的。以计算机、数据通信技术和网络技术为核心的数字化、网络化技术，构成了信息化的技术基础。

（三）档案数字化是网络化的前提

数字化的档案信息，与传统档案相比，虽然由于信息内容与载体的分离而使其原始性有所降低，但它能被计算机所识别，能在网络中传递，从而跨越时空为人类所共享，这是传统档案所无法比拟的。数字化是连接传统档案与其网络化之间的一座"桥梁"，离开了数字化，档案网络化只能是一句空话。

网络化是数字化的发展方向。网络化是信息传输、交换和共享的必要手段，也是充分发挥档案数字化效益的必由之路。面向单机的数字化档案信息，其作用必然有限，只有网络环境下的数字化档案信息，方能实现真正意义上的共享。

第七章　高校档案电子文件管理

第一节　电子文件的概念和特点

一、电子文件的概念

电子文件是指在数字设备及环境中生成，以数码形式存储于磁带、磁盘、光盘等载体，依赖计算机等设备阅读、处理并可以在通信网络上传递的文件。

电子文件主要有两个特征：

第一，电子文件是由电子计算机生成和处理，其信息以二进制数字代码记录和表示，因此亦可称为"数字文件"。这是电子文件与之前所有其他形式文件的基本区别，也是电子文件信息与其他数字信息的共同点。数字信息使用。和一两种数码的组合来记录信息，每一个 0 或 1 叫作 1 个比特，需要记录的信息用一串比特存储于计算机存储器（包括内存储器和各种外存储器）中，并可通过通信网络进行传输。

第二，电子文件是文件的一种类型，应该具有文件的各种属性，特别是要有特定的用途和效力。这是电子文件与其他数字信息的基本区别，这也是电子文件与其他形式文件的共同点。

电子文件的种类主要有文本文件、图像文件、图形文件、影像文件、声音文件、超媒体链接文件、程序文件、数据文件等。

二、电子文件的特点

（一）形式的多样性

电子文件可以以文本文件、图形文件、表格文件、影像文件、多媒体文件等形式存在和传输。此外，数量众多的数据和某些重要的电子邮件也属于电子文件的范畴。

（二）内容的易更改性

电子文件为编辑、修改文件提供了十分便利的条件，但它难以保证文件的原始性、真实性和凭据性。

（三）对外围设备和操作环境的依赖性

电子文件数据存储于光盘、磁盘等介质中，是一种以数字代码形式存在的观念型非直读型信息，它必须完全依靠存储介质和相关的计算机软硬件系统才具有生命力。

（四）技术寿命的不稳定性

电子文件的保存条件和环境要求与纸质档案不同，它对保存场地的面积要求不高，而对环境的温湿度、防磁性等条件的要求很高，如果达不到特定的存储要求，容易造成载体损伤致使信息丢失。另外，由于技术过时也可能导致电子文件无法读出。技术过时表现有两个方面：一是技术革新，使旧的存储技术消失；二是由于商业性原因，某些由单个厂家生产或销售的电子文件设备会由于厂家的破产或改变产品生产而很难找到配套产品。对电子文件中信息的长期存取而言，技术过时则比载体损伤危害更严重。

（五）多种信息媒体的集成性

以往的文件是平面的，文字和图形在平面的纸张或其他载体上呈现出来。而电子文件是多媒体的，是立体的。运用多媒体技术可以把各种形式的信息，包括图文信息、音频信号、视频和动画图像等加以有机的立体组合，使电子文件声像并茂，真实地再现当时的活动情况，从而强化了文件对社会生活的记忆和再现功能。可以说，电子文件是一种全方位的记忆和再现，实现了文件功能的革命性变化。

（六）信息与载体的不可分离性

电子文件的被处理与远程传输，这都是电子文件容易复制的一种表象产生的错觉，事实上，任何时候都没有出现过信息与载体分离的情况。且电子文件的信息形式不可能独立于载体被实体集成。

（七）信息的可识读性

在计算机系统中，信息以"0""1"的数字代码表示，和人的肉眼所看到的完全不同，不同类型的信息有各自的编码方案。只有通过特定的程序对这些代码解释还原，人方可识读和理解。因此，想要使用电子文件，必须保证它可以被识读。

（八）载体的可转换性

电子文件可以根据需要在不同的载体上同时存在或相互转换，不同载体上的信息，包括字体、签名、印章在内，可以完全一致，载体的转换不会影响电子文件信息的原始性。此外，由于磁性载体和光学载体的寿命比较短，因此电子文件转换载体是必须的。没有一份电子文件拥有恒久不变的载体，电子文件不可能有固定不变的实体形态和物理位置。

（九）信息的易变性

电子文件的信息容易改变，主要原因有：一是人为有意改动；二是系统的无意改动，计算机技术发展速度快，在转换过程中由于操作和其他方面的原因，可能导致信息的改变、损失，甚至是丢失。人为改动是可以避免的，但是系统改动则是不可避免的。

（十）信息存储的分散性

电子文件信息存储的分散性主要表现在两个方面：一是电子文件的内容、结构、背景信息分散保存；二是一份电子文件的信息可能来自其他多个文件。文件信息的分散存储，在归档保存时容易出现部分信息缺失的情况，影响文件质量及其功能的发挥。

（十一）信息的可共享性

共享性是指多人同时、异地利用一份文件。电子文件的出现，打破了必须在固定场所、固定的时间内、查阅固定份数的文件的利用限制。同一文件可同时在多台处于不同地点的计算机屏幕上显现，使用者不必亲临文件的保存地，也不必受限于高校档案部门的作息时间。但是，这种共享性给它的安全性带来了一定的威胁，也给不法分子提供了机会，为病毒入侵提供了渠道。

第二节　电子文件管理的目标和原则

一、电子文件管理的目标

（一）保证电子文件的真实性

电子文件的真实性是指文件内容、逻辑结构和背景信息经过传输、迁移等处理后依然保持不变，与形成时的原始状态一致。真实性是保证电子文件业务有效性和法律证据性的基础，是实现无纸化业务活动顺利开展、实现信息化的先决条件，是电子文件反映和证实机构历史真实面貌，构成社会价值，得以作为社会记忆长久保存的前提。

（二）保证电子文件的完整性

完整性是实现电子文件证据价值、情报价值和长期可读的重要保障，而不完整的电子文件往往不能证实自身的真实性，也无法如实反映机构活动的真实面貌。

（三）保证电子文件的长期可读性

电子文件的可读性是指文件经过存储、传输、压缩、解压缩、加密、解密、载体转换、系统迁移等处理后能够以人可以识读、可以理解的方式输出，并保持其内容的真实性。电子文件的可读性是其存在和价值的基础，如果文件不能顺利读出，文件中的信息便成了"死信息"，再有价值的东西也失去了存在的意义。保证电子文件可读性的措施应该贯穿于全部管理工作的始终。

（四）促进工作效率的提高

电子文件是为了执行业务和管理活动而产生的，其基本职能在于支持机构职能活动的开展。电子文件的管理应该和电子文件的产生、应用一样，继续服务于机构提高业务效率的目标。科学的电子文件的管理应该具有发挥电子文件现行作用和保持其历史价值的双重功能，而这不可偏废，管理活动务必在二者间寻找平衡点。

（五）方便查询和利用

电子文件管理系统和管理者是文件和文件利用者之间的中介，理应为利用者提供高质量的文件信息。查询和利用的过程正是实现电子文件信息价值的过程，因此，方便查询和利用已成为电子文件管理的重要目标。

二、电子文件的管理原则方法

（一）全程管理原则

电子文件的管理，要遵循全程管理的原则，一是追求整体效益最佳化的要求。打破现行文件与档案管理分段、脱节的管理模式，注重各个阶段管理活动和管理要素的统筹兼顾；二是保证电子文件质量的要求。电子文件管理过程中任何一项具体操作的失误都有可能对电子文件造成不良后果。因此，对电子文件各个生命阶段都进行统一的质量要求和管理要求，并对文件的全过程进行监控、跟踪和记录，并及时发现和纠正错误。

（二）前端控制原则

电子文件的管理，要遵循前端控制原则。电子文件的前端是形成时期，中端是处理、鉴定、整理、编目等具体管理活动，终端是永久保存和销毁。对电子文件的形成时期就开始进行管理，一是保证电子文件长期真实、完整、可读、可用的有效策略；二是能够化被动的收集、保管为主动监管、控制，有助于提高管理效率，并提升管理质量。

（三）流程优化原则

文件管理流程是指文件生命周期中，针对文件的一系列相关的管理活动的有序组合。各高校的档案管理部门应该综合考察业务、技术、制度、标准、人员、文化多个要素，通过合并、消减、前置、并行、自动化等手段，优化设计电子文件管理流程，将电子文件的管理流程的优化纳入机构业务流程的整体优化中。

（四）以电子文件管理软件为中心的管理原则

电子文件管理系统是处于整个管理体系的中心位置，合理的电子文件管理系统是相关制度、标准、方法的执行者，是电子文件管理活动重要的承担者。电子文件管理功能系统主要由形成电子文件的业务系统和独立的电子文件管理系统组成。这两个系统之间有数据接口，能够保障数据顺畅、无损传递。

（五）以元数据为基本工具的原则

元数据是描述文件的背景、内容、结构以及整个管理过程的数据，被广泛地应用在数据库、图书馆、情报、文档管理等信息资源管理领域。它是电子文件管理的基本工具，可以保证电子文件的真实性、可读性、完整性、可用性，为电子文件管理流程的集成和优化提供基础和保障。

第三节 电子文件的形成与分类

一、电子文件的形成

电子文件的形成是对电子文件从无到有的统称，一般包括创建、流转、传输三个部分。

（一）创建

电子文件的创建是指计算机系统中拟制文件或接收外来部门或机构来文的过程。经过创建的电子文件应该在软件系统中进行登记。主要包括以下内容。

1. 命名

这是新增的管理内容，是操作系统识别电子文件的主要标志。要制订文件命名规则，防止重名或无法体现内容等。

2. 存储格式

在电子文件创建的时候就要确定好存储格式，或是通用格式，或是开放格式，避免在格式转换中造成信息丢失。

3. 分类

国际上通用的方法是根据文件反映的智能判断文件在整个分类体系中的位置。

4. 价值鉴定

根据电子文件的价值鉴定结果，赋予其保管期限。

5. 保存位置

电子文件档案应该集中存储，不能随意地放在个人的计算机中，以便保护和控制。

6. 形成元数据

以上的管理活动中会产生很多有价值的元数据，如作者、标题、时间、存储格式、编号、类别、存储位置等，对这些要进行集中管理。

（二）流转

流转是电子文件由部门内部多个人员处理生效的过程，也是可以借助信息系统规范业务流程、大幅提高效率的阶段。流转的过程中容易生成很多个版本，要保证归档的是最终版本，并保存必要的修改痕迹。流转也是生成元数据的重要环节，如审批人、审批过程、审批意见等，要保存好这些元数据，避免丢失。

（三）传输

传输是指电子文件在不同部门之间的传递过程。电子文件的传输主要有两种形式，一是通过公共网络，如电子邮件、即时通信等，但是这种传输并不安全；二是通过专门网络传递，如虚拟专用网或企业网、专门的传输软件等，这种传输的安全性较高。

二、电子文件的分类

（一）按照电子文件的信息存在形式分类

1. 文本文件

文本文件指使用文字处理软件生成的，由字、词、数字或符号表达的文件。文本文件是通过特定的编辑软件形成的，存储内容由 ASCII 标准代码和 GB2312-80 标准汉字代码构成。用不同文字处理软件编辑的文本文件一般不能交换使用，纯文本文件不包含格式代码，在使用时不受计算机硬件和软件类型的限制。通常以 ".txt" 的形式予以标识。

2. 数据文件

数据文件是以数据库形式存在的具有文件属性的记录。它在事务处理系统中单独承担着文件职责。一般是以数据库的形式存在的。读取数据库中的数据时，可以根据查询要求一次读出一个记录，也可以读出一批相关的记录。如文件数据库、各类人员情况数据库、各种资料数据库等。数据库因管理程序不同而具有不同的格式，不同的数据库之间需要通过转换程序才能进行信息交换。数据库的形成一般有两种方式，一是人工输入数据，利用相应的数据库应用程序形成数据库；二是使用条形码扫描器、A／D变换器等传感设备自动采集数据。此外，使用已有的数据借助某些软件包也可形成新的数据库。

3. 图形文件

图形文件是指运用计算机辅助设计或绘图软件产生的文件和根据一定算法绘制的图表、曲线图等。如设计模型、图纸等即为图形文件。图形文件由代表绘图坐标的矢量和一些参数组成，可以使用特殊的代码格式存储，也可使用纯文本文件的代码存储，以便在不同的软件包之间进行信息交换。

4. 图像文件

图像文件是指通过扫描仪扫描的各种原件画面、使用数字设备采集或制作的画面、用数码相机拍摄的照片等。纸质文件、缩微胶片均可经过扫描转换成数字图像文件。图像文件的分辨率与存储空间成正比，不同格式的图像文件不能任意进行交换使用。彩色图像文件的内容一般是用表示图像像素的代码形式存储的，其能否正确复现色彩与显示器的性能有关。

5. 影像文件

影像文件是指使用视频捕获设备录入的数字影像或动画软件形成的二、三维动画等动态画面的文件。如数字影视片、动画片等。视频捕获设备可将模拟影像转换成数字影像。影像文件需要较大的存储空间，其分辨率与存储空间成正比。影像文件有不同的格式或标准，播放时需要使用相关的设备和程序。

6. 声音文件

声音文件是指采用音频设备录入并转换为数字形式的文件或用编曲软件生成的文件。用音频设备录入或用编曲软件生成的文件，采样频率是单位时间内的采样次数，主要有 11kHz、22kHz、44kHz 三种。采样速率是指每个采样的大小，采样者可自行设定速率值，现大多使用 128kbps。采样频率和速率越高，音质越好，则文件所占存储空间就越大。用

7

编曲软件生成的文件一般被称为 MIDI 文件。还有一些音乐文件是将上述通过压缩或转换成的。声音文件播放时需要使用相关的设备和程序。

7. 命令文件

命令文件是一种计算机软件，是指为处理各种事务采用计算机语言编写的程序。形成过程一般是由程序员编写"源程序"输入计算机，再通过相应的编译程序编译后才能执行。"源程序"是纯文本文件，由特定的计算机指令序列构成，具有可移植性，一般不受计算机类型的限制。编译后的软件在不同类型的计算机上一般不能兼容。"源程序"能表明版权的归属，对于计算机软件的开发者来说具有重要的保存价值。

8. 多媒体文件

多媒体文件是指借助计算机多媒体技术制作的由文本、图像、影像、声音等两种及两种以上信息形式的文件。这种文件使用多媒体技术制作，具有较复杂的结构，必须使用多媒体计算机复现。

9. 超文本文件

超文本文件是指包含对其他文件链接功能的文件，这种文件是一种全局性的信息结构，它将文档中的不同部分通过关键字建立链接，使信用得以用交互式搜索，用户可以通过超文本文件的链接直接获取或发送相关信息，如网页就是使用超文本技术制作的。

（二）按照文件的功能分类

按照文件的功能分类，可以分为主文件和支持性、辅助性、工具性文件。

1. 主文件

主文件是指表达作者意图、行使职能的文件。针对纸质文件而言，任何一份文件都是主文件，可以独立地发挥作用。而电子文件生成、运行和存在于一定的软硬环境中，需要以相应的支持性、辅助性、工具性文件作为读取和处理条件。

2. 支持性、辅助性、工具性文件

支持性文件主要是指生成和运行主文件的软件，例如文字处理软件、表格处理软件、图形软件、多媒体软件等。辅助性、工具性文件主要是指在制作、查找主文件过程中起辅助、工具作用的文件，如计算机程序类文件往往附带若干辅助设计文件、图形文件，数据库往往附带若干辅助数据库和相应的索引文件、备注文件等。

主文件和支持性、辅助性、工具性文件是相互作用、相辅相成的。没有主文件，支持性、辅助性、工具性文件不能独立地行使文件的职能，甚至失去存在或保存的必要；同样，没有支持性、辅助性、工具性文件，主文件无法正常运行和查找，甚至根本不能生成和打开。

（三）按照文件的生成方式分类

按照文件的生成方式分类，可将电子文件分为直接生成的原始文件和将纸质或其他载体（如胶片）文件重新录入生成的转换文件。

第四节 电子文件的鉴定与归档

一、电子文件的鉴定

电子文件因其形成和管理的特殊性，其鉴定工作更具难度和复杂性，为保证归档电子文件准确、完整、系统，电子文件的鉴定主要是在归档前完成。

（一）电子文件鉴定工作的类型

电子文件的鉴定可以分为全面集中鉴定和单项随时鉴定。

1. 全面集中鉴定

全面集中鉴定，是指由各方工作人员组成鉴定小组，对需要归档的文件或保管期限已满的档案进行全面鉴定。其特点是多维性、间隔性、相对模糊性。

2. 单项随时鉴定

单项随时鉴定，是指相关管理人员出于某种特定原因，对文件的某种状态进行专项检查分析，以确定是否采取相应措施。其特定的是连续性、分散性、相对清晰性。

（二）电子文件鉴定工作的程序

电子文件的鉴定在程序上与传统文件大不相同，除保留三级鉴定环节外，还增加了电子信息系统设计和电子文件形成时的鉴定环节，即把鉴定提前到文件生命周期最初的阶段。

根据国际档案理事会电子委员会制定的《电子文件管理指南》，电子文件的生命周期可以划分为三个阶段：概念阶段、形成阶段、维护阶段。相应地，电子文件的鉴定贯穿其各个阶段，各有特点：一是概念阶段，是电子文件的设计阶段，即电子文件管理信息系统的研制、设计、安装阶段。二是电子文件的第二次鉴定主要是在形成阶段进行。三是电子文件的第三、四次鉴定主要在维护阶段进行，档案部门肩负起了对电子文件进行维护的职责。

（三）电子文件鉴定的方法

1. 内容鉴定法

这种鉴定方法是以美国国家档案馆为代表，指通过审阅文件的内容判断其价值，要求全面审阅和分析文件的正文以及文件题名、名称等形式特征，从文件反映的内容信息判断其价值。

2. 职能鉴定法

职能鉴定法是按照立档单位在机关体系中的地位和各项职能的重要性来确定档案的价值，这是由波兰的档案学者卡林斯基于20世纪30年代提出的，后来经德国、加拿大、美国等档案学者的完善，加入了新的思考角度，视野更为宏观。其更适用于电子文件价值的鉴定，是电子文件鉴定的基本方法。

内容鉴定法和职能鉴定法的区别在于按照职能对文件进行鉴定应侧重于文件本身还

是文件内容。

（四）电子文件鉴定工作的范围

第一阶段：归档前的鉴定，这是电子文件鉴定工作的重要环节。

首先，文件形成单位按照规定的项目，对电子文件的真实性、完整性和有效性进行检验，负责人签署审核意见，检验和审核结果填入《归档电子文件移交、接收检验登记表》。

其次，参照国家关于纸质文件材料归档的有关规定，确定电子文件的归档范围，并包括相应的背景信息和元数据。

最后，根据电子文件的内容，划分保管期限和密级。

第二阶段：归档后的鉴定，即在电子档案管理过程中的鉴定，主要任务是对已到保管期限的电子档案重新审查鉴定，对失去保存价值的电子档案予以处理。

（五）电子文件鉴定工作的内容

1. 电子文件的鉴别

电子文件的鉴别主要是解决"哪些信息需要鉴定""哪些信息构成一份文件"的问题，这是电子文件首先要处理的工作。其实质是明确机构形成电子文件的需要，就是将信息系统中的文件信息和非文件信息区别开，即用抽象概括的方法说明机构需要形成哪些电子文件，然后适用演绎的方法判断哪些是我们需要鉴定的文件。具体过程如下：第一，调查分析机构的职能结构和业务活动，明确各项活动中要求形成的电子文件，从而确定电子文件的生成节点；第二，根据调查分析的结果，设计文件登记模块，并赋予每一份电子文件唯一的文件号。

由于计算机系统程序是人为设计的，人的思维局限也会造成计算机系统程序的局限。因此，被计算机系统剔除的信息最好需要人工再次鉴别，可防止遗漏，同时还可借机调整和改进计算机系统的设计。

2. 电子文件的内容鉴定

电子文件的内容鉴定是以内容分析为核心，科学地判断电子文件信息的有用程度，即"哪些文件可以保存下来""这些文件应当保存多长时间"，这是电子文件鉴定的主体部分，其最终的鉴定成果是根据文件的不同价值，划分文件的保管期限。

电子文件的内容鉴定，应以自动鉴定方式为基础，结合人工鉴定共同进行。主要步骤有：

（1）制订电子文件保管期限表

电子文件保管期限表的制订工作应在电子文件管理系统设计的调查阶段进行。

电子文件保管期限表的具体内容有：第一，根据机构职能图中显示的职能、工作和环节，明确机构的主要职能活动，重要工作内容和关键的工作步骤；第二，根据机构业务流程图中展示的电子文件生成节点，明确电子文件的种类，结合机构的主要职能活动，重要工作内容和关键的工作步骤，将这些环节中生成的电子文件确定为有价值的文件保存；第三，对于某些特殊的电子文件，如微观文件和程序文件，应具体地分析确定其保管期限。

制订电子文件保管期限表的要求：第一，将保管期限表的制订工作纳入电子文件系统的设计工作，与电子文件鉴别工作同步进行，在电子文件管理系统设计的调查阶段，应着手制订电子文件保管期限表；第二，研究和鉴定各种类型的纸质文件保管期限表，重点分析纸质文件中与电子文件相对应类型的电子文件的保存价值；第三，电子文件保管期限表是集体合作的工作，除相关档案人员外，还应指定电子文件形成部门的专业人员或邀请档案行政管理部门和档案部门的有关人员对电子文件保管期限表的制订进行具体指导；第四，电子文件保管期限表应该详细，具有可扩展性、操作性强的特点，档次区分的跨度可以小一些，以便随时更改和补充。将电子文件保管期限表纳入其管理系统并予以保护。

（2）电子文件形成时的即时鉴定

在电子文件鉴定自动化系统中，文件一旦形成，系统即将文件与保管期限表的条款对照鉴定，划分其保管期限，然后文件方能进入正常的处理流程。保管期限已满的鉴定，这项工作由档案人员承担。

（3）进档案部门鉴定

按照国家集中保管档案的规定，凡是具有长久保存价值的档案在机关档案室保存一定时期后就需要向相应的档案馆移交。

（六）电子文件的技术鉴定

技术鉴定所承担的工作就是从技术的角度对电子文件的各方面技术状况进行全面检查，包括对电子文件信息的真实性、完整性和有效性的认定以及对电子文件载体性能的检测。为保证电子文件的产生、处理过程符合规范，应建立规范的制度和工作程序，并结合相应的技术措施。

1. 真实性鉴定

电子文件的真实性是指对电子文件的内容、结构和背景信息进行鉴定后，确认其与形成时的原始状况一致。具体的鉴定内容包括：第一，根据电子文件管理系统所记载的文件生成、修改和批准时间，分析文件是否是最终版；第二，检查文件是否按照预先确定的标准格式和模块编辑、保存；第三，检查电子文件管理系统中对文件生成、管理和利用过程的追踪记录，分析是否有非法操作；第四，检查文件的数字签名，并以验证文件的来源以及文件在传输过程中是否发生变化。

2. 完整性鉴定

电子文件的完整性是指对电子文件的内容、结构、背景信息和元数据等无缺损，为确保文件完整性，除了建立电子文件完整性管理制度外，还应采取相应的技术措施采集背景信息和元数据。电子文件的完整性鉴定可以从两方面进行：一是检查文件各个要素是否完备，包括可视和不可视的部分；二是分析联系某份文件各个要素的手段是否有效，包括超链接、标签。

3. 有效性鉴定

电子文件的有效性是指对电子文件应具备的可理解性和可利用性，包括信息的可识别性，存储系统的可靠性、载体的完好性和兼容性等。第一，检查与电子文件配套的软件、相关电子文件、文字材料是否齐全完整。第二，检查电子文件的信息存储格式是否符合归档要求。第三，核实归档或迁移时所填写的文件运行的软硬件环境，版本号是否正确。第四，对于加密文件，如果特殊需要未予解密，还应检查其密码是否可靠保存。第五，检测在指定的环境平台上能否准确读出电子文件，对于较小的错误，可清洗后再读，以确认其可读性。

4. 介质状况检测

对电子文件介质状况的检测，主要是对介质物理性能的检测和对介质规格的检查。

（七）电子文件的处置

电子文件的处置是对鉴定的结果进行科学合理的处理工作，该项工作应该按照文件的规定，有所依据进行，主要依据有两个方面：一是电子文件保管期限表；二是鉴定报告。电子文件的最终结果就是对文件保存或销毁及对保存文件保管期限的确定。

1. 销毁

电子文件的销毁一般是在计算机中进行，主要包括信息删除和介质销毁两种。电子文件的销毁必须在形成、利用文件的业务活动结束后进行，必须经过授权，销毁过程必须有记录，事后还应检查审计。销毁属于保密范围的电子文件，应该与文件的密级相适应，不能破坏其信息的密码性。凡是决定要销毁的电子文件，除非特殊规定，其所有备份都必须销毁。

2. 保存

电子文件保存方法主要包括文件管理系统中保存、脱机保存、迁移、缩微、转换成纸质文件等。

3. 移交

移交是指部门将其电子档案交给其他部门保存。移交方式可采用文件实体移交，文件信息的管理职责移交或二者共同移交。

（八）电子文件鉴定的全程监控

对电子文件鉴定进行全程监控，可以保证鉴定过程的合理、有序以及鉴定结果的公正。监控措施有对电子文件鉴定过程的记录和对记录材料的审查。

1. 记录鉴定过程的材料

记录鉴定过程的材料有文件管理系统中的跟踪记录、鉴定报告、销毁记录、迁移记录、缩微记录等。

2. 审查工作

审查工作包括检查鉴定报告、分析是否现实、可行，且符合效益要求；检查文件系统中审计跟踪记录，确定有无错误操作；检查在销毁、脱机、缩微本等处理工作中形成的文件，确认操作是否规范。纠正或调整主要是对文件保管期限的调整、漏删文件的删除等工作。

二、电子文件的归档

归档是文件形成部门向档案部门移交具有保存价值文件的业务工作，其标志着文件管理责任由文件生成部门向档案部门的全面移交。

电子文件的归档是将应该归档的经过整理的电子文件，确定档案属性后，从计算机或网络的存储器上拷贝或刻录到可移动的磁、光、介质上，以便长期保存的工作过程。不同环境条件下产生的电子文件其归档的方法也不相同。

（一）电子文件的确认和采集

电子文件的收集积累的一个重要前提就是对电子文件的确认，这也是文档一体化管理基本要求。鉴于电子文件的数字数据是可以流动的，可将它采集到一定载体上，通过一定软件以人可识别的方式显示出来。

1.电子文件确认与采集的要求

文件必须具有一定的信息内容，能准确反映在特定时间内，行使职责，参与活动和处理事务中发生的事实。当需要时，能以电子数字方式再现，以便文件的每一部分汇集起来，以易于被人理解的方式存在。

文件能被放入背景之中，背景确定了文件由谁产生，这不仅是业务处理工作的组成部分，还便于帮助用户对文件内容的理解。结构作为文件的格式，必须予以采集，以备该文件今后拷贝到所需要的最新硬件和软件中。能被一体化地进入部门或个人的文件保存系统中。

2.电子文件的背景信息和元数据

（1）背景信息

电子文件形成部门采集的主要背景信息包括：文件形成机构、与文件有关或曾经有关的机构、文件履行机构职责与目的、文件的年代、与文件有关的时期、与机构职能有关的文件价值和重要性、曾与文件有过关系的文件价值保存系统、该文件与其他文件和资料之间的关系、对该文件有影响的法律、协议、实践、程序、计划、条件和默契等。

（2）元数据

元数据可分为三种类型：实体限定、属性限定、关系限定。实体限定包括数据库内实体名与描述或每个单个电子表格的名与描述；属性限定包括每一个电子表格的每列、每个实体的每个属性的数据模型以及名与描述；关系限定包括有关实体名及对关系有影响力的每一个实体内属性的名，与关系的目的描述在一起的属性名。

电子文件元数据的作用：构建信息发现机制，即检索机制；维护信息可识读性；保障数字信息的真实性、凭证性。

（二）电子文件收集积累的要求

根据《电子文件归档与管理规范》的规定，电子文件收集积累应该符合以下要求：一是记录了重要文件的主要修改过程和办理情况，有查考价值的电子文件及其电子版本的定稿均应该被保留。二是当公务或其他事物处理过程中只产生电子文件时，应采取严格的安全措施，保证电子文件不被非正常改动。三是对在网络系统中处于流转状态，暂时无法确定其保管责任的电子文件，应该采取捕获措施，集中存储在符合安全要求的电子文件暂时存储器中，以防散失。四是对用文字处理技术形成的文本电子文件，收集时应该注明文件的存储格式、文字处理工具等，必要时应同时保留文字处理工具软件。五是对用扫描仪等设备获得的采用非通用文件格式的图像电子文件，收集时应该将其转换成通用格式，如无法转换，则应将相关软件一并收集。六是对用计算机辅助设计或绘图等设备获得的图形电子文件，收集时应该注明其软硬件环境和相关数据。七是对用视频或多媒体设备获得的文件以及用超媒体链接技术制作的文件，应同时收集其非通用格式的压缩算法和相关软件。八是对用音频设备获得的声音文件，应同时收集其属性标识、参数和非通用格式的相关软件。九是对通用软件产生的电子文件，应同时收集其软件型号、名称、版本号和相关参数手册、说明资料等。十是计算机系统运行和信息处理等过程中涉及的与电子文件处理有关的参数、管理数据等应与电子文件一同收集。

（三）电子文件的登记

根据《电子文件归档与管理规范》的规定，电子文件的登记方法如下：一是每份电子文件均应在《电子文件登记表》中登记。二是电子文件登记表应该与电子文件同时保存。三是电子文件登记表如果制成电子表格，应该与备份文件一同保存，永久保存的电子表格应该附有纸质等拷贝件，与相应的电子文件拷贝一起保存。

（四）电子文件归档管理制度的制定

在制定有关电子文件归档法律法规时，应明确以下几个方面问题：一是确立档案管理部门在电子文件管理中的地位，赋予档案部门接收、保管电子文件的职能。二是明确电子文件归档与管理的方式方法。三是明确电子文件的法律效力。

第五节　电子文件的保管

一、电子文件的存储管理

（一）存储设备

1. 硬磁盘

硬磁盘即硬盘，是利用电磁信号转化来记录和读出信息。按照接口的类型分为ST506、IDE、SCSI 接口；按照尺寸分为 14 英寸、8 英寸、5.25 英寸、3.5 英寸等。作为计算机系统中最常用的外存，其存储容量大，采用随机存储方式，存取速度快，数据传输率高，可靠性高。适宜作为在线存储介质。

2. 磁带

磁带是最早出现的存储介质。目前的计算机系统多采用 1 ／ 2 英寸开盘式磁带和 1 ／

4英寸盒式磁带。磁带存储容量大，成本低，以串行方式记录数据，存取速度较慢，通常作为硬磁盘可靠又经济的大容量备份。

3. 光盘

光盘采用激光技术写入和读出信息，主要包括只读光盘、一次写入光盘和可擦写光盘。只读光盘只能用来检索或者播放已经记录在盘上的信息，如 CD-ROM、CD-1、VCD、DVD 等。一次写入光盘可根据需要录入信息，但只能写一次，一旦录入便不能再进行修改和删除。可擦写光盘允许反复擦写信息。光盘成本低、制作简单、容量大、体积小。一次写入光盘是档案部门经常用的类型。

（二）存储方式

1. 在线存储

在线存储是指存储设备和所存储的数据时刻保持可直接、实时、快速访问的状态，通常选用硬盘、磁盘阵列作为在线存储设备，性能好，但是价格昂贵。

2. 离线存储

离线存储也称脱机存储，存储设备和所存储的数据远离系统应用，无法直接访问。通常选用磁带、光盘等作为离线存储介质，容量大，价格相对低廉。需离线存储的数据包括在线数据的备份以及不常用的数据。

3. 近线存储

近线存储即近似在线存储，介于在线存储和离线存储之间的一个存储级别，所采用的设备通常是由廉价磁盘组成的磁盘阵列，访问量不大的数据可采取近线存储的方式。

二、电子文件信息维护

（一）电子文件信息维护体系

电子文件信息的损害因素有很多，有人为的，也有非人为的，因此，档案部门要建立包含制度、管理、人员、技术等在内的全面的信息维护体系，要制定出完善的规章制度，合理分配和有效监督各类人员的管理权限，培训和考核人员，并采用可靠的安全保障技术等。

（二）电子文件信息维护的关键技术

1. 加密

加密是防止非法用户读懂信息，原理是在参数的指示和控制下，通过一定的规则将原本可读懂的数据转换为随机的乱码。合法用户想要读懂信息，需要在密钥的指示和控制下，通过算法将密文还原为明文，这个过程称为解密。

2. 身份认证

身份认证就是通过身份认证技术来确认用户的信息。在用户进入计算机系统时验证其身份的技术有口令认证、智能卡认证、USB Key 认证、生物认证等。在接收、查看息时验证信息发送者的主流技术是数字签名。数字签名可以防止冒充和抵赖，同时还能验证信息在传送或存储过程中是否被篡改。

3. 权限控制

为了保护知识产权、个人隐私、机构秘密，需要在分析机构规章制度、业务性质、利用风险的基础上，合理定义各类用户、各类文件的访问权限，并在业务系统和电子文件管理系统中实现，以保证合法用户访问的便利，防止非法用户的恶意访问。

4. 长期可存取

长期可存取技术即保障电子文件长期可读性的技术，主要包括转换为开放格式、迁移、采用多格式阅读软件等。

5. 备份

备份是信息安全保障最重要的辅助措施，可为受损或崩溃的信息系统提供良好的、有效的恢复手段。备份不仅是数据文件的备份，在复杂系统中，还需要对数据文件所依赖的系统环境和应用程序进行备份操作。备份时，需要根据相关制度确认备份的方式，确定备份的存储设备、套数，明确是否需要异地备份。

6. 物理隔离

物理隔离是将不同的网络相分离，保证其不相连，其目的在于隔断非法用户的访问链路。凡是涉及秘密的计算机系统，不可直接或间接地与公共信息网络相连接，必须实行物理隔离。

7. 防火墙

防火墙是一种逻辑装置，其通常处于机构内网与外网之间，通过检测、限制、更改跨越防火墙的数据流，限制来自外网的用户对内部网络的访问以及管理内部用户访问外界的权限，对外部网络屏蔽有关被保护网络的信息、结构，从而实现对网络安全的保护。防火墙不能有效控制发生在内部的非法访问。

8. 入侵检测

入侵检测是用于监控网络和计算机系统是否出现被入侵或滥用的征兆，可以阻断发生在内部的非法访问，是对防火墙技术的有效补充。

第八章　高校档案的信息资源及其开发

第一节 档案信息资源的定义

一、档案信息

（一）信息

信息指音讯、消息、通信系统传输和处理的对象，泛指人类社会传播的一切内容。人通过获得、识别自然界和社会的不同信息来区别不同事物，得以认识和改造世界。在一切通讯和控制系统中，信息是一种普遍联系的形式，是创建一切宇宙万物的最基本的万能单位。

现代社会，信息与材料、能源共同构成了人类社会发展的三大资源。信息普遍存在于人们的生活当中，无时不在，无处不有，它加快了沟通速度，扩大了交流空间，提高了社会物质财富和精神财富的创造效率，促进了生产力水平的提高，使社会不断向前发展。

（二）档案信息

档案信息包括三个层次的含义：一是指档案的内容信息，也就是档案所记载的一切内容，这是档案信息的主体部分，人们传递、吸收、利用的档案信息也是指这一部分；二是指档案的形式信息，即指档案的外部形式和特征，如文件题名、责任者、形成时间、文件编号、载体物质形态等；三是指档案的再生信息，即针对档案的内容信息、形式信息进行加工后产生的信息，它们的存在形式有目录、索引、指南、参考资料等。

档案是内容信息和物质载体的结合物，而档案信息是档案的内容信息。因此，档案信息仅是档案的一个方面，两者是有区别的。但是，二者又有紧密的联系：一是档案信息的存在离不开档案，尽管档案信息不是档案的全部，而且它可以转换成非档案形式的信息，但是它一旦离开了档案，则不能称之为档案信息了；二是档案信息的传递和存贮需要借助于档案的传递与存贮，或者说档案的传递与存贮意味着档案信息的传递与存贮；三是由于档案是内容信息与物质载体的结合体，从信息性或从物质性的角度来认识档案都具有一定的合理性。

档案信息的特点使档案信息具有独特的价值。其特点主要有：

1. 原生性

作为原始记录的档案客观地记载了人类各种社会实践活动的事实经过，为人们的深入认识提供了素材，因此相对其他信息而言，档案信息又是原生信息，具有原生性。

2. 回溯性

档案记载着历史上各种活动的事实和经过，它印证了历史事实而成为人类活动真实的历史标记，因此档案信息属于历史信息，具有回溯性。

3. 内向性

档案具有一定的机密性，因此它的利用范围和利用程度是有限定的，在相当长的一段时间内，档案不能像其他文献信息那样为社会全体人员所广泛利用，这就造成了档案信息具有内向性的特点。

4. 联系性

档案信息具有相互联系的特点，这种联系，一是指同一类信息可以在不同的档案全宗里发现；二是指同一事物在时间上的联系；三是指不同事物之间的联系。

5. 价值性

档案信息的价值是客观存在的，但要实现档案信息的价值，必须通过加工、处理和传递。只有当人们接受并产生了效益，档案信息才能实现自身的价值。

二、档案信息资源

（一）信息资源

信息资源是指人类社会信息活动中积累起来的以信息为核心的各类信息活动要素（信息技术、设备、设施、信息生产者等）的集合。其广泛存在于经济、社会各个领域和部门，是各种事物形态、内在规律和其他事物联系等条件、关系的反映。随着社会的不断发展，信息资源对国家和民族的发展，对人们工作、生活至关重要，成为国民经济和社会发展的重要战略资源。它的开发和利用是整个信息化体系的核心内容。

信息资源与其他资源相比，主要特点表现在：一是信息资源能够重复使用，其价值在使用中得到体现；二是信息资源的利用具有很强的目标导向，不同的信息在不同的用户中体现不同的价值；三是信息资源具有整合性，人们对其检索和利用，不受时间、空间、语言、地域和行业的制约；四是信息资源是社会财富，任何人无权全部或永久买下信息的使用权；它是商品，可以被销售、贸易和交换；五是信息资源具有动态性，是一种动态资源，呈现不断丰富、不断增长的趋势。信息资源的丰富程度、信息的传播速度及应用效率，是衡量一个国家综合国力的重要标志，开发利用信息资源是国家和社会发展的根本途径。

（二）档案信息资源

档案信息资源是信息资源的一个组成部分，其定义分为广义和狭义之分。广义的档案信息资源是指人类社会活动中积累起来的以档案信息为核心的各类档案信息活动要素的集合。其包括如下几部分：

1. 档案信息要素

档案信息要素是源于档案的已经经过加工处理有序化并大量积累起来的有用信息的集合，这部分内容在诸要素中处于核心地位。

2. 工作人员要素

档案信息资源的工作人员要素，是指负责管理档案信息的档案工作者的集合。

3. 技术要素

档案信息资源的技术要素是指加工、处理和传递档案信息的信息技术的集合。

4. 其他档案信息活动要素

其他档案信息活动要素，如与档案信息活动相关的设备、设施、活动经费等，都属于这类要素。

狭义的档案信息资源是指来源于档案的，反映事物特征，运动状态、方式及规律的，已经经过加工处理有序化并大量积累起来的有用信息的集合。狭义档案信息从属于广义的档案信息，包含了档案信息的三个层次。

档案信息资源并不等同于档案信息，而是具备了创造性、规模性以及可开发性三大条件的档案信息。

第二节 档案信息资源的组织和整合

一、档案信息资源的组织

（一）档案信息资源的组织的定义

档案信息资源的组织是将处于无序状态的特定档案信息资源，根据一定的原则和方法，使其有序化、系统化的过程。信息科学中的系统论、控制论、信息论为档案信息资源的组织提供了方法论基础，然而计算机技术和人工智能则为档案信息资源的组织提供了先进的技术手段。通过对档案信息资源的内容加以揭示和组织，就可以提供多种检索手段和检索途径，以满足利用档案信息资源的需要，使档案信息资源得到充分开发和利用。

（二）档案信息资源的组织方式

1. 传统档案信息资源的组织方式

（1）根据档案信息的特征划分

可以分为分类组织方式、主题组织方式、题名组织方式、责任者组织方式、代码组织方式等。

①分类组织方式

这种组织方式是指根据档案分类法对档案信息资源的内容进行揭示，并按照分类法的体系进行排列的方式。现在，主要的档案分类法有《中国档案分类法》《高等学校档案实体分类法》等。

②主题组织方式

这种组织方式是将档案信息资源内容根据档案主题词表加以揭示和著录，并根据主题词的字顺进行系统排列的方式。在档案主体法方面我们现在主要使用的是《中国档案主题词表》。

③题名组织方式

这种组织方式是以档案的题名为对象对档案信息资源的内容加以揭示和著录，然后依据字顺对档案信息资源进行排列的方式。

④责任者组织方式

这种组织方式是以档案的责任者为对象对档案信息资源的内容加以揭示和著录，之后依据责任者名称的字顺对档案信息资源进行排列的方式。

⑤代码组织方式

这种组织方式是利用档案的代码，如档号、文号等组织档案信息资源的方式。

（2）根据排序方式划分

可以分为字顺组织方式、编号组织方式、时序组织方式、地序组织方式等。

①字顺组织方式

这种组织方式是根据款目的字顺对档案信息资源进行组织的方式，主题组织方式、题名组织方式、责任者组织方式都属于这一类。

②编号组织方式

这种组织方式是依据特定号码的顺序对档案信息资源进行组织的方式，分类组织方式、代码组织方式都属于这一类。

③时序组织方式

这种组织方式是依据档案中所含时间的顺序对档案信息资源进行组织的方式。

④地序组织方式

这种组织方式是依据地名顺序对档案信息资源进行组织的方式。

（3）根据档案信息内容划分

可以分为目录方式、索引方式、文摘方式、综述方式等。

①目录方式

这种方式是对档案的内容和形式特征进行揭示，并按照一定的方式加以记录和编排的组织方式。

②索引方式

这种方式是根据一定需要，将档案中的主要内容或其他特征摘录下来，标明来源出处，并按照一定次序进行排列，方便查阅的组织方式。

③文摘方式

这种方式是对档案信息资源内容进行加工，通过简短精确的文字提炼档案信息资源的内容，并按一定次序进行排列以供用户查阅的组织方式。

④综述方式

这种方式是对某一时期内、一定范围内的大量原始档案材料中所含的信息进行归纳整理、分析提炼而形成文字的方式。

2.网络档案信息资源组织方式

（1）主页方式

这种方式是一种类似于档案全宗的组织方式。其将有关某个机构、人物或事件的各种信息组织在一起进行全面介绍或综述，其资源的排列布局及各种信息的详简程度随着建立主页的机构或部门不同而不同。

（2）文件方式

文件是计算机保存处理结果的基本单位，可使用文件方式组织网络档案信息资源可以降低组织的成本和难度，但文件方式在面临信息结构复杂以及信息量非常大的情况时效率比较低下。

（3）数据库方式

这种方式是利用数据库技术对档案信息资源进行统一管理的组织方式，可以高效地管理大量规范化的数据，很大程度上提高了信息组织的效率。数据库最小的存取单位是字段，字段的灵活组合可以降低网络负载。

（4）自由文本方式

这种方式是用自然语言深入揭示档案信息资源的知识单元，由计算机自动完成其组织的组织方式，其检索点可以根据实际情况灵活设置，不需要前控，也不需要用规范化的语言对档案信息资源进行前处理。

（5）超媒体方式

这种方式是一种非线性的组织方式，是超文本技术和多媒体技术相结合的产物，它可以组织多种类型的媒体信息，如文字、图形、图像、声音等。它以节点为基本单位，节点之间通过链接联系起来，将网络档案信息资源连接成了一个网状结构，用户可直接从这一节点跳到另一节点。

（6）主题树方式

这种方式是将已经获得的档案信息资源按照已经确定好的体系结构分别加以排列组织，用户可以直接通过浏览的方式逐层遍历到所需要的信息。它具有比较强的结构性和系统性，用户使用起来非常方便。

（三）高校档案信息资源组织方式的制约因素

数字化时代对高校档案信息资源的组织方式的拓展提出了新的要求，除了以上所述的方式外，还要求加入"百度""谷歌"等搜索引擎；并实行网络实名制，输入实习企业的名称、学生姓名即可检索到相关的公开信息；提供网站地图和构建档案网站指引等方式和内容。但是现实中有一些因素制约了这些方式的应用和推广。

1.认识不足，缺少完善规划

高校重研究、重教学、重就业，轻档案管理的现象还不同程度地存在，面对数字时代高校自身对档案资源组织方式探索的主动性、紧迫性认识不足，许多高校还没有从主观上真正认识到数字时代来临对于高校档案管理带来的巨大变革。档案部门大多还是习惯于旧有的管理模式，没有对档案信息资源的组织模式进行科学规划和组织，缺少前瞻性和长远规划，数字档案信息建设缓慢，档案信息网络平台建设缺少统一等。

2. 投入不足，缺少相应保障

高校财力有限，将更多的经费应用于研究、教学和学生的就业指导方面，对于档案工作的投入有限，对数字化先进档案设施器材的投入不够，如扫描仪陈旧，分辨率不高，无法对学生超大的纸质档案扫描，刻录机、文档一体化管理系统配备不到位等。此外，高校数字化档案管理的专业人才匮乏，尤其是一些熟悉高校档案特点，并学会应用数字时代档案信息组织方式的人员更是稀少，制约了档案数字化、网络化工作的开展。

3. 制度陈旧，标准规范欠缺

数字时代对于高校的档案管理的制度化、标准化要求更高，档案管理制度和标准规范作为现代档案管理的基础，是实现档案信息资源组织方式的外在保障。目前，高校的档案管理虽然也建立了一些规章制度，但是对于以档案室为中心的档案工作网络，对不同门类、不同载体的档案实行统一管理的氛围并没有形成。对于日常教学和管理中形成的电子文件的真实性、有效性控制，档案信息管理系统的通用性、档案数字化标准、数据库建设标准规范等缺失，制约了高校档案数字化的步伐。

（四）高校档案信息资源组织方式的实施路径

1. 加强学习，做好科学规划

加强有关高校档案管理方面的法律法规的学习，增强高校档案工作人员的档案意识、责任意识、信息意识，始终坚持以法制为保障，以科学规划为引领，来谋划和部署高校的档案工作。

首先要重点学习、宣传新修订的《高等学校档案管理办法》《全国档案事业发展"十三五"规划纲要》《关于加强和改进新形势下档案工作的意见》《纸质档案数字化加工技术规范》一系列文件的学习。

其次是要结合高校自身实际，综合制订数字化档案资源信息共享工作的意义、目标、原则、任务和建设规范，提升高校档案信息资源的共享水平。

最后，成立高校档案数字化工作领导小组，把档案工作纳入学校发展的整体规划中部署、落实，做好日常工作贯彻的监督检查，切实推动高校档案数字化工作落到实处，并提升档案的数字化水平。

2. 加大投入，提升保障水平

加大高校档案基础工作的投入力度，改善高校档案数字化的软硬件条件。

首先是设立专项资金，加强档案硬件设施的更新换代，如添置高速扫描仪、高分辨率数码相机、刻录一体机，建造专门的档案馆，为档案数字化管理提供专门的工作场所。做好档案应用软件配套工作，根据高校数字化档案管理需要，及时安装文档一体化管理系统、电子文件管理系统、数字档案馆系统等，改善档案网络设施等档案数字化保障水平。

其次是加快档案信息资源建设。以档案数据库为平台，加快高校科技档案、照片、图纸、声像等档案的数字化建设工作，整合档案的数据资源，建立门类齐全的多媒体数据库，为广大师生员工和其他群体利益提供便利。

最后是注重高素质、复合型人才的引进和培养。档案工作人员作为高校档案现代化建设的主体和核心，一方面，要加强在职档案人员的计算机应用知识、数字化专业知识和网络信息技术知识的培训，提升档案人员的信息素养。另一方面，要加大人才的引进力度，积极招聘既掌握档案专业知识又熟悉信息技术的复合型人才，为高校档案信息资源的开发提供人才保障和智力支持。

3. 完善制度，健全规范标准

档案管理制度和标准规范是档案信息高效利用的基础，数字时代高校档案信息资源组织方式的实现和推进也离不开健全的制度保障。

首先是要建立以高校档案馆为中心的档案工作网络，加快形成学生档案、教学科研档案等门类齐全、覆盖各个载体的档案统一管理模式。

其次是加强高校档案数字化的有效管控和数据流管理。出台纸质档案数字化标准规范，明确规定纸质档案数字化操作规程、分辨率、储存格式以及储存载体等，细化现行电子档案管理规范、高校档案数据库建设标准规范和应用系统建设标准等，使档案信息从收集、管理、存储、编研、利用各个环节都有章可循，每个入档的数字档案都严格按照标准规范执行，实现档案信息的互联互通，数字化资源信息共享。

二、档案信息资源的整合

（一）档案信息资源整合的定义

信息资源整合的定义分为狭义和广义之分，狭义的定义是指将某一范围内的原本离散、多元化异构分布的信息资源通过逻辑的或物理的方式组织为一个整体，使之有利于管理、利用和服务；广义的定义是指把分散的资源集中起来，把无序的资源变为有序，使之方便用户，它包含了信息采集、组织、加工以及服务等过程。

根据信息资源整合的定义，可从两方面来理解档案信息资源的整合，一是围绕特定的主题，对分散形成的档案进行信息资源集中，以集中反映某一实践领域或对象的基本情况；二是根据一定的需要，对各个相对独立的已经实现了一定程度的有序化的档案信息进行融合、类聚和重组，构成一个新的功能更强大、效率更高的档案信息资源体系的过程。

档案信息资源整合是一种管理，其管理理念是取代过去单纯以信息技术进行信息管理的理念，主张对信息资源运用技术、经济、人文的手段进行统筹规划、全面管理。其管理特征是自上而下的、集中式的、可控性的、个性化的、实时性的管理。因此，不能将档案信息资源整合问题简单看成是技术层面的问题，而应做为一个综合治理的问题。

（二）高校档案信息资源整合的意义

高校档案是高校事业发展的积淀，库存大量的教育教学及科研的档案资料，是衡量高校教学质量、科研水平和管理水平的重要尺度。由于档案是高校教学管理和实践、教育研究活动的真实记录，是最可靠的第一手材料，是高校工作规范化的具体体现，是高校进行各项评估的有力佐证，具有依据凭证价值，因此，紧紧围绕学校的各项工作，开展档案信息资源的整合，促进高校的发展，是高校档案信息资源整合的重要意义之一。

高校肩负着培养社会主义事业建设者和接班人的历史使命，既是培养高、中级人才的基地，又是发展科学文化事业的重要场所，高校档案室积存着大量的哺育一批又一批中华民族的栋梁之材、熏陶成千上万的莘莘学子过程中积累的宝贵经验，是内容丰富的教育教学资源、文化资源，具有很高的利用价值。

档案信息资源整合是为了更好的专题利用，这也是档案工作的出发点和最终目的，档案资源整合使记录和反映高效管理、教学管理、思想教育及各个历史时期成功管理的经验、优秀教学的科研成果得到某一专题或某一方面的组合，为高校各项工作和广大师生得到更好的利用，可使高校师生在学习、实验、研究中得到参考和启发，更好地促进师生成才，具有重要的现实意义和深远的历史意义。

（三）高校档案信息资源整合的方法

档案信息资源整合应该根据不同类型的服务对象，建立不同类型的信息数据库，使档案信息资源整合达到规范化、特色化、系统化。在信息化、网络化飞速发展的形势下，档案利用者对档案信息的需求越来越多样化、系统化、个性化。因此，要充分发挥档案信息资源整合在信息网络中的作用，分类建立档案信息特色数据库，把学校管理和师生关注需求的各类档案信息，及时编成专题参考资料，着重对教师教学科研工作，学生专业学习研究，学校教育教学管理等价值大，使用频率高的档案信息按类整合开发出来，使其系统化、密集化，形成新的知识源，以便满足利用者对档案信息的需求。做好档案信息资源整合的方法有：

1.高校档案信息资源整合要充分利用检索工具

利用检索工具特有的科学方法和手段为人们查找利用提供了渠道，沟通了档案信息资源与利用者之间的关系，检索工具具有桥梁和向导的重要作用。检索工具主要有分类目录、专题目录、案卷目录及全宗介绍、校史等。做好档案信息资源整合，应依靠现有的检索工具，才能从海量的档案信息资源中提取各种专题或某一方面的相关信息，使档案信息资源整合后形成多元化的一体服务和智能化管理，使档案工作从繁重的手工操作中解放出来，在查找利用中只需输入简单的关键词就可以找到相应的档案信息。因此，整合档案信息资源利用检索工具是最有效的途径。

2.高校档案信息资源整合要层次分明、条目清晰

高校档案信息资源整合就是将存放分散、内容庞杂、数量浩大的档案信息资源进行有目的、有计划地筛选，分析和研究，再进行合理的鉴别，分类目，编制学校管理、教育教学及科研等门类齐全、内容丰富的各类专题档案目录、索引及汇编，供利用者检索和查阅，在此基础上建立各类具有特色的学校档案利用数据库，经过学校档案信息资源的整合使数据库管理分为三级类目结构，即第一级是将一个年度设为一个数据库表，第二级是列入数据库中的类别，第三级是类别下的条目可提供查找内容和档号，做到精确定位，一步到位。

3.高校档案信息资源整合要显示特色服务

学校档案利用者的类型主要是教学工作人员、科研工作人员、管理工作人员和学生等，应根据不同特点的利用者建成各类档案信息资源数据库，提供不同的档案信息特色服务。

针对教学工作人员，要提供教学方针、政策，教学计划、总结，教学大纲，教学经验交流，教学评估等档案资料；针对管理工作人员，要及时、准确地提供制定教学管理的规章制度，学校发展规划、专业设置、决策中需要参考和依据的基础数据、上级指示及有关政策法规等档案资料；针对教职工职称评定要提供教师考核情况表、科研成果一览表、历年教学质量评比一览表等档案资料。根据以上档案利用者的特点，做好档案信息资源的整合，建成各种类型的数据库，开展各种特色的服务。

（四）高校档案信息资源整合的作用

通过高校档案信息资源的整合为利用者服务的实践证明，档案信息资源发挥了不可估量的作用，主要体现在以下几方面：

1. 高校档案信息资源整合有利于高校的发展

档案工作者不仅要做好档案收集工作，更要做好档案的开发利用工作。高校档案信息资源整合要紧紧围绕学校教育教学这个中心，提供有价值、有特色的服务。档案信息资源整合的信息资料，给学校带来的飞速发展起到了无可替代的作用。在日常工作中为各项工作提供了数以万计的档案资料，如对校史、教育教学评估、招生、毕业生分配、基建维修、职称评定等工作的开展起到了促进作用；为获得国家级重点学校、文明单位等荣誉称号提供了翔实的档案佐证资料，发挥了档案的参考和凭证作用，使学校的发展越来越好。

2. 高校档案信息资源整合有利于解决难题

高校档案信息资源整合具有专题内容相对集中，档案信息条目清晰、查阅方便，系统性材料齐全、借阅方便的特征，有利于为利用者开展特色服务，依靠档案信息资源整合为利用者解决了很多难以解决的问题。档案信息资源整合是为利用者服务的有效方法。

3. 高校档案信息资源整合促进了服务手段的现代化

高校档案信息资源整合，借助计算机、网络等现代化技术与设备，积极搞好协作机制，合理地调配各类信息服务单位的资源，利用高校档案信息资源整合的信息与其他高校合作，实现资源共享；与政府部门、宣传部门合作，举办档案展览；并与研究部门合作，开展专题编研，联合开发档案信息资源，更好地解决信息需求问题积极推动高校的特色服务。为此，在档案信息资源整合基础上应加强档案数字化建设，扩充网上档案目录，提高文件利用率，将利用率高、知识含量大的科技成果等技术信息进行全文上网服务，针对各类人员的需求，将各种特色档案信息加工成电子文本提供给利用者，充分发挥现代化服务手段的功能作用，积极参加做好为利用者服务的工作、促进人才培养、推动社会的发展。

第三节　档案信息资源开发的意义与原则

一、档案信息资源开发的含义

档案信息资源开发指是档案部门根据社会需要采用专业方法和现代化技术，发掘、采集、加工、存储、传输所收藏档案中的有用信息，方便利用者利用，以实现档案的价值和作用。这一概念，主要包含以下几方面内容：第一，档案信息资源开发主体是档案管理部门及其工作人员。第二，档案信息资源开发的对象是指经过条理化、系统化并保存起来的馆藏档案，档案实体的有序化和科学管理，为档案信息资源开发奠定了良好的基础。第三，开发档案信息要采用专业方法与现代化技术相结合的方式，既要与时俱进，采用现代化技术手段，对档案信息进行采集、加工、存储和传输，又要对传统的、专业的开发档案信息资源的方法，予以继承和发扬，并将二者有机结合起来。第四，档案管理部门和档案工作人员对馆藏档案中的有用信息进行浅加工和深加工。浅加工就是对档案进行著录、标引，建立检索系统，将档案信息存储在一定的载体上，即档案信息的检索工作；深加工则是根据社会需要，将庞杂的档案信息进行系统化、有序化、制成档案产品，编写参考资料，参加编史修志，撰写文章和著作。第五，档案部门收藏的是处于静态的档案信息，经过档案工作人员的采集、加工、存储后，需要正常输出传递给利用者，以满足社会上方方面面的利用需要，这一过程被称做档案信息传输工作。

二、高校档案信息资源开发的意义

高校档案馆开发档案信息资源是高校档案工作地发展与提升，同时，通过档案信息资源的开发，可以促进高校档案馆整体工作向更高水平飞跃。因此，大力开发高校档案馆的档案信息资源，为学校各项工作以及社会需求服务，已经成为各高校档案工作面临的重大课题。对高校档案馆的档案信息资源的开发具有重要意义，主要表现在以下几个方面：

（一）为学校各项工作提供依据与凭证，开创学校工作的新局面

首先，为各级领导做出科学决策提供依据。开发高校档案馆的信息资源，将经过开发加工的档案信息传送给学校领导和有关职能部门，使他们在研究和掌握党和国家方针、政策的同时，及时了解和分析本校的历史，认清当前现状，开阔视野，总结经验，从中寻求学校发展的基本过程和规律；综合分析外部信息和内部信息，预见未来，做出切实可行的科学决策，促进学校工作的发展。

其次，为教学管理、科学研究水平的提高创造条件。把档案信息资源传输给科研、教学人员，可以使他们掌握新成果，了解新动向和发展趋势，为他们提高科研、教学水平创造条件。

（二）扩散档案信息，充分实现高校档案信息资源的价值

对档案工作投入大量的人力、物力和财力就是为了通过对档案馆档案资源的开发，满足各类档案用户的需求，理清"贮藏与开发是手段"与"利用服务是目的"的关系。由于档案原件多是"孤本"，传递信息的功能较低，高校档案馆已然出现了"信息孤岛"的趋势。最大限度地开发档案信息资源，将信息及时有效地传输出去，并可使档案信息扩散，使学校档案信息资源的价值得到充分实现，解决档案工作封闭与"信息孤岛"带来的隐患。高校档案信息在一定层次上反映一个学校教育科学事业的最新成就和发展水平，具有信息量大、综合性强、指导作用显著的特点。它是重要的政治资源、经济资源与文化资源，一旦成为信息时代深化教育改革和促进学校科技进步的动力，将成为新时期强有力的生产力，在较大程度上发挥它的社会效益和经济效益。

（三）为档案宣传教育提供生动素材，全面提高档案意识

利用被开发的档案信息资源著书立说、演讲报告、举办档案展览、开展教育宣传活动，使更多的档案信息被广大师生员工利用，是对高校档案工作最直接、实际、有力的宣传。不仅可以启迪思想，提高认识，使他们从中获取自己所需要的信息，而且可以增强他们的档案意识，认识到高校档案是学校活动的历史记忆，是高校文化的沉淀，充分调动广大师生的自觉性和积极性，使高校档案馆工作在生存中发展，在发展中生存。

三、高校档案信息资源开发的原则

高校档案信息资源开发的原则是高校档案信息资源开发活动所依据的准则，也是档案信息资源开发的基本要求，它是成功进行高校档案信息资源开发的保障。其原则主要有下面几项：

（一）高校档案信息资源开发的以人为本的原则

档案作为信息资源，它是被人们所利用，为人民服务的。不论领导决策、重大人事任免事件、各种问题的处理及各项工作的布置、教学改革、学生管理等一系列重大问题都是围绕着人展开，并需要人去做，去创新，去把握，只有做到了以人为本，人们的积极性和创造性才能得到最大限度地发挥。

（二）高校档案信息资源开发的坚持效益的原则

提高开发利用档案信息资源的实效性，即所谓的效益原则，它是衡量档案开发利用工作水平的重要标准。这一原则，要求档案工作者在开发利用工作中必须讲求实效，为高校教学、科研、管理工作提供更多的、有价值的、真正需要的档案信息、档案部门工作人员在实际工作中要做到：一是应该坚持开发利用工作与效益的统一，以取得效益为目的，创造性地、有针对性地开展档案开发利用工作；二是要充分认识到档案工作不同于其他工作，应该坚定不移地坚持社会效益与经济效益的统一，以取得最佳综合效益。

（三）高校档案信息资源开发的实践性原则

高校档案产生于学校的各项活动的实践，又作用于学校各项实践，因而导致档案信息资源开发具有广泛的基础。所以说，档案信息资源开发是一项复杂的实践活动。它必须向学校的各部门，面向全体档案利用者。开发档案信息，将档案信息加以"激活"成为活的资源，只有这样，档案信息资源开发才能牢固，方能拓展服务领域，才能取得好的服务效益。

（四）高校档案信息资源开发的实际需要原则

开发高校档案信息资源必须根据教育、教学、科研、管理工作需要及档案馆情况进行。这是有效开发档案信息资源的前提条件，否则开发利用工作就会流于形式或收效很少，甚至适得其反。因为本校形成的档案信息指导和作用于本校的教育、教学、科研和管理实际，能直接推进本校各项工作水平的提高，并创造社会效益和经济效益。高校始终坚持以教学为中心，牢固树立服务宗旨。学校围绕各时期的中心工作要有针对性地积极主动地开发利用档案信息资源，使档案信息开发利用工作形成良性循环，以此来提高档案工作的整体水平。

（五）高校档案信息资源开发的为各项工作服务的原则

高校开发利用档案信息资源的工作，实际是提高档案信息为学校的各项工作服务，这是开发利用档案信息资源工作的根本目的和总的指导思想。档案工作是学校整体工作的有机组成部分，必须以积极服务高校的各项工作为中心思想，服务至上，归根到底就是利用者至上。因此，档案工作者必须增强服务意识，大局意识，强化科学管理，明确服务方向，坚定服务思想。这是高校开发档案信息资源的重要原则，只有坚持这一原则，方能积极主动开发档案信息资源，提高服务的有效性。

（六）高校档案信息资源开发的管理育人原则

高校以规范和制度做保障，开发高校档案信息资源，有利于学校各项管理的规范化。校纪校规既是学校各种活动正常运行的保障，又是约束师生员工行为的契约，因而也是校园文化的重要内容和表现形式，规章制度就是维系正常秩序的重要保障。因此，高校必须制定出符合校情，符合社会进步的规章制度，用档案提供的重要文字依据，总结历年来成功的管理经验和管理措施，借鉴前人办学的经验和教训，清理和废止不合理的管理制度，完善和制定新的制度。利用档案资料编辑学校的各种规章制度、学生手册、教学工作手册等重要文件，开展校纪校规教育，开展教风、师风、学风教育，既能提高教师的师德水平，也能更好地激发学生的学习热情。

（七）高校档案信息资源开发的文化育人原则

开展高校档案信息资源是高校文化建设的重要内容，也是培养合格人才的根本。高校的教学科研档案，记录着师生在教学科研实践中创造教学科研成果，是高校最高学术水平的真实反映。文化育人的重要组成部分是学术文化，展示学校的教学、科研水平。

开发利用科研、教学档案，通过举办教学科研成果展，科学技术研究成果报告会，科学知识学术讲座等活动，大力倡导勤奋学习、热爱科学、追求真理的科学精神，着力于培养学生的应用能力，变被动学习为主动学习，丰富和发展知识，激发学生追求新知识的欲望，养成严谨的治学态度和治学精神，养成对客观事物孜孜以求的探索精神及实事求是的作风，使学生在校园学术文化中汲取养分，巩固所学的知识，完善优化知识的结构，活跃思维，进而提高学识水平和修养。

（八）高校档案信息资源开发的现代化原则

要运用和改善各种服务手段，提高开发档案信息资源的快速性和准确性。高校档案信息资源的开发利用工作是通过档案人员采取各种服务手段来实现的，传统的服务手段或服务形式，如开辟阅览室，提供档案外借服务，开办代查、代抄档案服务，编纂、公布档案史料，举办展览等服务手段，充分发挥档案信息资源的作用。然而面对当今人们对获得信息及时、迅速、准确的要求，一部分高校档案工作仍采用手工操作方式来进行检索和提供档案信息，显示出来的速度迟缓、准确率低等缺点，已远远不能满足工作要求。而电子计算机采用现代技术管理档案，建立完善的科学检索体系来记录、报道、查找档案资料，能及时、准确、全面地向利用者提供所需的档案，全面迅速地促进开发利用档案信息资源。

第四节　档案信息资源开发的途径和要求

一、高校档案信息资源开发的途径

（一）多渠道收集档案信息

档案信息开发，首先要贮存档案信息，要不断丰富馆藏数量和内容。一是扩大接收面，由原来只接收高校机关档案，发展到接收高校相关处室、系的档案；二是扩大接收门类，由接收文书档案扩大到接收科研、教学、财会、外事、基建设备、声像等档案。在想方设法积极接收档案存贮的同时，采取发挥相关处室、系兼职档案员的作用，主动上门收集，增大档案信息贮藏量，也为高校领导、科研管理干部和广大教职工提供服务创造条件。

（二）做好档案咨询服务

档案服务作为档案部门的特定产品，这就要求其必须把满足高校对档案的客观需要作为自身发展的根本要求。因此，高校档案工作者要时刻关注学校各职能部门利用档案的动态，及时掌握档案利用需求重点，调整档案咨询服务内容，有针对性地开展档案服务。档案咨询服务就是通过解答利用者提出的问题，对其查找、利用过程进行指导，提供智能和成果服务。一是代理咨询服务，即档案工作人员按照利用者的要求代查档案，直接提供事实资料和数据，使利用者省时、省力，并能及时获得有效的利用；二是线索咨询，即档案工作人员回答并解决利用者在档案检索时所遇到的问题，使用户快捷、准确地查找到所需要的档案资料。三是利用咨询，即档案工作人员回答用户在利用过程中涉及的各种问题，如档案材料的历史背景、可靠程度、使用状况等，来帮助用户做出判断和选择，达到有效利用的目的。

（三）做好档案信息编研

档案信息编研是指以馆藏档案为主要对象，根据学校、社会的实际需要，对高校档案中储存的大量信息进行有目的、有计划地筛选，经过分析、研究、综合、归纳、提炼出典型性、规律性的信息集合，及时地提供利用。这是高校档案信息开发的重要领域，是高校档案部门为高校教学、科研、管理等工作，为社会提供优质服务的重要工作内容。首先，编研时档案工作者要具有超前意识、参与意识、竞争意识、服务意识、精品意识，积极主动地在高校改革中搞调研、搞开发，科学地分析、预测教改动态，把握时机，以最快速度、最好质量及时开发出系统性、可靠性、实用性强的参考资料，为高校教育教学改革服务。其次，编研时恰当的选题是编研工作成功的保证。编研选题应努力围绕高校教育教学改革这个中心，深入进行高层次的创造性的三次信息开发，提供高校改革所需的各种档案信息资源。这样既方便了教职工查阅，也给领导决策提供了依据，充分利用档案为学校各项工作服务。再次，编研时要充分利用现代网络，提高档案信息的利用率。在网络条件下，通过互联网对外宣传档案工作，发布档案信息，交换电子数据，在线查找馆藏档案，网上利用开放档案，有利于提高编研成果的档次和品位，从而更大地方便用户的查询利用。最后，建立服务信息反馈系统，加强与用户的互动交流，广泛征求用户意见和建议，不断完善高校档案信息资源开发利用工作，使其更加趋于合理、系统、科学，更好地满足高校教育教学改革的需求。

（四）举办档案陈列展览

档案陈列展览，是档案宣传的有效手段，是进行爱国主义教育和社会主义精神文明建设的教育基地，是根据某种需要，按照一定主题，系统地陈列档案资料，通过展示和介绍有关档案的内容、成分而提供利用的一种方式。举办高校档案展览是高校对外宣传交流的一个窗口，是对教职员工及学生进行宣传教育的重要途径，是高校档案信息资源开发和利用的表现形式，同时也是展示高校教育教学成果、促进高校教育教学改革深入开展的有效手段。举办科研专题的科研成果档案展览，在学校营造一个浓厚的科研氛围，推动科研成果的转化和应用推广；举办学校校庆专题展览，展出反映学校发展状况的校史资料、教学成果、科研成果，有关的照片、图片及学校荣誉的奖状、奖杯等，使广大师生员工了解本校的历史；筹建校史馆，展示学校历年来的办学情况和取得的成果，让参观者了解学校办学全过程，从而提高学校办学的知名度；展出学校历年获市级以上的优秀教师、优秀党员、历届优秀毕业生、优秀学生干部等的奖状、荣誉证书，使师生能从中得到启示，激励他们奋发进取。

（五）借助网络平台宣传

高校科技教育网的兴起和普及，必将带动高校档案的全面信息化。可以利用校园网的网站技术，通过筛选、整合高校档案信息资源，建立档案数据库，制作档案资料的查询网页，使档案利用新技术走出档案馆，步入校园，以便于利用者对高校档案信息资源的利用；可以借助网络技术宣传高校档案信息资源在促进高校教育教学改革中的重要作用，让更多的人了解档案，认识档案，进而实际利用档案，提高高校师生及职工的档案意识，扩大高校档案信息资源的社会利用面。

（六）加强校际交流合作

档案作为高校的一种重要信息资源，校际之间应该加强交流与合作，以达到信息资源共享，推动高校教育教学工作的发展。利用高校的文书档案编写组织沿革、学校大事记、教学经验汇编等作为校际交流资料；利用高校的科技档案，编写教育科研成果汇编，将优秀毕业论文摘要、目录汇编成校际交流材料，这样既促进学校教学、科研的发展，又有利于更好地利用科技档案资源。通过校际交流档案资料，一方面可以使交流双方彼此了解对方的教学、科研、管理等情况；另一方面可相互吸取办学经验，弥补自身的不足，提高自己的办学质量和效益。

二、高校档案信息资源开发的要求

（一）强化宣传教育，树立开放意识

高校档案事业的发展建设需要从宣传教育入手，按照市场经济体制的客观要求和高校档案的社会属性及特点，把原有的"封闭自守""墨守成规"的老观念改变成积极创新的开拓进取的新观念；把高校档案的单纯业务观念换成密切注视经济建设新情况，为经济建设和社会全面发展服务的观念；把坐、等、靠、要的观念换成为发展高校档案事业积极主动地争取和创造条件的观念；把高校档案部门不重视经济效益的观念换成重视高校档案具有社会效益的观念；把认为档案部门无所作为的消极思想换成档案工作大有作为的观念。

在认真做好档案宣传工作，进一步增强档案意识的同时，高校档案工作必须树立开放的观念，树立全心全意为人民服务、为社会主义事业服务的思想。搞好高校档案工作的业务建设，区分档案开放利用与限制使用的界限，编制开放目录、档案文献汇编和档案参考资料。特别要重视建立高校档案目录中心，提高档案信息资源开发的整体效益，实现信息共享。由此，搞好高校档案信息资源的开发建设，树立起开放意识，树立开放形象是一个重要的方面。

（二）明确高校档案信息工作的基本任务

高校档案信息工作的基本任务既是为校领导决策和教学、科研服务，同时又为社会服务。档案工作人员应该一面把学校各部门各单位的文件材料收集起来，将其系统化，经过整理、储存等工作程序，为学校各项工作，为社会各方面提供有用的信息；另一方面，又应该将学校各部门和个人从事新的实践活动中产生新的信息，加以收集、整理和传递，使信息不断增值扩大，并经过信息的筛选达到信息的优化。高校档案来自社会和学校中的各个部门和各有关个人，它反过来又为社会和学校的各个部门和个人服务，因而，高校档案信息是一个开放的系统。

（三）加强高校档案信息工作的基础建设

基础管理工作和开发利用工作构成了档案信息工作的全部内容。没有完善的基础管理工作，开发利用工作将成为无源之水，无本之木。因此加强高校基础建设是有效开发档案信息资源的保证。

第五节 档案信息资源开发的障碍和措施

一、档案信息资源开发的障碍

（一）社会环境方面

社会交流与信息意识较差，人们的档案意识淡薄，反映在档案工作方面，则是长期只注意收藏，限制了档案信息资源的开发、交流与利用服务。另外，档案信息资源的开发与利用，要以一定的物质条件为保证，需要投入较多的物力与财力，但是高校对档案事业的投入较少。

（二）档案部门方面

1. 档案工作人员观念上的障碍

一是受重藏轻用观念的制约，档案部门一直处于封闭状态，这种思想根深蒂固，对档案信息资源开发重视不够；二是"保密保险，利用危险"的心态，使档案人员对档案信息资源开发顾虑重重，束手束脚，甚至不敢或不愿向外界传输档案信息；三是一部分人跟不上新形势，缺乏竞争与开拓创新意识，自我封闭，安于现状，无法与时俱进和强化社会参与意识，限制了档案信息资源开发的积极性和主动性。

2. 工作上面的障碍

没有建立起丰富的档案信息资源体系；档案业务基础建设中还存在收集不齐全，归档率低，案卷质量不高，查找困难，保护不到位，标准化、规范化、现代

化步伐不够快等因素；利用服务方式单一，范围狭窄；检索工具质量不够高和传输档案信息的手段落后等。以上这些因素都限制了档案信息资源的开发。

（三）用户方面

1. 档案意识薄弱

千百年来，档案一直是封闭的，几乎与外界隔绝，使其蒙上了一层神秘的面纱，人们对档案的价值与作用知之甚少，再加上对开发利用档案信息的宣传不够，人们不知道

该如何去档案馆查阅利用档案以及利用的制度十分严格等众多因素，使用户产生了对档案信息需求动力不足的现象。

2. 用户利用信息的习惯问题

档案信息来源广，分散杂乱系统性比较差，再加上档案大多是"孤本"，获取档案信息必须要到档案馆去查阅，费时费力，这与人们利用信息、获得信息的易用性相违背。信息时代，人们获取有用信息的渠道有很多，如从网上直接获取和交流信息等。

3. 用户获取档案信息能力的制约

目前除了专家学者、研究人员、机关工作人员以及文化素质高的群体利用与获取档案信息的能力较强外，一般的普通利用者利用档案信息的能力受到局限。比如，没有古汉语知识，就很难利用明清时期的档案；缺乏外文阅读能力，就很难获得外文档案的资料信息等。

二、档案信息资源开发应采取的措施

（一）创新观念

1. 继承与创新发展的观念

伴随着档案事业的发展，在档案信息资源方面有了较大的发展，但与时代的要求还有一定的差距。应该坚持科学发展观，保证可持续发展，紧跟时代步伐，坚持与时俱进，全方位、多层次深入开发档案信息资源，满足新时期方方面面利用档案信息的需求。

2. 被动服务与主动服务并举的观念

档案工作的根本目的就是服务。长时期内采用等客上门、你查我调的被动服务是不够的，还应该树立主动服务的观念，才能出现自觉的服务行动。应该坚持被动服务与主动服务并举，使档案信息资源在交流服务中发挥更大的作用，体现其自身的价值。

3. 文化的观念

档案作为一种社会记忆的原始记录，将分散杂乱的档案信息进行重新组合以及对档案信息的二、三次加工，其本身就是一项文化建设和文化创造，反映出档案工作的文化功能，形成的各种成果，就是再创造的文化产品。

4. 信息共享的观念

共享是由档案信息自身的特性所决定的，其来源于人类社会实践，又服务于人类社会发展的需要。因此，它具有社会属性，应该成为社会的公共财富，为人类所共享。共享可以克服根深蒂固的"重藏轻用"的观念，治愈自我封闭、档案信息利用率低的顽症，促进档案信息的广泛交流和传播。

（二）做好宣传，改善环境

广泛宣传是增强人们档案意识的重要手段，档案部门应把宣传工作作为一项长期任务来抓，不仅要对内，更要面向社会，面向国外，加强对外宣传与交流。此外，还应通过政策和立法来实现环境的改善。档案部门必须进一步加强法规与政策建设，逐步扩大档案开放和档案信息开发的范围，简化利用手续，进一步改善档案信息资源开发的环境。

（三）优化丰富馆藏，建立档案信息资源保障体系

建立档案信息资源保障体系，设立综合档案室，统一管理本校的全部档案。可以实行档案、图书、情报一体化管理，最大限度地整合本校信息资源。坚持丰富和优化馆藏并举，质量与数量并重的方针。合理扩大接收范围，对进馆档案实行质量控制，根据档案自身的价值，对不同级别的全宗采取大部分或少部分进馆的方式。此外，还要完善档案补充机制，除正常接收途径外，还应通过征集、寄存、购买等途径，把社会发展和公众有利用需要的、目前尚不在接收范围的档案收集起来，并丰富馆藏。

（四）健全档案信息资源开发机构，配备高素质的专业人才

档案部门应该建立健全档案信息资源开发机构，配备高素质的人员制定相应的开发规划、措施和制度，以确保开发工作有序进行。开发水平的高低和开发产品质量的优劣，取决于开发人员的专业水平与对现代化技术特别是计算机的掌握程度。高素质人员是开发档案信息资源的人才保障，也是开发工作中最活跃、最关键的因素。因此，应始终把培养人才、建设队伍、提高人员素质放在第一位。

（五）充分利用信息技术

在档案信息资源开发活动中，全面应用信息技术，对档案信息资源进行发掘、加工、处置和传输服务，将使开发过程缩短，投入的人、财、物相对减少，效益明显提高，推动了档案管理模式从面向档案实体的整理、保管为重点，向以档案实体信息化、数字化和面向社会传输档案信息服务为重点的转变过程。应用信息技术手段和高新技术开发档案信息，为这项工作注入了新的活力。

（六）以用户需求为导向

以用户需求为导向，为档案信息资源开发注入新的活力，加速将档案信息转变为直接生产力。根据各方面的需要，全方位、多角度、深层次开发档案信息，形成高质量的各种编研成果，做好主动服务，使档案信息在经济建设、技术进步中发挥更重要的作用。

第九章 高校图档案信息管理的发展

第一节 高校图书馆的信息共享与空间建设

一、信息共享空间概述

（一）信息共享空间的概念

信息共享空间虽然有了十多年的发展历史，图书馆界还没有一个公认的定义，目前大家普遍认可的是 IC 理论与实践的倡导者 Donald Beagle 对 IC 的描述："为整合数字环境而设计的专门组织空间与服务传递模式"。他认为信息共享空间是以数字化信息资源为背景，通过对图书馆技术，资源和服务的有效整合，为信息供需双方设计的一个协同工作空间，IC 经过特别设计，使用方便的互联网络，功能完善的计算机软硬件设施以及内容丰富的知识库资源，在训练有素的图书馆咨询员，计算机专家，指导教师的共同支持下，满足用户的信息需求，提高用户的信息素养，促进用户学习，交流，协作和研究，为用户科研和学习提供零距离的，一站式信息服务。

（二）信息共享空间的目标

信息共享空间是在实现共享式学习和开放存取的背景下，围绕着信息化环境而设计的新型服务设施与组织空间。其目标是把图书馆融入高校的教学与研究的整个过程中，通过提供使用方便的互联网络、功能完善的电脑软硬件设施和内容丰富的知识库资源（包括印刷型、数字化和多媒体等形式），布局配置合理、以人为本、环境幽雅的物理空间，在训练有素的参考咨询馆员和指导教师的支持下，并在计算机专家和多媒体技术人员的协助下，促进读者的学习、交流、合作与研究。IC 保证所有用户（包括新生、高年级学生、研究生和教师）的需要，IC 应该成为整个学校的智性中心。IC 服务的最终目的就是通过软硬件的配合实现最大程度的知识转移。

（三）信息共享空间的特点

IC 作为高校图书馆的一种新型服务模式，与传统图书馆的服务相比，用户在获取信息、分析和处理信息、存储和转化信息等方面都发生了根本性的变化。在 IC 中，用户可以获得一站式集成服务，即可享受来自图书馆员、计算机专家以及媒体工作者等在一个平台上的联合咨询服务，可以使用最新的软件、硬件、多媒体等资源进行相互交流和合作，有利于提高用户自身的检索、测评和使用信息的能力。其主要特点是：

1. 协同性

协同性是 IC 的一个重要特征。IC 是图书馆中研究、教学、学习、消遣和信息服务的统一体。它能够为用户提供一个舒适、方便获取、交流、利用、共享信息的空间，这在传统图书馆的服务中是没有的。国外的实践表明，高校的学生和教师非常渴望图书馆能够为他们提供无部门界限的、能够协作和自由交换信息的共享平台，以便通过直接交流方式获取原始信息，通过间接交流方式得到各类媒体信息。在 IC 中，用户之间可以展开讨论和交互，可以充分地享用信息空间中配制的各种信息设备，同时还能够得到馆员和技术专家全方位的协同式帮助。因此，用户之间以及用户与咨询和技术馆员之间组成的松散结构的团队的协同工作是 IC 的特色之一，同时也是 IC 受欢迎的重要原因之一。

2. 通用性

信息共享空间目标是满足所有用户的信息需求，传统参考咨询服务主要是针对用户需求提供服务的，并由于设备，服务人员数量，服务能力等方面的限制，用户很难从图书馆中获得自己所需的全部信息资源，而专为用户动态需求设计的信息共享空间在很大程度上解决了这个问题，从内容角度看，信息共享空间具有很强的通用性。从操作界面上看，信息共享空间采用了信息共享空间和信息服务统一体的设计理念，采用简单而通用的图形用户界面，即使每一台机器都有相同的界面和检索电子资源的软件。整合图书馆内外相关的知识库、电子资源，安装信息检索工具软件以及提供相关帮助学习和使用信息工具。既满足不用用户的需求，又为用户提供了通用的交流平台。

3. 公共性也是 IC 所以能够在许多大学受欢迎的一个重要原因。现在，尽管不少学生都自备有电脑，但他们依然喜欢到一个集中有各种资源的信息共享空间，在那里他们可以共同学习、研究和交流，并能够得到图书馆员和技术人员的帮助。当然，信息共享空间开放的时间相对较长，并允许学生们自带饮料和快餐，这才正是大学生期待的

4. 动态性

IC 的构建没有统一、固定的模式，用户的需求在不断地发生变化，各高校图书馆应该依据自身的资源优势和技术优势对这些变化作出及时反应，通过不断适时地调整人员、设备和空间格局等来适应用户需求的变化。

第二节　图书馆的知识与服务

一、图书馆服务理念原则

从市场学的角度来看，在技术同质化的今天，服务是企业未来的核心竞争力。图书馆行业也是如此。服务是图书馆的基本宗旨，是图书馆的核心价值观。优质的图书馆服务理念应遵循五大原则，即开放、公益、平等、创新、满意原则。

（一）开放服务原则

图书馆不仅仅是一个学习、阅读场所，同时也是学校综合文化中心，要让读者把图书馆当成他们的"第二起居室"，保证足够的开放时间，把馆藏资源和设施向读者充分开放：第一，所有馆藏全部开放利用；第二，尽最大努力实施开架借阅；第三，经常进行馆藏宣传；第四，馆与馆之间相互开放资源，实现资源共享；第五，全面揭示馆藏，健全检索体系。

凡是与读者有关的决策过程及其结果向读者公开。馆务公开既是图书馆决策民主化的需要，也是图书馆服务取信于读者的需要。

（二）平等服务原则

图书馆是体现人类自由与平等理想的圣地："图书馆面前人人平等"是图书馆界的"人权宣言"，要求图书馆人以博爱精神关爱每一个读者，尊重每一个读者。

（三）创新服务原则

创新服务主要包含三个方面：

1. 理念创新

首先，服务是一种品牌。服务是一定的规模和馆藏，或某一信息产品，或某一特色服务。如果这些服务在同一行业中形成差别优势，那么这种优秀就是品牌；其次，服务是一种文化。图书馆特有的知识底蕴、人文环境、行业规范、价值追求都衬托着图书馆服务的文化品格，它象征着图书馆服务的高尚与高雅、神圣与光荣。

2. 内容创新

图书馆服务的内容急需拓宽，主要趋势是加大信息服务和"便民服务"的内容。在信息服务方面加大网上信息导航服务。在便民服务方面加大延伸服务、定制服务力度（如技能培训、服务咨询等）。

3. 方式方法创新

方式方法创新就是改变以往单一的馆藏文献的外借与内阅服务模式。可利用现代网络平台提供各种数据库服务、多种在线或离线信息服务（如信息推送、知识发现、网络呼叫、智能代理等），使我们的服务具有较强的智能性、实用性和交互性等特征。

（四）满意服务

读者是否满意是衡量图书馆服务的最终标准。满意是图书馆服务的核心，它表现在三个方面，一是读者对文献是否满意；二是读者对图书馆员的服务态度、服务能力、服务效果是否满意；三是图书馆业务建设、制度、服务项目及设施是否反映读者利益和需求。

（五）公益服务

图书馆是一个为大众服务的公共场所，图书馆定期为大众提供免费的阅读服务，为社会发展贡献自己的力量。图书馆的理念就是满意是办馆宗旨，一切为了读者是它的精神实质。工作人员的服务态度是图书馆行为是否让读者满意的最直接表现。开放是基础，公益是内在品质，平等是人性化方向，创新是动力，满意是图书馆服务的终极目标。近几年来，图书馆界把"以人为本"引入了图书馆的管理与服务，使图书馆的管理与服务有了一个质的飞跃。

二、"以人为本"图书管理新理念

服务的主要对象是人，图书馆的服务对象就是读者。如何给读者提供最好的阅读服务，是图书馆未来发展的重中之重。如何把"以人为本"的理念更好地运用在图书馆的管理工作中呢，我们可以结合实际大学图书馆的管理工作实践，对"以人为本"理念在图书馆管理工作中的应用进行探讨。

（一）深入贯彻"以人为本、用户至上"的服务宗旨

图书馆工作，有管理的成分，但核心还是为用户提供服务。图书馆服务工作的对象不是抽象的整体，而是一个个活生生的人。以便最大限度地满足和实现个体用户的需要，是图书馆服务理所当然的出发点和落脚点。

"以人为本，用户至上"，就是要以每个用户的需要的满足为我们工作的追求和动力。满足用户求知的需要，研究的需要，享受知识的需要等等。"以人为本"，就是致的工作、体贴入微的服务。

（二）建立和完善"以人为本"的内部管理机制

对人的尊重、爱护、关怀、公平、公正的对待是"以人为本"理念的基本内容；人尽其才，才尽其用，合理地配置人力资源，是组织工作高效、高质量开展的人力资源保障。图书馆员工同样有着各方面的需求，故管理者应在工作、学习、生活等方面加强与馆员工的沟通交流，给予关心、爱护和帮助他们，体现管理者应有的领导素质和管理艺术。其中，最为重要的管理工作是，对馆员科学地安排岗位，量才使用，发掘每个馆员的才能和潜能，给他们施展才华和发展的空间，让其工作有盼头、有怎头、有奔头。此外，管理者还要创造一种公平、公正的竞争氛围，以激发员工的积极性和创造性并保证馆内成员间良好的人际关系。最后，对馆员的关爱必须落实到位，核心是要帮助他们成长，适应工作的需要，适应竞争的需要。只有这样，方能充分发挥个体馆员的最大价值和整个组织队伍的最大团队力量，形成一股推动图书馆事业发展的洪流。

长期以来，坚持"按需设岗、公平竞争、择优录用、严格考核"的聘任原则，实行"三定一聘"，引进竞争激励机制；通过引进、培养、科学研究、学术交流等方式，提高人员的业务水平，建设一支高素质的专业技术队伍，全面提高馆员综合素质，以适应现代化信息时代的需要，更好地为学校"打造强势本科"提供高效优质的服务。

（三）遵循"以人为本"的图书馆环境人文化设计

建筑乃是人类文化的组成部分，被誉为凝固的音乐，它体现着人的精神追求和情感寄托，是时代精神和审美理想的物质表现。图书馆的建筑是图书馆的人文关怀的物质体现，也就是人文环境的物质外壳。随着图书馆的建筑美学、读者心理学、阅读环境学等

研究的开展和深入，图书馆的功能和价值被更全面和深入的认识。读者在图书馆应得到的不是单一的文献信息需要，还包括给人以建筑环境，人文环境美的陶冶、心灵的净化等，让读者在典雅、知性、人文的阅读环境中实现美的享受。

（四）大力推进"以人为本"的个性化服务

在网络环境下，用户的信息需求呈现多样化、层次化、个性化的趋势。从需求时效上，要求个人的信息需求及时得到满足；从需求内容上，要求提供的信息更加全面、具体和精确。并希望进一步提供经过整合、集成、创新，并能解决问题方案的核心知识内容。在需求取向上，表现为用户个性化需求倾向增加，其根据自己的兴趣、工作特性及课题性质对某一类信息或知识内容表现出特别强烈的专业需求性。而以人为本的个性化服务，就是图书馆员除了担任文献信息采集、加工、处理等工作外，还要扮演信息专家的角色。所以要求图书馆员应具备较高的图书馆业务水平、较高的学历与职称，具备广博的文化基础知识及学科背景，具备较熟练的计算机应用能力；熟悉各种网络工具的检索功能、检索策略，并能运用高效的检索技巧回答用户的检索提问。图书馆员运用自己的专业知识和图书馆资源，针对对口院校教师和研究生开展深层次的信息服务，帮助师生获得最新相关专业发展动态，给读者提供满意的个性化答复。这对提高图书馆服务水平具有重要意义。

图书馆必须在坚持"以人为本"基础上，进一步更新观念，进一步改革和创新管理模式；必须更加重视对图书馆员专业才能和全面素质的培养、提高，强化馆员参与管理的意识，充分发挥每个馆员的聪明才智，有效地激发图书馆员的工作积极性，推进每个馆员个体价值和社会价值的实践统一。只有这样，方能使图书馆产生更强大的凝聚力，不断促进图书馆事业高效而可持续的发展。

图书馆服务的新理念核心就是"以人为本"的理念，在现代经济高速发展的社会情况下，它与各行各业的根本宗旨都是一样，服务决定着一切。而服务是为人而准备的，因此，一切服务以人为本，图书馆以读者的方便为主要目标，通过现代化的技术为读者提供更便捷、更高效、更优质的服务，也是现代图书馆全新的服务理念。

三、图书馆服务几个科学性的理念

不同的图书馆有不同的服务理念，不同时期的图书馆服务理念也各不相同，但是进入新世纪，现代图书馆的服务理念大致相同。当代图书馆服务面对新的环境和新的需求，必须树立新的理念。所谓理念，不仅仅是哲学所指理性领域的概念，而且代表着社会成熟的思想与观念。本文所说的服务理念，不完全是从未有过的新概念，而是当前应当特别重视和强调的概念，并作为新图书馆服务的基本观念。图书馆服务理念是不断发展的，在某一特定时期正确的并发挥巨大作用的新理念，到了新的时期如不符合时代要求也就会成为旧的过时的理念，只有不断替代和淘汰过时的服务理念，才能建立属于适应新环境的图书馆服务新理念。

（一）利用一切理念

现代图书馆早已突破了"重藏轻用"的旧理念，但是"藏用并重"还是"重用轻藏"以及如何"藏""用"需要新理念。藏书建设的"存取"（Access）与"拥有"（Ownchip）之争导致了虚拟馆藏的产生与"资源共享＝存取＋拥有"公式的定论。而在"用"的问题上，一切为了利用既是服务的根本，也是服务的新理念。与其说"书是为了用的"，不如说"图书馆是为了用的"。图书馆的文献信息资源，应发挥作用；图书馆建筑、图书馆的设备设施也不能闲置。

图书馆一切利用服务理念具有如下的特征：

1. 可检索性

服务首先要让读者知道图书馆有什么，在哪里？让读者能否快捷地查到所需要的信息。即使一些书刊资料不在本馆，也要帮助读者找到这个资料。

一是注意本馆资料的可检索性，图书馆的 OPAC 是否能否检索到所有的馆藏信息，是否存在着有文献无 MARC 或有 MARC 无文献的现象（过去叫有书无卡或有卡无书现象，现在因为一些馆回溯编目未能完成以及编目系统与馆藏的不对应存在与过去类似的问题），图书馆是否实现了跨库检索、一站式检索，都会影响着检索效率；二是注意他馆资料的可检索性，图书馆联合目录系统是重要的工具，必须引导读者充分利用这一工具，查寻各图书馆的可用资料；三是注意网上资料的可检索性，图书馆是否有好的网络导航系统，是否引导读者检索到网上好的资料，包括免费的网上资料。图书馆做了这个工作没有？任何一个图书馆的馆藏都是有限的，都无法做到也没有必要做到"大而全、小而全"，只能购买必要的最有价值的资料，这些资料要发挥作用，要靠可检索性；当一个图书馆的馆藏不能满足读者需要时，大量满足不了的需求也要靠可检索性去解决。

2. 可获得性

对图书馆的服务对象来说，不仅需要检索文献信息，更重要的是要获得文献与知识，这通常构成了一个文献获取过程的两个环节，为获得而检索，由检索而获得。可获得性除了通过文献借阅的方式外，电子文献传递是一个新的有价值的重要方式，正在许多图书馆开展起来，即使读者受益，又节约了图书馆的采访经费，还减轻了图书馆的藏书压力。

3. 可用性

可用性是指图书馆给读者提供的资料可以使用并具有使用价值，如一个图书馆的特藏，对读者开放，读者可以借或阅，就有了可用性，不对读者开放，就没有可用性；图书馆的检索终端机设备完好，可以上机，就有了可用性，设备坏了不维护，就没有可用性；图书馆的阅览座位，每周开放时间长，可用性强，每周开放时间短，可用性差。图书馆给读者提供的所有资料都应该是可用的，对电子资源来说，可用性是图书馆服务的一个新的重要指标，能否有效地使用各种资料，既反映了图书馆的馆藏质量，也反映出图书馆的服务水平。例如，图书馆提供数据库打不开，信息导航的地址经常变化或错误没有及时更正，或点击图书馆网页出现空白或"正在建设中"字样，使读者无法使用，这就不具备可用性，也是图书馆的失职。若读者发现图书馆的书刊、数据库、网页、阅览设施不能用或利用价值低，就会对图书馆失去信心，读者就有可能不再来馆。

4. 可读性

可读性是指图书馆的信息资源能够阅读并有阅读价值。图书馆要注意的是：提供给读者的书刊是不是可读的？有没有价值？假如读者借到的书刊，破烂不堪，字迹模糊，无法阅读；图书馆向读者推荐的图书，因为文种或版本等原因，读者根本读不懂，或者说难读难懂，也不具备可读性。同样一部世界名著，好的译本读起来非常流畅，对读者是美的享受，差的译本则读起来淡散拗口，可读的价值就差。特别要注意电子资源的可读性，图书馆的光盘能否阅读，各种版本的电子文件能否阅读，购买的电子书刊字迹是否清楚？馆员在服务的过程中检查文献的可读性，是一个必要环节，书刊借阅时要检查书刊有无破烂、缺页、开天窗、字迹脱落等现象，电子资源服务时要检查所有资源或文件是否有与阅读器不匹配、文件版本低、文件无法阅读的现象。

（二）所有用户理念

图书馆服务的本质就是为了利用，更确切地说，"SERVICE=USE+USER"，是为了一切用户的一切利用。图书馆服务以用户为中心这样的一个理念，是以社会的每一个人作为图书馆的服务对象或潜在的服务对象，为了所有使用图书馆的人。

1. 从读者服务到用户服务

图书馆长期以来一直讲读者服务，"凡利用图书馆所提供的条件进行阅读的人即为图书馆读者"。现在应当强调的是用户服务，这里的"用户"已经超越了"读者"的概念，不局限于"阅读"而突出对图书馆的"使用"。为什么？因为读者的内涵和外延正在或已经发生了变化。过去问图书馆有多少读者，看发放多少借书证就知道了，只要是到图书馆来借书的和来看书的人都是读者。

但是现在，用"阅读"限定的读者概念不能概括所有图书馆的服务对象，例如，有的人到图书馆来，不借书看书，只是寻求咨询，这一行为表现为"使用"图书馆的智力；有的人到图书馆，不为阅读或咨询，而是来参观图书馆，这一行为表现为"使用"图书馆的物理资源。

而且，对读者概念最大的改变是因为网络的出现，网上图书馆的发展，使图书馆用户不再限于本地，而是遍布天涯海角。假若外地的一个人无论在美国的某一个角落，还是在非洲的某一个角落矿只要他点击了本地图书馆的网站，他就是图书馆的用户。网络时代，图书馆的用户到底有多少？不是用借书证来统计或用到馆人数作为依据，现实的用户除了利用物理图书馆的人数外，还包括访问网上图书馆的人数，人人都可能成为图书馆的用户（潜在用户），用户服务已经突破了传统"读者服务"的人数、时间与空间的限制。

2. 从读者第一到用户第一

关于"读者第一"与"图书馆员第一"的争论，应当可以了结了。这实际是从服务和管理两个层面看并不矛盾的两个概念：对整个图书馆来说，对整个图书馆服务来说，读者至上是永远正确的，始终是最重要的，我们必须坚持，并要努力地去做到；而在管理上，树立图书馆员第一的思想，对于图书馆的领导者、管理者尤其重要，管理者做到了职工第一，职工就有了主人公的意识，职工就能更好地激发自己的热情，更好地为读者服务，从而更好地实现读者第一。

21世纪的图书馆树立用户服务的概念后，图书馆不仅仅要考虑读者第一，更要考虑用户第一。不仅仅重视人们对图书馆的阅读需求（包括信息与知识需求），还要重视人们的图书馆利用需求（利用图书馆的氛围、人力、设备与条件等）；不只为本地区、本部门的用户服务，还要为本地区本部门以外的所有人服务。

有了用户第一的概念，就可以反思现行图书馆服务的许多做法，如图书馆阅览室凭借书证发放座位牌、不准带书到图书馆自习、将不看书的读者赶走等等，在考虑阅读保障的时候却忽视了用户利用图书馆的权利。图书馆要改善服务，既要改善阅读条件，吸引读者到图书馆来阅读，也要改善其他条件，吸引用户到图书馆来享有图书馆资源。

（三）开放性服务理念

当代图书馆的开放服务理念不再局限于图书馆从闭架借阅到半开架借阅再到全开架借阅，而是具有更多的含义：一是延长开放时间，这是图书馆改善服务的一个简单易行的措施。自从图书馆打出"365天天天开放"的招牌后，确切赢得了社会和读者的好感。而比这更重要更具体的是图书馆大门旁清晰标出的开放时间，读者手册详细列出的每个季度和每个阅览室的开放时间表，这在国内外图书馆极为常见。

（四）免费服务理念

图书馆是一个社会公益服务机构，免费服务是根本。图书馆不应该收费，这在国际上已经是一个惯例，而且也应该是一个发展方向，正如国际图联和联合国教科文组织的《公共图书馆宣言》所指出的"公共图书馆原则上应该免费提供服务"。免费服务在国外发达国家和地区是一个普遍现象，代表着图书馆服务的基本要求。

1. 有偿服务和增值服务不是服务的主流

如果将图书馆服务划分为基本服务和非基本服务，那么，是所有的服务都应当免费还是只有基本服务免费呢？我认为，早期讨论的有偿服务对于限制图书馆的收费确保基本服务免费，以及与"以文补文"和"创收"区分开来，也是有意义的。后来提出的增值服务进一步强化了非基本服务的性质，有偿服务可以作为其中的一种形式。但是，有偿服务是有条件的，比如说，大学图书馆的主要目的是给本校的师生员工服务的，所以本校的任何服务都不应该收费，而非本校的师生员工服务，应属于非基本服务之列的可非营利地收取成本。

2. 补贴服务是免费服务的过渡

在有偿服务、增值服务之后，还出现了补贴服务，即图书馆在无法承担全部费用的情况下，采取给读者补贴的制度，这种情况在文献传递服务中比较普遍。

3. 免费服务需要提高用户素质

免费服务不仅要求图书馆提供好的条件，也要求用户有好的素质，包括：用户在使用免费资源时能否做到不超量下载，能否在合理使用范畴内尊重知识产权，能否爱护图书馆的珍贵设施，能否遵守图书馆伦理，能否在个人满足的同时兼顾到别的读者或用户，等等。

（五）便利性服务理念

图书馆服务的便利性（FACILITIES）越来越重要。读者或用户利用图书馆首先要求方便。方便是服务的一个起点，从细微处可见。

1. 公民到图书馆是否方便

即将开放的深圳市图书馆新馆位于市民大厦和市音乐厅之间，将公益场所集中起来，就是为市民提供方便。但从与市民最接近的角度，仅有一个大的中心图书馆不够，还要靠社区图书馆网络来方便居民。

2. 办证是否方便

有的图书馆把办证处放在一个不显眼的或难找的角落里就不方便，因而办证处应该设在离读者最近的地方。哪里最近？图书馆的门口、首层离读者近比较方便，如果办证处设立社区、设在读者工作和生活的地方，就更方便。办证时间是否方便？是否可以随时办？办证时间是否快？都体现出图书馆的便利性。

3. 在图书馆内出入是否方便

一些图书馆借鉴超市的服务方式，设电子存包柜为了存包方便；允许读者带包进入阅览室也是为了方便；设立先进的导引系统是为了明确在馆内的位置，不至于像到了迷宫而进不去出不来，许多图书馆的标示到处可见，就连电梯里都有每一层的指示。

4. 借阅是否方便

过去图书馆借书，每层一个借书口，读者在馆内多处借阅、多处办借阅手续，极不方便。现在许多图书馆馆内设立一个总借还书口，以便减少办手续的次数；设立自动借书机，以满足自助服务；馆外设立还书箱或还书车，在芝加哥市图书馆门前，马路边有两个大铁箱，那不是垃圾箱，而是还书箱，就是为了图书馆关门后读者还可以还书，这样的还书箱已经很普遍了，但如何更方便还是图书馆人应该考虑的问题。

（六）人性化服务理念

图书馆的服务要以人为本，处处把人放在最重要的地位。长期以来，图书馆服务存在的非人性化表现很多：

1. 不相信读者或用户

几乎每个图书馆都有防盗仪，有磁针的，也有称重的，每个阅览室有防盗装置、每本书有防盗磁条，这被认为是图书馆的科学管理，但从人性化的角度是值得质疑的。阅览室的工作人员座位很高，可以"监控"每个读者。可见图书馆是时时处处防着读者或用户。

2. 对读者缺少尊重

从一些图书馆员的语言、图书馆的制度、图书馆的警示（如"严禁读者进入""不准喧哗"）可见。

3. 重物轻人

如某些图书馆装空调首先保证计算机房以保护机器而非保证阅览室为了人；图书馆藏书空间不足时首先想到的是加高书架、增大书架的密度，甚至撤掉一些阅览桌椅，损害的是读者的空间和方便。

四、图书馆服务新理念内容

图书馆作为社会的文献信息中心，是学校教学工作和科学研究工作的重要组成部分。要使图书馆的职能得到充分的发挥，必须坚持科学发展观，坚持以人为本的管理与服务。而以人为本在图书馆中的应用，它包括了图书馆内部的两大重要资源，即图书馆馆员和读者。满足他们的要求，以他们的全面发展为准则，实施以人为中心的管理与服务，实现他们的价值，充分体现人文精神，最终获得全面发展，这是现代管理学中的重要理论，它应当包含如下的新理念：

（一）牢固树立以人为本的管理理念

传统的图书馆管理与服务，更多的是考虑馆舍的面积、图书经费的投入、设备的配置以及图书的外借量、接待读者人数的多少等，一味追求各项任务指标的完成，很少考虑馆员的需要和读者的需求，在重视"物的发展"的同时，往往忽视了"人的发展"这一重要因素。也就是说，在管理和服务中，缺乏以人为本的思想理念，没有充分考虑到"人性化管理"和"读者第一"这两个根本所在，在很大程度上限制了管理和服务水平的提高。在全国各行各业都在贯彻落实"以人为本"的科学发展观的今天，人性化管理和人性化服务的思想理念越来越深入人们的思想，对图书馆来说，这也是一个新的课题，新的挑战，如何在图书馆管理和服务中，有效地应用"以人为本"的理念，是图书馆发展的新思路，新创新。

所谓"以人为本"的管理与服务，就在管理与服务中充分体现尊重人、理解人、关心人、激发人的热忱，满足人的合理需求，完善人的个性，充分体现人的劳动价值，实现人的预定目标。在图书馆的管理与服务中，以人为本的思想理念主要表现在以下两个方面：

一是图书馆领导对馆员的人性化管理，即"馆员第一"的思想。馆领导要树立为馆员服务的思想，要为馆员创造和提供优良、和谐，富有人性化的工作环境和必要的后勤保障及服务，同时要了解馆员的合理需求，为他们排忧解难，解除他们的后顾之忧，让他们保持愉悦的心情，高昂的斗志开展工作，发挥他们的积极性，以实现工作目标的最大效益。图书馆领导应该是馆员利益的代表。

二是馆员对读者的人性化服务，即"读者第一"的思想。首先，馆员要树立"读者第一"的思想，要有热情的服务态度，要把图书馆办成读者之家，让读者到图书馆有宾至如归的感觉。其次，要为读者创造和提供良好的学习环境，让读者感受到图书馆是他们学习、求知的最好地方，是他们接受终身教育的场所。馆员要不断地提高自身的综合素质，为读者提供全方位、多渠道、快捷的文献信息服务。馆员应是读者利益的体现，最大限度地满足读者的需求。

（二）对馆员实施人本化管理

馆员是图书馆工作的主体，是图书馆最重要的资源和财富，是联系图书馆与读者之间的桥梁和纽带，是图书馆人文精神和人文关怀的体现者与实践者。馆员的思想觉悟、业务水平、工作能力、文化素质、创新理念、敬业精神越高，图书馆的建设和服务就越好。因此，必须在图书馆管理中运用"以人为本"的管理体制，充分体现馆员的主体作用，更好地发挥他们的积极性和创造性，开创图书馆管理的新局面。

1. 了解馆员内心的需求

图书馆馆员所从事的是一种无私奉献，甘为"人梯"的工作，但过去却往往得不到别人的尊重和理解。对于馆员来说，对尊重的需求，往往多于对物质的需求，对自我价值的要求，往往高于对金钱的追求，因此，他们希望得到领导的尊重和肯定，得到读者的尊重和理解。作为图书馆领导，要经常深入馆员中间，了解馆员的能力、个性、气质、性格、态度、价值观、心理需求层次及需求的满足程度，从分析、研究他们的心理需求入手，针对个体差异，根据工作需要和个性心理特征，创造条件，并开辟各种渠道，不断满足不同层次的需要。

2. 充分尊重馆员的人格

图书馆的人性化管理，就是要尊重人、关心人、培育人，激发人的激情，尊重人的个性，满足人的生存与发展的合理要求。在图书馆管理活动中，馆领导要充分信任馆员，相信他们的人格、人品，相信他们对工作的责任心和工作能力，激发他们的主人翁意识，引导他们更积极、更主动地工作。要公平、公正地对待每一位馆员，尊重馆员的劳动。要以人为本地制订合理的规章制度，合理规范工作计划，科学地配置设备等，最终激发馆员的自尊心、责任感、成就感，提供具有吸引力的、有利于个人成长的发展空间，增强图书馆的活力，以此来形成良好的图书馆组织文化。

3. 建立健全合理的管理机制

合理的管理机制，是图书馆实现"以人为本"管理与服务的根本。长期以来，图书馆管理机制上存在着许多不良因素，如职工岗位长期固定不变；人员缺乏合理的流动和竞争；职称、职务晋升存在着人为因素或论资排辈等等。这些现象的存在，制约着馆员的积极性。同时造成人才资源的极大浪费。因此，建立健全合理的用人机制、育人机制、竞争机制、流动机制、决策机制，对图书馆馆员来说，是最好的以人为本管理的具体体现。具体来说，第一，管理者在管理中要注重馆员在图书馆中的重要作用，关心馆员的思想、学习、工作和生活，在各方面为他们创造可靠的保障；第二，要针对不同馆员的个体差异，调动每个馆员的积极性，充分发挥他们的潜能，并鼓励和帮助他们实现合理合法的工作目标和人生价值；第三，制订科学合理的考勤、考核制度，按馆员完成任务的情况，科研成果情况，思想道德情况，建立一套良性的竞争机制，避免在职务、职称晋升及岗位安排中少数领导说了算的不公正作法；第四，要保证竞争的公开透明，公开公正；第五，制订出本馆的奖惩措施，满足馆员一定的物质和精神需要；第六，实行民主管理，让馆员参与管理，在制定目标和计划时，应广泛征求馆员的意见，使决策可以取得广大馆员的认可；第七，要建立一定的监督机制，保证各项措施的实行；第八，管理者要改变工作作风，深入馆员当中和工作实际，一切为馆员着想，一切从馆员利益出发，做馆员利益的忠实代表。

4. 重视馆员素质的提高

作为图书馆领导，应给每一位馆员平等的受教育的权利，为他们创造个性发展的空间。通过多种形式的培养教育，提高馆员素质。馆领导要树立人才是第一资源的理念，加强人才培养，制定培训计划，并形成长效机制。可以通过开展短期培训、学术交流、学术研讨、考察学习、岗位培训、脱产进修等措施，努力打造一支人才队伍，让馆员适应环境的变化，鼓励馆员创新，这样才能把图书馆的事业做大、做强。

（三）对读者实施人性化服务

1. 尊重和关心读者

图书馆对读者必须建立平等的服务理念，平等地对待每一位读者，不因身份、职业、地位、性别的不同而设置不同的等级、权限。同时，对读者要有同情心，要有接纳读者、关心读者的意识，以一种同情、关心、尊重、平等的心态去服务读者，倾听读者的意见。对读者如能做到多一分关心，少一分冷漠；多一分尊重，少一分歧视；多一分理解，少一分冲突，就可以提升人性化服务的整体水平。要善于换位思考，做到事事处处关心体贴读者。在服务工作中，要谦虚和气，谈吐文雅，衣冠整洁，神态端庄，举止得当，把自己最亮丽阳光的一面和敬业精神呈现在读者面前。对身体残缺或年老体弱行动不便的读者，要给他们多一些同情、多一些理解、多一些关爱。只有这样，才能让读者到图书馆有宾至如归的感觉，工作才能得到读者的信任和配合。

2. 服务环境人性化

优雅的环境和浓厚的文化氛围，能给读者的学习带来预想不到的效果。图书馆在建筑功能和内部环境建设中，都要体现"以人为本"的理念，把读者的需要放在首位。图书馆的建筑格局和家具的摆设上要体现人性化，如图书馆的建筑应具有自己的文化内涵，其造型应与所处地域的自然环境和人文环境统一、融洽，使读者进到图书馆就有一种身心愉悦的感觉。在家具的摆设上，要体现方便读者使用的原则，如常用的书库设在较低楼层，开架书库架位走道要留宽一些，书库中也可摆设一些阅览桌，在桌上放一些铅笔、书签、便条等；在馆内空间环境方面，可在走廊和阅览室内，用一些盆景、花卉点缀其间，墙上装饰一些名人名言字画，营造一种和谐、优雅、整洁的环境。所有这些都能散发出文化的气息，激励读者的学习热情和求知的欲望。

3. 服务方式多样化

图书馆要将可用的信息转化为读者使用的资源，为读者开展多层次、多方位的服务。

有条件的图书馆，会设展览厅、演讲厅、学术厅、剧场等文化娱乐场所，以方便读者开展文化沙龙活动；改变服务方式，把被动服务变为主动服务，如文献信息咨询服务、网上信息服务、课题跟踪服务等等；利用网络、宣传栏等形式介绍图书馆馆藏信息资源、图书馆的工作与布局等，为读者推荐优秀图书，帮助读者确立阅读目标和范围；加强与读者的交流与沟通。设置读者意见箱，召开读者座谈会，在图书馆网页上设立读者回音栏，倾听读者的心声，接受读者的监督，帮助读者解决疑难问题等；并建立读者联系档案。要重视读者的个性差异，以便满足不同服务对象、甚至是特殊对象的要求；实行藏、借、阅一体化，采用三合一管理方式，实行开架服务；开通网上续借通道，方便读者办理续借，节约读者来馆时间；让读者参与图书的选订和采购，提高文献入藏质量和图书的利用率；

延长开馆时间，满足读者的借阅需要。图书馆的开放时间要做到双休日、节假日不闭馆，网上信息做到全天 24 小时开放。

总之，图书馆要把丰富的馆藏信息资源，以最便捷的服务方式、最优良的服务质量、最充足的服务时间，为读者提供最有用的信息，这样才能充分体现图书馆读者人性化服务的真谛。

第三节 现在及未来发展的论述

我们国家在改革开放后，尤其是进入新世纪以后，经济与科学技术迅猛增长，中国广大读者的文化信息需求也在日益增长，这些变化为图书情报服务工作带来了新的挑战。同时，由于需求的多样性，图书馆学情报学在整个经济社会中的地位也越来越重要。因此，我们需要通过全新的视角审视图书情报学，在现今的基础上，对其进行不断完善，以使其能够跟上时代的步伐，满足现代甚至是未来人们的需求。

在网络信息技术高度发展的今天，以满足人们多样化需求的图书情报学有理由也有条件在巨大社会需求的推动下得到前所未有的发展。

当代社会发展的特点是：一方面科学分工越来越细，新需求、新学科、新知识不断涌现，另一方面各门学科、各种知识之间相互融合的趋势又日趋突出。这不仅表现为同一学科内各分支学科之间的互相渗透、互相补充，而且表现为不同学科之间的互相渗透、互相借鉴、相互融合，这就促进了图书情报学的进一步发展。但随着社会信息环境的变化和科学技术的不断发展，档案工作、图书馆工作、情报工作的职能将发生重大的转变，职能拓展是大势所趋。这些工作地发展，相应整个社会信息资源管理事业的不断发展，必将带来图书情报学研究范围进一步的拓展。我们不仅要研究相应信息资源管理的技术和方法，同时也要研究信息资源管理事业的宏观管理；不仅要研究图书馆工作、情报工作本身，而且更重要的要研究各种信息资源及其管理的社会属性，研究与之相适应的外部环境，研究相应的各种各样的复杂"社会问题"；研究图书馆学、情报学本身，还要关注它们之间以及它们与其他相关学科之间的相互影响和共同发展规律。图书馆学与情报学在科学研究中面临的很多问题与其说是本学科范围内的问题，不如说更多的是一些"社会问题"，这些问题是随着社会发展而产生的，与其他社会生活领域，同时也包括其他学科有着很广泛和深刻的关联。为此，未来的图书情报学必须是跨学科的，它们一定要与数学、计算机科学、信息论、系统论、经济学、法学、大众传播学、文化学、教育学、社会学、哲学、史学等学科交叉融合，形成跨学科研究优势，才有可能取得好的效果，这样的范围也使得图书情报学的发展变得更有意义。

同时，科学技术在图书情报学的发展过程中，所起的作用是非常巨大的，新技术特别是各种飞速发展中的信息技术总是能很快地被应用于图书情报工作中，并不断给图书情报学提供新的发展空间，推动学科的发展。

在另外一个层面上，图书情报学基本上属于社会科学范畴，不可否认在它们的学科领域中有一部分理论研究会受到国家、社会制度、文化传统等因素的制约。但是，图书情报学作为应用性的科学，它们中一些基本原理、基本技术和基本方法又具有自然的属性，是完全可以在世界范围内适用的。在图书情报学研究中，世界各国都将面临着共同性的课题，其中既包括许多应用理论问题，也包括相当多的基础理论问题。这样一个特点就决定了在图书情报学学科领域存在大量跨越国界、跨越社会制度差异、跨越文化传统区别的"共同规律"，针对不同国家、不同地区、不同种族、不同社会形态、不同经济发展水平中的人们，完全可以更多地相互借鉴、相互学习，共同研究事业发展中的各种问题，共同发展相应的学问。我们认为，随着全球一体化进程的加快，世界各国在图书情报学研究方面的合作、交流将越来越多，越来越频繁，越来越具有实质意义，图书情报学的研究也就越来越具有国际化色彩。在世界各国、不同水平的图书情报学的互相促进与影响下，一定会加速图书情报学的发展。

我们必须看到，现在的社会环境是一个融合性、开放性的大环境，通过研究图书情报学的发展历程，我们可以发现，图书情报学内容在逐渐完善，图书情报学在为经济、政治、文化、教育和科学研究服务方面必将发挥更加重要的作用。它将面向社会需求，吸取最新科学知识和技术成就，结合实践应用，不断走向成熟，从而为推动国民经济和社会发展做出更大的贡献，这是图书情报学未来发展的方向。

第十章　信息时代高校档案信息管理与创新

第一节　高校档案信息管理现状

现如今，随着社会的发展与科技的进步，互联网在人们的日常生活中得到了广泛的应用。就档案管理工作而言，借助于先进的互联网技术使得档案存储、收发与整理等工作效率明显提升，大大减轻了工作人员的工作压力。当前阶段，档案电子化发展趋势不断加快，档案存放空间得到了更大的拓展，其冲破时间与空间的限制，用户可以在短时间内迅速获得所需信息，这为用户带来了良好的使用体验。但是，互联网给档案管理工作带来便捷性的同时，也为不法分子的违规操作行为带来机会。就现代网络而言，开放性与虚拟性特征显著，黑客或恶意软件利用网络漏洞对档案信息进行非法篡改、读取、攻击，给档案信息安全带来严重威胁。因此，在高校档案管理工作中，应将档案信息安全管理纳入工作重点。

一、网络环境下高校档案管理面临的安全问题

目前，互联网技术飞速发展，计算机网络作为信息交换的重要手段，已经逐渐渗透至社会各个领域，而档案管理工作更是离不开计算机网络技术的支持。在信息时代背景下，实现档案信息化管理与建设是档案事业的一大发展趋势，在为档案事业发展带来重要推动力的同时，也带来了巨大的挑战。档案部门的工作实践中，在互联网技术支持下，服务水平与工作效率均得以明显提升。但因网络共享性、虚拟性与开放性的特点，导致档案内部网络容易受到安全攻击，影响档案信息网络的安全运行。

（一）安全保密问题是影响档案信息网络安全管理的重要因素

计算机网络是一个虚拟、开放的系统，即使用户在使用过程中采用了信息安全保密技术，例如采用防火墙技术、运用物理方法隔离内外部网络、安装防毒杀毒软件等，但在黑客面前，以上这些技术显然无法阻挡其网络攻击。从某种角度来讲，公共网络中的所有计算机终端均有可能被非法访问，所以档案工作人员应意识到要想保障档案信息网络的安全性，就必须做好安全保密工作。

（二）影响档案信息网络安全的因素

普遍意义上的网络安全，通常指的是网络系统中的软硬件及系统数据受到安全保护，

在遭受恶意攻击或发生偶然事件时，网络数据不会被更改或破坏，网络信息不会发生泄漏，信息系统仍然可以正常、稳定运行。但是，在当前的网络环境下，网络系统硬件被损坏、系统软件漏洞、黑客攻击、计算机病毒等诸多问题仍然会时常发生，这一系列问题的存在对网络安全产生着直接的威胁。下面进行具体分析：

1. 档案信息网络设备的物理安全

要想保证计算机网络系统的安全运行，首先就需要保障档案信息网络设备的物理安全，包括含灾难保护与区域保护的档案信息网络环境安全、含媒体自身与媒体数据的网络媒体安全以及网络设备安全（例如网络设备防毁防盗、防线路截获、防电磁信息辐射泄露、防电磁干扰等）。

2. 网络内部或外部的非法访问

来自网络内部或者外部的非法访问是导致网络遭受安全攻击的主要途径，使得档案网络信息的安全遭受严重威胁。在工作中，用户设置的安全密码欠严谨、网络管理员在用户权限的分配中操作不规范、外部黑客的入侵等均是导致网络安全遭受威胁的重要因素。

3. 计算机病毒带来安全威胁

与单机病毒不同的是，通过网络途径传播的计算机病毒无论是在传播范围与传播速度上，还是在破坏性方面，均存在着非常强大的影响力，且所有网络通道、网络终端等均可成为计算机病毒的攻击对象。

4. 备份系统相对缺乏

在信息时代背景下，档案信息化建设速度不断加快，但为了减少资金的支出，很对档案管理部门忽略了对备份系统的同步建设，这就导致在网络安全事故发生时，档案信息很难再恢复，造成严重的损失。

5. 缺乏网络安全意识

在长期的传统档案管理工作实践中，档案人员已经习惯于传统的档案原件保管模式，对馆库安全工作尤为重视，对于信息时代下的档案信息化管理工作却缺乏正确的安全意识，忽略信息化管理中的网络安全防护。

（三）走出网络安全认识误区

误区 1：局域网中处于运行状态中的计算机是安全的

通常情况下，人们认为局域网存在两种形式，第一种是由一个路由器与多个交换机连接而成的小区域网络，第二种则是通过代理服务器上网的计算机。实际上，这两种形式均存在一个网关，其中第一种形式的网关是路由器，而第二种形式的网关则是代理服务器。一般而言，网关是有相适应的防火墙与端口管理装置的。如果在长期使用中，并未对防火墙与端口管理装置进行定期设置与调整，就会无法对最新计算机病毒起到防范作用。当用户在网络浏览中无意间点击了"病毒文件"，网关也难以发挥其病毒防范作用。所以，人们认为的局域网中处于运行状态的计算机是安全的是一种错误想法。在使用计算机的过程中，用户必须设定安全级别，将杀毒软件、反间谍软件及查杀木马软件安装在计算机上，在网络浏览中应时刻谨慎点击不明文件。

误区 2：处于未连接互联网状态下的计算机是安全的

当计算机未连接互联网时，安全风险确实有所降低，但这并不意味着所有未连接互联网状态下的计算机都是安全的。一般而言，计算机都会有对外交互的途径或通道，无论是访问网上邻居或 FIP，还是使用 MP3、U 盘等移动存储设备，均有可能被网络病毒侵袭，进而导致整个局域网内的计算机受到安全攻击。

误区 3：只要安装多个杀毒软件计算机就是安全的

从某种角度来讲，杀毒软件编程是以计算机病毒属性为依据而设计的，也就是说计算机病毒是先于杀毒软件编程而出现的。由此可知，无论任何一种杀毒软件在防范计算机病毒的过程中都不是万无一失的，许多木马程序是无法用杀毒软件完全查杀的，而间谍软件更是无法用普通杀毒软件来查杀。在计算机的使用中，安装杀毒软件是为了防范病毒，而如果一台计算机安装多个杀毒软件则会带来许多问题。杀毒软件在使用中是有监控程序与反监控功能的，当用户安装的某一种杀毒软件对所有进出计算机的进程进行监控时，容易受到用户安装的其他杀毒软件的干扰，甚至会出现判断错误的现象。

误区 4：定期更新系统平台就会防止病毒的产生

就计算机系统漏洞而言，从发现漏洞到漏洞补丁的修复需要 1～2 周时间，在这段时间内如果遭到黑客攻击，就会带来严重的后果。此外，在计算机的日常使用过程中，许多用户对一般性漏洞并不重视，其认为只有紧急的漏洞需要即刻解决，这就为黑客带来可乘之机，使计算机系统安全受到严重威胁。

误区 5：只要在线扫描提示无问题就说明计算机是安全的

在线扫描与杀毒软件的功能相类似，仅仅是起到安全防范作用，并不能阻挡所有计算机病毒的入侵。而现在许多杀毒软件自带的在线杀毒功能一般是一种营销手段，其用来吸引用户购买该杀毒软件，其防病毒功能是有限的。

二、高校维护档案信息安全的现有技术措施

在信息时代背景下，电子档案是一种高科技产物。为维护高校电子档案的真实性与安全性，信息安全技术的应用必不可少。下面就高校在维护档案信息安全方面采取的现有技术措施展开详细分析。

（一）电子档案信息认证与恢复技术

1. 签署技术

一般情况下，电子档案签署技术包含手写式数字签名与证书式数字签名。其中手写式数字签名是将专门的软件模块嵌入文字处理软件内部，用户运用特定的光笔进行签名，或者运用压敏笔将名字签在手写输入板上，这种方式类似于纸质文件的亲笔签名。证书式数字签名则是发件方采用密钥对文件实施加密处理，在数字签名生成后，与文件共同发出。

2. 加密技术

保障电子档案信息的保密性是加密技术的主要功能之一。就加密技术的加密方法而

言，通常采用"双密钥"的传输方法。在网络传输中，加密通信者同时拥有加密密钥与解密密钥。这两个密钥是完全不同的，一般来讲，加密密钥是相对公开的，而解密密钥则完全保密，发件方在发件时采用的是收件方的公开密钥，而收件方在解密时采用的是只有自己知道的密钥。所以即使有不法分子将密文截获，其也是难以解密的。从这个角度来讲，加密技术对于电子档案信息的安全起到了重要的保护作用。

3. 身份验证

身份验证方法的使用一般是将由数字、符号或字母等组合而成的"通行字"分配给合法用户，并将其表示为用户身份。用户要想访问系统，就必须将代表自己身份的"通行字"输入，由计算机对其"通行字"与用户其他资料进行验证。当验证结果为合法用户时，用户才有权限进入系统进行访问；如果未通过验证，则无法获得系统进入权限。目前，银行系统所使用的用户密码验证采用的也是身份验证技术。通过管理员代码验证来防止他人非法进入系统，避免造成数据、文件破坏。

4. 防写措施

CD-ROM（只读光盘）存储于计算机外存储器中，仅供用户读出信息而不可再次写入或删除。而WORM（一次写入式光盘）则是一种不可逆式记录介质，用户一次写入可多次读出，可追加写入但不可删除原有信息。在电子档案信息管理中，运用WORM能在很大程度上提升档案信息的安全性，避免用户对档案信息进行更改或删除。当前，在计算机软件的设置项中，可将文件设置为"只读"状态，用户可读出文件信息，但无法对文件信息进行任何修改。

5. 硬盘还原卡技术

硬盘还原卡技术，指的是用户对硬盘内电子档案信息可随意更改、增减或删除，在关机重启系统后，硬盘恢复原有状态。运用此技术用户的所有操作行为均不会在档案信息上留下任何痕迹，这就为电子档案数据信息的原始性与完整性带来了重要保障。

（二）电子档案防病毒技术

1. 计算机病毒的产生

计算机病毒作为一种破坏性极强的计算机特殊程序，自我复制功能非常强大，在非授权状态下可侵入数据文件及执行程序中。早在20世纪80年代中期，计算机病毒就已经出现，经过多年的发展，病毒数量飞速增加。现如今，网络病毒更是大肆流行起来，导致计算机网络安全问题频出，在信息时代背景下，针对计算机病毒的查杀已经成为档案信息管理工作的重中之重。

2. 计算机病毒的防治

在电子档案信息管理工作中，对计算机病毒的防治要首先明确管理观念，坚持"预防为主、防治结合"，避免计算机病毒在各个计算机软件中进行传播，同时要加强对已存在病毒的抑制，防止其传染其他计算机。另外，计算机病毒传播具有非常强的主动性，所以必须采用人为干预的方式，从计算机病毒寄生对象、传染途径与驻留方式等方面入手加以防范与管理。

3.对多种软硬件技术进行综合运用

在电子档案信息管理中，只要发现计算机病毒的踪迹，就应立即对病毒盘进行清理，重启计算机，对计算机病毒进行彻底查杀。同时，要加强对重要信息的保护，借助于相关软件将重要信息存储于安全之处。建立健全防毒规章制度，对软硬盘及其相关系统进行定期检查，加强对重要数据盘与系统盘的备份管理，在计算机上安装最新版本的杀毒软件，并定期升级。

（三）电子档案信息备份

信息备份作为维护档案信息安全的辅助措施，能通过对档案信息系统的有效恢复，确保档案信息不受安全威胁。

1.备份技术

备份技术经历了飞速的发展，最初阶段的备份多指简单的复制，后期经过磁盘镜像与双工，逐渐升级为现在的镜像站点、灾难恢复方案以及服务器集群技术等先进手段。在日常工作与生活中，用户应用最为广泛的备份手段主要是磁盘镜像与磁盘双工技术。其中磁盘镜像通过两个在同一通道上的成对磁盘驱动器与盘体，实现针对同一种文件或资料的连续性更新与存储。在使用过程中，如果其中一个磁盘发生问题，另一个磁盘并不会受到影响，能够继续独立运行。磁盘双工则是两个磁盘位于不同通道，通过镜像的方式来保护文件或资料不受损坏。

2.备份管理制度

在对电子档案信息的管理过程中，应建立科学规范的备份管理制度，并通过有效途径予以贯彻与执行。具体如下：第一，定期备份与实时备份的科学选择。对于静态数据信息的保护，主要选择定期备份方式，对于实时数据系统，则选择实时备份方式，防止因死机或系统故障带来安全损失。第二，对备份内容、状态与日期的选择。针对不同的信息资料，应选择相应的备份形式。以备份内容为依据，主要有全备份、增量备份及集成备份等形式；以备份状态为依据，其可分为联机备份与脱机备份形式；以备份日期为依据，主要有日备份、周备份与月备份等。第三，针对备份设备的选择。在选择备份设备过程中，应以单位的实际需求与备份设备的特点为主要依据，备份设备主要包括磁盘阵列、硬盘、光盘、软盘及组合磁带机等。第四，规范备份制度。在备份制度的建立过程中，应充分考虑到多套备份的组合运用、异地存储方式的选择以及在突发状况下对信息资料的智能恢复等。如果单位的现实状况允许，可选择较为先进的备份技术，例如集群服务器技术、镜像站点等。综上所述，要想提升档案系统的运营水平，保证运营状态，维护档案信息的安全，就必须加强对备份工作的重视，建立完善科学的备份管理制度。

（四）电子档案网络传输信息安全技术

1.防火墙

防火墙主要通过在系统网络与外部网络连接点设置障碍的方式，实现对非法入侵者入侵行为的阻止，同时还可避免系统网络内专利信息与机要信息的输出，以此保证系统网络的安全。

2. 虚拟专用网

虚拟专用网作为电子档案传输专用网络，将安全信道建立在两个系统中，保证电子数据的传输安全。在虚拟专用网络中，传输双方相互熟悉，且传输的数据量非常大，在获取双方一致认同的情况下，通过运用复杂的认证技术与专用加密技术，能进一步保障电子档案信息的安全传输。

3. 网络隔离计算机技术

网络隔离计算机技术能在同一台计算机上实现内网与外网功能。其中内网为系统内部保密网，外网则是互联网。通过对网络隔离计算机技术的运用，即使外网遭受非法入侵，内网系统的安全也是完全可以保障的。

第二节　信息时代高校档案馆的发展

一、数字档案馆的发展与普及

（一）数字档案馆的主要特征

数字档案馆运用数字网络化方式对文件生命周期内所有的实践过程进行有序管理，包括文件的收集、创建、确认、转换、存档、管理与发布等所有环节，同时在一定范围内可组合运用不同的载体形式对档案信息进行存储，实现网络资源的共享，进而体现档案电子信息服务的现代化与自动化。从数字档案馆的特征来看，主要表现在以下五个方面：

1. 档案信息数字化

数字档案馆内存储的档案信息是运用计算机手段处理过的数字化信息，这些信息能被计算机识别，并通过多种形式向利用者提供信息服务。

2. 网络作为信息的传输通道

数字档案馆的存在是离不开网络的，借助于网络数字档案馆的传输环境才得以现代化。

3. 以用户的信息需求为服务中心

当用户有档案信息需求时，借助于计算机网络系统，在特定的权限范围内即可远程联机浏览、利用信息数据库。用户只需在家里或办公室的终端前即可获取所需信息，不必亲自到档案馆进行查阅。如果用户在使用过程中遇到问题，需在线联系档案工作者即可获得帮助。

4. 多种高新技术组合运用

数字档案馆作为多种系统的集合体，涵盖了数字信息保存系统、集成系统与内容管理系统等多种高新技术系统，其管理对象主要为非结构化数据。在运行过程中，数字档案馆除了发挥数据中心与发布利用的作用，还具备极强的有序处理与集成管理功能。

5. 馆藏容量庞大

在现代化网络技术与数字化技术的支持下，数字档案馆的馆藏容量得以扩大，不仅能将大量的馆藏信息存储于光盘内，而且还能将不同类型的档案信息设置在相关体系内，以此实现馆藏资源的共享。

（二）计算机多媒体技术是数字档案馆的重要基础

在信息时代背景下，数字档案馆作为计算机多媒体技术发展的产物，立足于时代发展需求，实现了传统档案馆的质变。

数字档案馆的建立主要借助信息时代背景下的计算机多媒体技术，其向社会展示了未来档案馆的发展前景，同时还使得档案馆数字信息的收集、利用、共享与管理等工作领域得以有效拓展，为用户提供了更加便捷、高效的档案信息服务。

在具体实践与运行中，数字档案馆充分利用了计算机、数据库、多媒体、数字影像、扫描、存储等先进的技术，将存储于不同载体的档案信息转化为数字化信息，并以数字化形式进行传播、存储与利用，通过运用计算机系统，形成了规范有序的档案信息库，为信息资源共享的实现奠定了良好的基础。

（三）数字档案馆带来的变化

1. 档案载体的变化

信息时代，办公自动化与无纸化发展趋势日益显著，大量电子文件产生，逐渐取代了传统的纸质文件，并成为档案信息的主体。针对未来的发展阶段，档案馆的主要管理对象将变成电子文件，同时数字化信息也成为档案馆收集、整理、保存与利用的主要档案信息。这类信息的主要载体是计算机可读写介质，通过计算机手段进行处理，并借助网络技术进行传输。

2. 收集方式的变化

在信息时代背景下，计算机通信技术与多媒体技术飞速发展，数字档案馆应运而生。可以说，数字档案馆的运行与使用离不开网络系统的支持。现如今办公自动化程度逐渐加深，档案的计算机管理方式也由原来的单机管理转变为现在的综合系统管理，档案管理系统隶属于办公自动化系统，在办公自动化系统的影响下逐渐发展成熟。

3. 文档管理方式的变化

数字档案馆的建立实现了文档一体化管理，利用网络系统不仅能实现对电子文档的接收与管理，而且还能为用户提供更加便捷的服务。在文档一体化管理模式下，能使用户的档案录入、归档、整理、检索与打印等工作一次性解决，不仅能有效提升工作效率，而且减轻了档案管理工作者的工作压力，降低了劳动强度。

4. 服务方式的改变

数字档案馆的建立使人们的档案借阅方式发生显著变化，用户在家里或办公室里就能获得馆藏资源，这为用户提供了极大的借阅便利。另外，通过对数字档案馆的开发与建设，档案工作者不再仅仅负责重复简单的查阅、调卷工作，而是将更多的精力与时间放在对档案信息数据的整合与管理上，使更多有利用价值的档案信息被充分挖掘出来，在为用户提供丰富的档案资源的同时，促进了数字档案馆的良性发展。

5. 保管方式的改变

在数字档案馆的管理工作中，馆藏资源及档案载体的特殊性决定了档案保管方式的复杂性，在档案管理中，需要对电子档案信息进行定期保存与维护，在保证档案信息可读性与可用性的同时，确保档案信息安全。因数字档案保管方式的变化，可加强对档案载体的安全保护，避免因突发状况导致信息丢失或泄露，应对档案信息进行定期检测与转存，维护数字档案的物理环境。与此同时，应注重对电子档案形成所需的相关信息及软硬件设备的维护，在保证档案信息可读性的同时，正确处理资源共享与保密工作之间的矛盾。

二、智慧档案馆的建设与应用

（一）智慧档案馆的概念

在智慧城市、智慧校园等智慧生态快速发展的环境下，档案馆正在从当前重视馆藏档案资源数字化管理，向档案馆全面信息化管理的智慧模式转变，智慧档案馆已逐渐代替传统的数字档案馆，成为档案界最前端的理念。数字档案馆将传统纸质档案进行数字化处理并保存，通过计算机、网络向用户提供查询和利用服务，是一次档案信息脱离载体的解放；智慧档案馆作为档案馆发展的新形态，通过云计算、大数据、物联网等新技术实现对档案信息及其载体的智慧管理，及对档案利用者的智慧服务，从而构建档案馆管理与运行的新形态、新模式。这种转变不仅出自档案管理理论和实践本身的发展需求，更有来自社会变革、服务演进的深层次需求。

（二）智慧档案馆建设的具体内容

1. 库存档案的数字化

（1）库存档案数字化建设的重要意义

目前来讲，纸质档案数字化工作的实施，能够在对档案馆实际运行情况进行充分分析的基础上，科学制订具体的工作计划，对档案扫描范围进一步明确，对于利用价值高、利用面广、使用频率高且需要加强保护的纸质档案进行优先保存与利用，强化档案数字化建设实效，促进资源共享的进一步实现，并为社会、学校各项工作提供有价值的信息资源。从以上分析来看，档案数字化建设具有非常重要的现实价值。但在实际操作过程中，仍然存在着诸多问题，影响档案数字化建设，例如数字化档案的科学鉴定、数据库的建立以及数字化文件的存储格式等，这些问题并非是短时间内就能完全解决的，需要档案工作人员的精心策划与科学组织，保证档案数字化建设工作按照预期计划进行。

（2）库存档案数字化的具体实践

①科学选择库存档案，明确界定数字化加工范围

首先，优先保护价值高、年代久远、保护急迫性强的档案。对于年代久远、珍藏价值高或出现破损、字迹模糊的珍贵档案，可进行优先扫描，将其输入档案管理系统，通过数字化的实施，减少此类档案的利用频率，有效解决珍贵档案保管与反复利用之间的矛盾，进而实现对珍贵纸质档案最大限度的保护。例如南京师范大学档案馆在档案管理

工作中，因金陵女子大学档案的年代较为久远，且已出现档案破损、字迹退化的现象，优先对其实行全文数字化，在满足其信息利用价值的同时，使得这批珍贵档案得到有效保护。

其次，尽量选择利用率高的档案。以日常借阅登记与利用情况为依据，明确利用率高的档案，并将其列入数字化范畴。例如，对于高校录取新生名册档案来说，学生的基本面貌、教育经历、高考成绩、考生类别、所选院校与专业等各种重要信息均包含在新生名册档案里。学生进入社会后，高校录取新生名册档案成为证明学生资历情况的"名片"，在教学评估、学生求职等方面发挥着重要的参考作用，这也在很大程度上提高了这类档案的利用率。对于此类档案，应将其列入数字化的考量范畴内。

最后，坚持适宜性原则。在档案数字化建设中，非所有档案均适于数字化，许多档案受技术因素的影响，难以达到理想的数字化转换效果，或者部分档案信息容量过于庞大，再加上转换速度慢，利用起来存在诸多不便，这类档案就不需要强行实施数字化，待数字化技术更新至能轻易解决以上问题时，再实施数字化转换。除此之外，在传统纸质档案管理中，许多档案已经装订成册，如果强行拆开就会损毁档案，不拆开就达不到良好的扫描质量要求；还有许多年代久远的珍贵档案，在常年储存过程中，或发生霉变，或被虫蛀，或纸张脆弱不堪反复翻阅，在扫描过程中容易导致其损坏。对于以上种类的档案，可利用数码相机进行拍摄，不仅获得良好的图像采集效果，而且还在很大程度上保护了珍贵档案，提升了工作效率。

②明确制订档案数字化扫描计划

在档案数字化建设中，必须首先明确档案扫描工作计划，科学分工，强化部门合作，保证扫描工作的顺利实施。例如，许多高校档案馆在数字化进程中，一般采取扫描外包的工作方式，将扫描工作交由专门的数字化加工企业，并通过签署协议的方式明确扫描质量要求。但是，因高校档案信息资料的保密性与重要性，在实施扫描工作前，需要派专人负责档案的出入库登记工作，同时确定扫描加工地点，避免纸质档案在扫描过程中出现信息丢失、泄露或档案损毁的问题。从以上分析可知，要想在数字化扫描加工过程中保证信息安全，就必须首先对各种影响因素进行充分考虑，并制订详细的扫描计划，对可能出现的问题预先做出解决方案，保证数字化加工过程的顺利进行。

③合理创建档案目录数据库，保证信息质量

在档案数字化建设过程中，目录数据库的创建是重中之重。目录数据库即通过构建档案主题、类别及代码，与相关的档案内容形成链接，保证信息查找的精确性，提升检索效率。可以说档案目录数据库的创建是保证档案全文得以充分利用的重要基础，不仅能将档案信息全面反映出来，而且还能为用户提供完整、动态的档案信息服务。因此，在创建档案目录数据库时，应遵循档案著录的相关规则，将档案目录与扫描图像进行精确对接，保证目录与图像的相互对应，提升网络信息检索的精确性，为用户提供良好的检索体验与服务。

④保证数字化加工文件存储格式的正确性

现如今，科学技术迅速发展，在为档案数字化建设带来发展契机的同时，也为电子档案的管理工作带来诸多难题。在档案数字化建设过程中，应选择一种超适用性强的档案存储格式，使数字档案摆脱传统数据库的束缚，减少因软件或设备不断更新导致的不良影响，保证数字档案的长期保存。例如当前许多数字方案是以 PDF 的格式来存储的，这种格式的通用性非常强，不易篡改，不仅具有原版显示效果，而且传输速度非常快，能为用户带来良好的信息使用体验。

2. 增量档案的电子化

在高校档案数字化建设中，可制定电子文件管理联席会议制度，明确电子档案管理规则，强化电子档案数字化管理，并对电子档案归档工作进行严格管理，运用三级协同办公系统对电子档案进行管理与保存一体化工作，完善电子档案收集、归档与移交工作流程。另外，在档案数字化处理与电子档案的归档工作中，要加强数字化成品质量管理，保障档案信息安全，避免数字化处理手段对档案原件造成损坏。

3. 加强一体化系统管理，将高校办公自动化系统与档案信息系统进行对接

目前阶段，大多数高校的办公自动化（OA）系统与档案信息管理系统并未实现对接，而是相互独立运行与使用的，OA 系统运行中产生的数据是无法直接与档案信息系统相统一的，需要对其进行重新录入。通过对高校 OA 系统与档案信息系统的对接，实行一体化系统管理，能有效降低劳动强度，避免重复工作，提升工作效率。

（1）实行一体化系统管理的建设目标

①实现数据交换与存储一体化

将高校 OA 系统在运行中产生的数据信息按照特定格式存入档案信息数据库，实现实时归档、定时归档。在这一操作下，使电子档案标题、文号、发文单位及日期等信息自动归档，与档案信息系统数据库相关字段进行自动对接，同时也包括图像在内的电子档案全文存储于服务器特定文件夹内。

所谓实时归档，即发文在文件发布时归档，收文在文件办结时归档。定时归档，即系统运行中产生的新数据信息在预先设定好的时间自动归档。

②提高数据信息的利用率

对高校 OA 系统内的已有数据进行重新组合，按照预先制定的规则形成新的数据信息，以此降低劳动重复率，提高数据利用率，在提升档案管理质量的同时，充分发挥高校档案数字化建设效益，促进高校档案工作的科学发展与稳定运行。

③维护系统稳定，保障信息安全

在数据信息的传输中，要充分保障 OA 系统与档案信息系统的运行稳定性与信息安全性。保障信息安全性主要指保障两套系统中的原有信息以及传输信息的安全性，在保证信息传输对数据库的正常运行不产生影响的前提下，确保电子档案信息的真实性，确保档案凭证功能的发挥。

（2）实行一体化系统管理的建设方案

当前阶段，加强高校 OA 系统与档案信息管理系统的一体化系统管理与建设，其主要通过以下两种途径：

①联机传输归档

改变高校 OA 系统与档案信息管理系统的相互独立现状，加强对两套系统的整合利用，在网络技术的支持下将电子数据信息直接录入档案信息系统，实现两者的无缝对接。要想实现这一归档效果，需要采用通用数据接口，以此为介质实现数据信息的跨平台传输。

将接口程序整合在 OA 系统上，向用户展现的是"归档"按钮。当用户点击此按钮后，就能与档案信息系统数据库进行连接，并通过接口程序将公文数据信息写入数据库。同时，"归档"按钮仅出现在"已办结文件"的显示界面中，只有拥有数据导出权限的用户才能操作此按钮。就公文的导出方式而言，可依据需求选择单条导出或批量导出。其中批量导出可一次性导出上百条信息，可选择定时或实时导出，此方式能节省大量的时间。在选择定时导出方式时，一般选择当天产生的新数据在夜间定时传输；而实时传输则是 OA 系统出现新数据后能自动连接至接口程序，实现数据向档案信息系统的实时传输。总之，不管是选择定时导出，还是实时导出，都体现了数据传输的自动化。

②数据库中心传输归档

受多种因素的影响，高校在档案信息系统的建设过程中，因数据源及信息系统的差异，导致数据信息类型及信息访问途径存在较大差别。这些差别的存在使得高校各信息系统与数据源之间无法实现信息共享与数据传输，进而形成"信息孤岛"现象。要想将"信息孤岛"问题彻底解决，就需要从以下两种途径着手：第一种途径，将原有信息系统撤销，以数字化方式对信息系统进行重建，形成全校范围内、支持信息共享的数据库中心，整个数字化校园系统内涵盖了教务管理、档案信息管理、办公自动化管理及人事管理等各种功能模块，只需对每一项功能模块赋予权限，则能实现信息共享与数据传输。第二种途径，运用系统集成手段将高校各部门信息系统进行整合，实现各部门系统之间的无缝对接，形成数据集成系统。就目前阶段而言，高校应以自身运行情况为依据，选择处理方案。如果原有系统正常运行，则可选择系统整合方案，将原有数据信息纳入数字化信息系统中。如果高校原有系统较为落后需要新建系统，对于新建系统，则需要统一标准，保证其正常运行。总而言之，不管是整合系统，还是重建系统，数据库中心的建立是实现信息共享与数据传输的根本途径，同时也是核心工作。通过数据库中心的建立，档案信息系统要想获取 OA 系统中的数据信息，无须再进行联机或脱机，直接从共享数据中心即可获得。

综合对比以上两种归档模式可得出以下结论：联机传输归档模式借助校园网络，能对高校电子公文数据的归档问题进行有效解决，不仅操作方便，技术成熟，而且资金投入相对较低，在短时间内即可投入使用。数据库中心传输归档模式则主要适用于统一规划的数字化校园信息系统解决方案，在这一模式下，高校 OA 系统、档案信息系统、人事管理系统及教务管理系统等形成统一的整体，在有效解决电子公文数据归档问题的同时，还能有效解决其他电子数据的归档问题。可以说，此模式是一种理想化模式。在高校的管理工作中，这种模式的应用相对较为罕见，究其原因，在于该模式技术难度大、资金投入多、建设周期长，且对系统协调性与统一性要求高。我们通过对两种归档模式的对比分析得出，数据库中心的建立是信息传输模式的未来发展趋势，而联机传输归档模式则是解决高校电子数据归档问题的主要途径。

4.高校档案管理网站的规范建设

（1）档案管理网站建设的必要性

高校档案管理网站的建设，首先应明确目标定位，应以高校馆藏档案资源的具体情况为依据，明确检索出具有高校发展特色且有社会影响力的信息、高校内部发展所需信息、社会公众期望获得且可公开的信息。通过逐项整理与盘点，将其分门别类地发布至高校档案管理网站，为社会与高校的发展提供信息服务。要加强档案管理网站的规范建设，应首先明确档案网站建设的必要性，具体分析如下：

①满足高校内部管理需求

高校档案管理工作的主要职能为管理职能与服务职能，其中管理职能包括档案工作的法规制度宣传、业务规范指导、档案源头信息整理等，服务职能包括向社会公众及档案馆以外的机构提供信息检索与访问服务，并满足其信息需求。在高校的档案管理实践中，可借助档案管理网站将业务规范及操作要求传达给相关人员，在提升工作实效的同时，降低人员工作强度。同时，档案馆应定期将其所掌握的机构内部管理规范信息向公众传达，为高校相关部门的信息使用与查找工作提供便利，提升办学透明度，充分体现高校管理的公正性与公开性。

②满足海内外校友的信息需求

各大高校为社会培养了大量专业人才，其满足了社会在发展进程中的人才需求，并为国家建设奠定了人才基础。对于校友而言，与生活了数年的母校感情深厚，对母校今后的建设与发展较为关切。在对校友的服务工作中，校友办发挥了重要的作用。从当前现状来看，档案馆与校友之间也存在着密切的关联，许多校友在毕业离校后，需要母校档案馆为其提供学籍证明材料，满足其工作、求职需求。而高校在建立了档案管理网站后，能为校友提供更大的便利，可使其在短时间内获得所需材料或信息。

③满足公众权益保护需求

现如今，我国高等教育正向着大众化方向发展，高校信息资源建设也受到了社会公众的广泛关注。而作为高校信息资源建设的重中之重，档案管理工作也顺应社会的发展趋势，不再局限于服务于高校内部建设，逐渐承担起向社会公众传递信息的责任，体现了信息化社会的发展形势。当前，各大高校均建立了现代大学管理体制，为满足高校的信息化建设需求，必须建立档案管理网站，也为信息化社会提供更多有价值的档案信息。

④满足高校文化传播需求

高校档案资源中包含大量有价值的史料，通过档案工作人员的整理将其发布在档案管理网站上，供高校师生与社会公众进行查阅与传播，在传承优秀文化的同时，促进社会的文明进步。对于高校培养出来的人才、大师或名人，他们是现代社会的财富，对其奋斗历程与社会贡献进行宣传，能在一定程度上对社会公众起到鼓舞作用，形成积极向上的社会氛围。

（2）高校档案管理网站的建设思路

要想提升高校档案管理网站的建设实效，拓展信息覆盖面，提升信息查询利用效率，改善社会公众的信息服务体验，需要从以下五个方面着手：

①将首页资源设置为信息目录导航模式

对于网站建设而言，首页作为门面担当，是改善用户体验的重要因素。因此，在建设高校档案管理网站时，需要加强首页管理，明确导航目录，使用户能迅速获取想要的信息。在首页元素的选择上，应充分体现高校风貌，适当选用仿古色调与厚重感较强的历史元素，增加标志性较强的高校特色标志或建筑。

②建立网站后台信息发布平台

一般而言，高校档案管理网站包含多种类型的信息栏目，例如静态栏目（政策法规、机构设置、业务指南、信息查询及下载专区等）、动态栏目（公告通知、工作快报、活动动态等）与专业栏目（学术交流、科研项目进展、学科建设讲堂及优秀论文发布）等。通过建立网站后台信息发布平台，利用动态网页技术保证前台信息展示与后台数据库管理功能的充分发挥，对目录信息进行规范管理，为用户提供更加便利的信息服务。通过后台目录数据库的建立，对档案信息进行编辑并将其上传至网站，而前台则在固定栏目及版面中将后台发布的各类信息进行动态显示。因前台版面结构是相对固定的，根据数据库信息更新情况来更换信息内容，不仅能提升信息发布效率，还能保证信息规范性。

③综合运用多媒体展示方式

在高校档案管理网站的管理与维护中，适当的增加图片、视频等多媒体展示方式，使网站更具特色，信息更加生动形象，使用户能更加直观地获取信息，提升用户的使用满意度。对图片形式的运用，可通过虚拟展厅、网上展览的方式传播馆藏资源，使用户对高校的发展历史、人物活动等内容产生直观感悟，达到文字所无法达到的传播效果。对视频形式的运用，则可以对历史原貌进行完整还原，使网站信息量更加丰富，并为档案的编研与史料考证工作带来充分的资料。

④增加馆藏目录配套发布端口

现如今，档案信息传播正向着数字化方向发展，导致传统档案管理模式下用户被动接受档案信息的情况发生巨大改变。在档案管理网站中设置档案目录信息发布功能，提升了信息的利用度，改进了档案服务质量，同时还确保了档案信息的安全性。就高校馆藏资源而言，信息种类庞杂，将信息录入数据库的工作强度非常大，因此，在档案管理网站增加馆藏目录配套发布端口，能实现档案信息在网站上的同步更新，既降低了档案信息录入工作强度，又为用户提供了一站式信息服务。

⑤增设"人机"交互平台

要想促进档案馆服务职能的充分发挥，需了解被服务对象的信息服务需求，以提供更具针对性的信息服务。在档案管理网站增设"人机"交互平台，既能冲破时间、地域的束缚，实现与用户的实时交流，拓展互动空间，获得档案史料的征集建议，又能充分体现网站的特色服务。但是，"人机"交互平台作为档案管理网站的子系统，具有一定的独立性，其建立对专业技术要求非常高，不仅需要实现用户的统一认证功能，确保资料上传与下载效果，而且需要具备坚实的安全保障。这对网站技术人员的专业水平提出了更高的要求。

（3）高校档案管理网站的功能拓展和维护模式

根据高校档案馆目前的工作实际与运作现状，研究选择、采用合适的研发和维护模式，对档案管理网站建设起到相当关键的作用。

①档案管理网站的建立与设计需要多方力量的支持

在档案管理网站的建立中，涉及了不同领域、不同方向的工作，包括整体框架设计、模块信息采集、系统软件编制、硬件系统配置与维护、网站安全保障等。具体而言，需要文字信息编辑与撰写，网站前台的平面设计、动画与视频制作，网站后台的程序开发与数据库应用，等等。随着互联网技术的不断改进，网站设计功能也在不断更新，需要涉及管理学、档案学与计算机信息科学等多个领域，这就更离不开各方技术人才的支持与配合。

②档案管理网站的建设离不开经费支持

在高校档案管理网站的运行中，多人同时在线是非常常见的状态，这就对网站的稳定度与浏览速度提出了一定的要求。而要想维护网站的稳定运行，就需要不断改进硬件配置，更新软件系统，以此改善网站运行环境，改进硬件性能，维护系统稳定。在档案管理网站的建设中，在对硬件设备及软件系统进行更新时，需要耗费大量的物力与财力，这就依赖于高校组织机构的经费支持。

③档案管理网站运营模式的科学选择

在高校档案管理网站的建设中，可采用以下运营模式：在网站建设初期，注重对网站软件系统与硬件设备的投入，科学规划网站建设目标，明确功能需求，并积极引进专业技术人才，加强人才技术支持，以此来保证网站的专业性，维护网站的安全运行，能在很大程度上缩短网站建设周期。在网站建设工作完成后，由高校档案管理人员负责对网站的信息发布与运营维护等工作，提升网站运行的稳定性与便捷性。需要注意的是，在网站的日常管理与维护工作中，除了需要规范科学的管理制度，更离不开技术与资金的双向支持，在维护网站安全运行的同时，确保网站内容的新颖度与规范性。

5. 智慧档案馆的数字化信息利用

（1）数字化信息利用的特点

就智慧档案馆而言，其显著特征就是网络化与数字化手段的应用，这就使得其信息服务方式相较于传统档案馆发生显著变化。在信息化时代背景下，智慧档案馆的信息利用与服务主要呈现出以下显著特点：

①坚持以满足用户需求为工作中心

智慧档案馆的运行为用户创建了良好的档案资源环境，以用户为中心，以满足用户的需求、为用户提供便利为智慧档案馆的工作出发点。用户在使用过程中，不再处于被动状态下，而是通过智慧档案馆充分了解资源环境，与档案信息资源进行自主互动，能够主动、快速、准确地获取所需信息，从而获得良好的信息服务体验。

②信息资源更加丰富，载体类型不断更新

在传统档案馆的使用中，信息资源是非常有限的，而且以纸质载体呈现档案信息。信息时代背景下的智慧档案馆的信息资源更加丰富，信息载体类型多种多样，例如光盘、磁盘、远程网络提供以及缩微品等，这类信息载体不仅容量大，而且使用便捷，只需用户通过简单处理就可以使用，大大提升了信息资源的传播速度与使用效率。

③智能化信息服务模式不断规范

在信息化时代背景下，通过计算机对档案信息实施智能检索与管理，并以文件类型为依据建立文件与文件之间的链接，在不同信息节点之间建立起网络结构，能够实现从不同角度展示信息资源时的规范有序。用户在检索信息时，只需输入检索要求，所有相关信息文件就能一次性呈现出来，查全率显著提升。同时，在先进的技术支持下，能够满足用户不断细化的信息需求，对信息形态进行转换，进而对档案资源进行充分利用。

④信息服务冲破时间与空间的局限

在传统档案馆的使用中，用户要想获得想要的档案信息，需要亲自到档案馆进行查询，有时一个档案馆无法满足用户的信息需求，还需要跑多个档案馆查询信息，甚至为了获得某一信息需要到外地查找档案。在信息时代下，上述现象将不再出现。智慧档案馆的利用，冲破了时间与空间的局限，用户可以利用计算机或其他上网工具在任何时间与地点获取所需信息，大大提高了信息获取效率，带来了极大的便利。

⑤馆藏资源容量无限扩大

信息时代的智慧档案馆的显著特征就是开放与共享，在保持馆藏实体档案功能的同时，利用网络实现信息资源共享，构建其容量无限大的虚拟信息资源。对于每一个智慧档案馆而言，其作为档案信息资源网络的重要节点，资源容量是可以无限扩大的。特别是在当前的信息时代背景下，两个档案馆的资源共享与互借所产生的效果必然是 1+1 ＞ 2 的，而将多个智慧档案馆进行互联，所产生的信息量更是无限的，其服务功能也是更加强大的。

（2）智慧档案馆的信息服务方式

①网上主页服务

网上主页服务即智慧档案馆借助网络技术，把信息产品展示在主页上，为用户提供方便、快捷的信息服务。在主页界面设计上，要遵循简洁、明了的原则，将档案馆基本概况、馆藏信息目录、网上资源、光盘资料及主要服务项目等基本信息展示在主页界面上，同时还要向用户提供资源使用及网络导航服务，针对国内外网络档案馆、热门站点等与网页之间建立起链接，完善学科导航，进而为用户获取信息资源提供极大的便利。

②信息检索服务

通过数字档案信息检索系统的建立，提升信息检索服务工作的自动化程度，使信息检索网络更加系统、科学，对数字档案信息内容进行全面揭示，使用户能够在大量信息资源中快速获取所需信息，进而为其提供高质量、全方位的信息检索与查询服务。

6. 档案馆的智能化管理

自动扫描取卷，传送带传输案卷，档案管理人员不必进入库房；自动调节温湿度，恒温恒湿系统的安装，管理人员不必开关空调和抽湿；自动杀菌消毒；自动感应灭火装置、防盗装置等。

第三节　信息时代高校档案信息管理的创新路径

一、制定完善的档案信息管理制度

（一）建立健全库房安全管理制度

建立健全库房安全管理制度，加强防治结合，消除库房安全隐患，确保档案安全，是维护档案安全和完整的一项重要措施，具体应建立以下制度。

1. 日常安全检查制度

日常安全检查制度指对库房内的档案及相关设备、设施进行日常安全检查，以便及时发现问题，将危及档案安全与秩序的因素消灭在萌芽状态之中的制度。其主要检查档案有无霉变、虫蛀，有无被泄密、毁灭、遗失、盗窃；库房有无火灾、水灾等隐患，用电设备是否完好，消防器材是否齐全，门窗是否牢固。

2. 进出库制度

进出库制度指为确保档案的完整与安全，对进出库房的档案、人员所做的专门性规定。其主要包括在库房外悬挂非工作人员不得入内的警示标牌；库房管理人员在库房内不允许从事与库房管理无关的其他活动，非工作时间一般不允许进入库房；档案入库前要进行必要的消毒处理；档案进出库要严格登记；对典藏的档案要进行定期检查、清点。

3. 库房指南

库房指南指库房档案及库房相关设备、设施的存放位置的索引，便于平日库房管理人员切实掌握库房档案的存放情况及取放档案，更有利于在突发情况下迅速抢救并转移档案。

4. 库房安全责任制

将库房安全责任落实到人，量化到岗，落实到具体个人岗位责任制中，层层负责，确保库房安全。

（二）建立档案管理系统的安全管理制度

1. 制定档案信息系统安全设计与建设规范

制定有关档案信息系统的安全建设规范，可按照信息安全保护等级3级、2级的要求，设计配置必要的安全软硬件设备，通过安全软硬件系统建设，保障信息系统稳定、可靠、安全地运行。信息系统安全设计与建设的总体策略包括了分域防护、访问控制、权限管理、多层防御、集中监控、管理规范、明确责任等内容，根据档案信息系统的专业特点与档案信息安全要求，明确规定了档案信息系统按照区域划分原则应划分核心域、管理域、应用域、终端接入域四个不同安全区域以及各区域的访问控制与权限管理，分区域梳理了物理层、网络层到数据层按照不同等级保护的技术要求以及安全控制措施和产品，有针对性地提出了档案网络安全建设与应用系统安全建设的要求，为新建项目单位从系统规划、设计与实施、运行管理及数据备份等全过程安全技术保障建设提供规范指导。

2. 制定档案信息系统安全保障工作操作指南

制定档案信息系统安全保障工作操作指南，并规定档案信息系统安全保障工作中的人员安全管理，机房和设备安全管理，网络安全管理，应用系统安全管理，在线监测监控网络和数据安全管理，访问控制安全管理，文档、数据与密码应用安全管理，安全事故、故障和应急管理技术操作规范。

3. 制定档案信息系统安全监督检查工作规范

在档案信息系统安全体系建设与运行管理全过程中引入档案信息系统风险评估、风险管理的概念，明确信息安全自我检查、监督检查环节工作流程，以及安全检查工作的内容、程序、方式与要求，并提出档案信息系统安全工作监督检查工作量化的指标体系。

二、强化档案信息管理队伍建设

（一）创新管理队伍的思想观念

观念虽然无形，但是对提高档案信息化人才的决策能力和执行能力具有决定性的作用，为此，需要培育档案工作人员具备以下七种新思维。

1. 开拓思维

树立追求理想、崇尚科技、奋力改革、不断开放、不畏艰险、不甘落后、奋勇拼搏、图存图强的开拓意识，破除守旧、畏难、不作为的落后意识。

2. 战略思维

战略是对事业发展全局性、长远性的谋划，战略眼光是大视野，战略目标是大手笔。为此，要将档案信息化和社会发展的大趋势，如改革开放、经济繁荣、知识管理、文化传播等紧密联系起来，将社会需求作为档案信息化的目标，形成科学的"顶层设计"，自上而下、积极稳步地组织和推进档案信息化工作，改变以往各自为政、分头重复建设的粗放型发展格局。

3. 策略思维

策略是又快又好地实现战略目标的最佳路径。但针对档案信息化的薄弱环节，应当实行"内合外联"的策略，即对内实行档案技术和信息资源的整合，以整合的实力提升外联的能力；对外实行与外部信息系统的外联，将优质档案信息资源接收进来，辐射出去，使档案信息系统成为社会信息的集散枢纽。

4. 人本思维

档案信息系统要真正做到"以用户为中心"，即以档案利用者和档案工作者的应用度、满意度作为信息系统建设的出发点和归属点。为此，信息系统要尽可能满足用户，特别是社会大众的需求，且做到操作简便，界面友好，富有人性。

5. 开放思维

网络是一个开放的平台，只有开放，才能充分发挥网络的优势。因此，档案信息系统要积极致力于与各种社会信息系统互连互通，无缝对接，在互连中获取更多的数字档案资源，在网络化服务中提升档案工作的社会影响力和认可度。

6. 忧患思维

电子档案的存储密集性、传播快捷性、技术依赖性和表现虚拟性，使其失真、失效、失密的风险日益增大，而且数字化带来的灾难往往具有一瞬间、毁灭性的特点。由此，开展档案信息化建设要居安思危、未雨绸缪、警钟长鸣，一手抓技防，一手抓人防，两手都要过硬。

7. 辩证思维

档案信息化会遇到许多矛盾的对立面和统一体，如资金的投入与产出、数据的存入与取出、配置的集中与分散、信息的共享与保密、文件的有纸与无纸、资源的增量与存量等，需要人们用联系的方式和发展的眼光去认识，并处理好对立统一的关系，避免非此即彼或顾此失彼的僵化思维方式。

（二）重构管理人员的知识结构

按照档案信息化的需要，现代档案工作者的知识结构需要进行以下补充。

1. 信息鉴定知识

信息时代的档案信息在规模上是海量的，在门类上是多样的，在价值上是多元的。档案工作者只有具备电子档案信息内容价值和技术状况的鉴定知识，才能及时、准确地捕捉和收集具有档案价值的信息，并根据其重要程度划定保管期限。

2. 科学决策知识

档案信息化迫切需要科学规划，档案工作者只有具备开展调查研究、制定科学战略规划和规划实施方案的能力，才能把握大局，把握方向，登高望远，运筹帷幄，避免走弯路，受损失。

3. 宏观管理知识

档案行政是档案信息化的直接动力，档案工作者应当具备组织、指挥档案信息化工作的业务能力，掌握有关档案信息化法规、制度、标准、规范的专业知识，具备把档案业务和信息技术结合，实施依法行政的执行力。

4. 需求分析知识

档案信息系统建设须以用户为中心，以用户需求为导向。为此档案工作者应能对档案信息的显在用户和潜在用户、当前需求和未来需求、本校内部需求和社会大众需求等，进行全面的、前瞻的分析，并对档案信息系统的信息需求、功能需求和性能需求进行准确的描述和规范的表达。

5. 系统开发知识

为了实现档案业务和信息技术的完美结合，档案工作者必须全程、深度参与档案管理信息系统开发。为此，档案工作者需要学一点软件工程的理论和软件开发的技术，学会用信息技术的专业语言与信息技术人员进行沟通，准确表达自己对信息系统建设的需求。

6. 系统评价知识

档案工作者要具备评价档案信息系统质量的能力，从档案管理和计算机技术的专业角度，评价档案信息系统的间接效益和直接效益，评价系统管理指标、经济指标和性能指标，并能对系统存在的问题提出改进的意见和建议。

（三）提升管理人员的操作技术

1. 信息输入技术

能够采用传统的键盘输入技术，先进的语音、文字、图像识别输入技术，数据导入、导出转储技术，数码摄影、摄像技术，快速、准确地输入文字、图像、声音、视频等信息。

2. 信息加工技术

能够采用信息检索工具，从指定的网页、服务器、脱机载体中采集档案信息；按照档案的形式和内容特征进行分类；按照档案的内在联系进行组件、组卷或组盘；采用自动或手工方式对档案进行著录和标引，针对档案元数据进行采集、封装和管理。

3. 信息保护技术

熟悉或掌握数据库管理、数据组织、数据迁移、数据加密、数字签名、脱机存储、网络访问控制、数据容灾，以及维护电子档案真实性、完整性、有效性和安全性等技术。

4. 信息处理技术

熟悉或掌握文本编辑、图像处理、视频编辑、文件格式转换、数据下载或上传等技术。了解或掌握档案多媒体编研技术，能围绕特定主题，将编研素材编辑制作出档案编研成果。

5. 信息查询技术

能够按照用户查档要求正确选择检索项、关键词、主题词、分类号，并正确组织检索表达式，对在线或离线保存的文本、超文本全文信息进行检索，并对检索结果进行打印、下载、排序、转发等处理。

6. 信息传输技术

其包括采用电子邮件、短信、微博、微信等手段接收和传播文本型、图像型、声音型、视频型等各类档案信息。

（四）优化队伍结构

档案信息化建设的人才队伍中至少需要以下四种类型的专业人才，尤其是特别需要兼备两种以上特质的复合型人才。

1. 研究型人才

档案信息化需要科学的理论指导，没有理论指导的实践是盲目的，脱离实践的理论是空洞的。研究型人才是理论的探索者和实践的导向者，其主要责任是研究档案信息系统建设的理论；探索电子文件归档管理和电子档案科学保管、远程利用的方法；研究新技术、新方法在档案领域的应用；研究、开发先进、适用的档案信息管理软件；提出电子文件和数字档案管理的标准规范；主持或参与档案信息化科研工作；从理论和实践的结合上指导档案信息化工作的开展；培养档案信息化建设人才。当前，档案信息化研究者主要由档案信息化工作者和高校师生构成，他们有各自的优势，又各自存在理论与实践方面的不足，两类研究者强强联合、优势互补，可以促进理论和实践的紧密结合和良性互动。

2. 管理型人才

档案信息化是复杂的系统工程，需要实行严格的目标管理和精细的过程控制。管理型人才的主要责任是掌握国内外档案信息化建设的现状、经验教训、发展趋势；制定切实可行的档案信息化战略规划和实施方案；制定相关的管理办法和标准；组织、指挥、督促、指导本校的档案信息化工作；协调档案信息化建设和其他外部信息系统建设之间的关系；培养和使用档案信息化人才资源；有效筹集和合理使用信息化建设资金等。目前，各机构的档案信息化管理职能大多由档案管理人员承担，他们具有传统档案管理的理论知识和实践经验，但是，往往缺乏信息化知识和技能，又因公务繁忙，缺乏接受信息技术继续教育的机会，可能造成档案信息化管理上的缺位或错位。因此，亟待通过各种途径提高现有档案行政干部的信息化素养。

3. 操作型人才

档案信息化涉及的环节多、操作性强，则需要一大批既懂档案管理业务，又熟悉计算机操作技能的操作型人才。这类人才的主要责任是应用计算机网络技术，从事档案数据积累、归档、组卷（组件）、分类、编目、扫描、保管、鉴定、检索、数据备份等操作，他们的工作责任心和操作能力直接关系档案信息资源的安全、质量和价值，因此，要求他们具备强烈的信息安全意识、高度的工作责任心和熟练的操作技能。

4. 其他型人才

（1）法律人才

档案信息化建设，特别是网站建设，可能涉及保密、隐私保护、知识产权、合同管理、网络安全等法律问题，需要具有相关法律知识的人才提供法律支持。

（2）数据库管理人才

数据库的运行维护、资源配置、权限设置、数据迁移等都需要数据库管理的专业知识，此项工作往往由本校信息技术人员承担，若数据库服务器设在档案部门，档案部门也需要配备这样的专业人才。

（3）多媒体编研人才

高校档案馆需要配备必要的多媒体档案编研人才，以便从事对多媒体档案的收集、整理和编辑工作。值得指出的是，以上人才结构的落实，关键在于档案部门的岗位设置。由于各高校受人力资源编制的限制，以上人才岗位的设置，既可以是专职，也可以是兼职，但兼职不宜过多，以免影响专业能力的发挥。

三、加强档案信息管理资源共享

（一）明确信息公开内容

高校档案馆信息公开的内容主要包括以下两种类型：第一，高校应主动公开的信息；第二，公民、法人及社会组织申请公开的信息。《高等学校信息公开办法》规定的高校公开信息基本包括上述两类，在第七条对高校应该公开的12类信息进行了具体说明，在第九条中对需要申请公开信息的情况进行了规范说明。对高校公开信息以条目式方式进行罗列，是《高等学校信息公开办法》的进一步规范，与笼统说明式的条文相比，条目式方式具有更强的指向性与针对性，其操作性也相对较强。

首先，开放档案。《高等学校信息公开办法》所规定的 12 条公开信息主要从内容角度规定了应公开信息的内容，包含学校的基本概况、招生情况、规章制度、财务情况及采购情况等不同领域。从某种角度来讲，高校信息公开覆盖的范围非常广，可以说，除了涉及国家安全、个人隐私与商业机密的信息内容以外，其他内容均应公开。基于时间角度来考虑，高校信息公开覆盖的内容不可过分注重一个方面或仅仅设计现实时效信息，而是应涵盖信息运行全过程，除了包含现实时效的内容，还应包括以往经过历史沉淀的信息内容。而从信息需求现状及信息公开原则方面来考虑，高校信息公开内容也应同时涵盖历史档案信息与现实时效信息。从《高等学校信息公开办法》已经移交档案工作机构的高等学校信息的公开，按照有关档案管理的法律、法规和规章执行"的规定也能证明这一观点的合理性。

对于高校档案馆而言，档案信息资源是档案建设的重中之重，同时也能充分体现出高校的人文底蕴与文化内涵。在高校档案馆的信息公开实践中，档案信息资源作为信息公开的重要来源，也是档案馆参与信息公开最大的资本。在长期的历史发展过程中，高校会产生不同类型的信息记录，对高校的发展历程进行留存，可以说，高校档案馆信息资源是展示高校建设与发展的重要凭证，这从某种角度来讲，体现了高校档案馆实行信息公开的价值。需要注意的是，在高校档案馆参与信息公开的过程中，并非所有馆藏资源均可公开，要严格按照《中华人民共和国档案法》和《普通高等学校档案管理办法》的相关规定开展工作。也就是说，高校档案馆的开放档案应涵盖于信息公开范围内，这就决定了开放档案认定工作的关键性与重要性。为保证开放档案的信息安全，高校档案馆应专门组织档案开放认定小组，本着严谨、规范的工作态度，将档案馆内涉及国家机密、个人隐私及商业机密的相关信息排除在外，对档案信息密级范围进行明确划分，注明档案密级情况，只有标注为"公开"的档案资料才可对外公开。同时，应冲破以往保密惯性思维的约束，在工作实践中体现档案信息密级界定的意义，这对于在"文件"阶段即被公开的信息，归档后应按归档前的密级状态进行公开。

其次，现行文件。根据文件生命周期理论对文件运行阶段的划分可知：以文件运行阶段与价值作用为依据，可将文件划分为现行文件、半现行文件及历史保存文件。就高校档案馆而言，其现行文件资源囊括了档案馆收集的现行文件信息及经过归档后仍具限时效用的档案信息。从某种角度来讲，现行文件不仅体现了档案信息的时效价值，同时也对档案归档及时性提出了一定的要求。

最后，委托公开信息。《高等学校信息公开办法》规定：高等学校应当将学校基本的规章制度汇编成册，置于学校有关内部组织机构的办公地点、档案馆、图书馆等场所，提供免费查阅。由以上规定可看出，高校档案馆作为信息公开场所的法定地位得以明确，同时高校档案馆可对"学校基本的规章制度汇编成册"的成果进行公开。所以，高校档案馆除了要做好开放档案、现行文件的信息公开工作，还应进一步改进自身建设条件，接收高校委托公开的其他信息，使高校信息公开工作得以顺利实施。

（二）探索多种信息公开方式

在明确高校档案馆信息公开内容的基础上，应积极探索多种不同的信息公开方式，进而确保高校信息公开工作的顺利进行。

1.开拓网络平台

在信息时代背景下，网络技术日益进步，社会不同行业、不同领域对网络技术的应用越来越广泛，网络也成为信息传播的重要途径。与传统的信息传输方式相比，网络传输更加便捷、及时，同时与信息公开的内涵相契合。而《高等学校信息公开办法》对高校网站的建立也提出了一定要求，要求高校在网站上设置"信息公开专栏"，保证高校信息的公开性。在高校档案馆参与信息公开的过程中，充分开拓网络平台，建立信息发布网站，或在高校档案网站内设置信息公开栏，在对档案信息进行密级认定后，将可公开的档案信息发布在信息公开栏上，还可将高校需要公开发布的信息（例如现行文件等）发布在网站上，将原本单一的档案管理网站转变为兼具信息公开功能的综合平台。通过对网站平台的建设与拓展，不仅能促进高校信息公开工作的顺利实施，还能体现出高校档案信息管理工作具有极大的现实意义。

2.编辑官方出版物

在高校档案参与信息公开工作中，开拓网络平台，能够凸显网络便捷、及时的作用，但从另一角度来看，电子文件证据力远远不足，且网络传播容易受到安全威胁，导致网络平台信息不具法律效力。因此，在高校信息公开工作中应在重视网络平台建设的同时，探索更多的信息公开方式。而编辑官方出版物，其是一种与政府信息公开相类似的方式，能有效解决上述问题。在高校档案参与信息公开工作中，官方出版物的编辑应由高校或相关部门以高校名义公开出版对外信息。这类信息主要包括高校发展过程中重大活动的制度性信息，是从宏观角度对高校信息进行公开。高校档案馆在参与高校信息公开工作中，应积极参与到官方出版物的编撰工作中，选择恰当的主题主动编撰信息出版物。

3.设置专门的信息查阅场所

虽然网络平台能为用户提供便捷的检索体验与信息查询服务，但是传统的现场查阅方式也不能完全丢弃。信息查阅场所的设置作为现场查阅方式的重要途径之一，为网络信息检索能力不足、信息需求欠明确的用户带来良好的信息服务。对于高校档案馆而言，设置信息查阅场所并非难事，借助以往组织档案阅览活动的经验，将传统的档案阅览室改建为信息查阅场所，满足不同用户的信息查阅需求。

4.高校档案馆信息公开对象

在高校档案馆参与信息公开工作中，其面对的对象是整个社会的公民、法人及其他社会组织，信息公开应力争实现法律规定的最大公开范围。以上说法是基于宏观角度的一般性解读，而对于高校信息公开工作应具体问题具体分析，充分体现个体差异性。就公开对象的属性来讲，受众客体包括自然人、法人，而在具体实践中往往将其设定为单纯的自然人，而对于法人作为受众客体的角色通常被忽略。就高校信息公开对象而言，其受众主要界定为校内受众与校外受众，而信息公开方式也随之界定为校内公开与社会公开。就校务公开来讲，主要针对的是高校内部管理，为校内教职工参与高校事务管理带来便利，那么校内教职工就是校务公开的主要对象，信息公开精神则要力争实现校务信息在全校范围内的最大化传播，也在一定程度上体现了民众的知情权。

（三）强化基础设施建设力度

高校档案馆参与信息公开能使其功能得以拓展，自身形象得以重塑。要想保证高校信息公开工作的顺利进行，除了需要良好的外部环境以外，应对自身基础设施建设工作引起足够的重视。

1. 在高校范围内建立现行文件中心

在高校范围内建立现行文件中心，是对文件运行整体性特征的充分体现，也表明了对文件价值的高度重视。对于高校档案馆而言，虽然并非是现行文件的主要产生部门，但从某种角度来讲，其在实施现行文件信息公开工作上有一定的优势。就硬件建设层面而言，高校档案馆不仅具备开办档案阅览室的经验，而且还有各种功能不同的馆舍，将其中的闲置馆舍改建为现行文件中心并非难事。结合软环境层面而言，档案与文件存在着天然的联系，档案工作者凭借以往的档案管理工作经验，对现行文件的管理与提供利用服务工作更容易胜任。

就高校现行文件中心的具体建立与操作工作而言，首先，现行文件采集作为首要工作，可执行以部门主动报送为主、档案馆收集为辅的综合采集方式，要充分体现采集信息的系统化与信息化。部门主动报送应采用随时报送与定时报送相结合的形式，以具体信息内容为依据，科学选择报送方式。其次，对于采集信息的载体选择而言，应加强对电子文件的采集，减少重复采集工作，为信息网络化利用奠定良好的基础。再次，对于现行文件的整理工作，则应以文件内容与产生部门为参考，对现行文件公开目录进行科学编制，规范现行文件搜索指南，保证信息采集的系统化与全面化，为后期信息加工打下基础。最后，对于现行文件的发布，可通过上文提到的编辑官方出版物、开拓网络平台、设置专门的信息查阅场所等方式进行发布。在网络平台的使用过程中，尤其要注意体现信息使用的便捷性与传输的及时性，加强对文件信息的安全保护，避免产生信息泄露事件。

2. 注重对档案资料的密级鉴定

鉴定，即对档案的真假、价值进行科学判断。档案鉴定则是对资料信息能否成为档案及其档案价值的判断。档案鉴定对档案管理工作非常重要，应给予高度的重视。但就现实情况来看，当前的档案密级鉴定工作存在诸多问题，许多高校档案馆对此并未引起重视。在信息时代背景下，高校档案馆要想参与信息公开，就必须加强对档案资料的密级鉴定。具体而言，档案密级鉴定要严格遵照特定原则，对档案文件的保密等级予以科学鉴别与确定，明确档案使用范围，科学处理档案资料保密与利用之间的协调关系，确保档案管理与利用工作的稳定运行。

对于高校档案馆而言，档案密级鉴定是其参与信息公开的重要环节，在确保密级鉴定工作实效的基础上，才能有效落实信息公开工作。在具体的操作中，应做到以下三点：一是建立健全密级鉴定制度。制度的建立是保证实践工作实效的重要基础，离开规范的制度，就无法保证实践工作的实效。当前阶段，国家对密级鉴定工作并未给出统一规定，在此背景下，高校应以本校具体实践情况为依据，建立科学规范的密级鉴定制度，对密级等级划分标准进行明确规定，保证密级鉴定制度的有效、可行。二是加强与相关部门的交流与合作。对高校档案馆而言，虽然有丰富的文档信息管理工作经验，但在信息公开工作中，各类文件信息出自高校的各个部门，要想保证密级鉴定工作规范性，就必须加强与其他相关部门的协调与合作，组成档案密级联合鉴定机构，共同实施密级鉴定工作。三是加强密级鉴定动态机制的建设。在档案密级鉴定工作中，应加强动态管理，明确界定密级档案，在档案管理系统中明确规定档案信息密级及解密时间，为是否再次进行密级鉴定提供依据，杜绝"一次定终身"现象的出现。

3.将信息公开理念融入数字档案馆的建设工作中

在信息时代背景下，数字档案馆的建设不仅依赖于信息技术的支持，还需要先进的管理理念做指引。现如今信息公开已经成为一大发展趋势，高校应将信息公开理念融入数字档案馆的建设工作中去，促进档案馆的进一步发展与建设。

在数字档案馆的建设工作中，应做到：一是明确信息公开理念，在加强档案馆技术革新的同时，引进先进的管理理念，充分认识到信息公开对档案馆建设产生的价值，并引起足够的重视。二是将信息公开内容展现在档案馆建设中，例如，在文档管理系统中设置数据接口，为文档管理系统的无缝链接提供关键途径；将信息密级鉴定内容列在档案管理系统中，为档案信息公开工作的顺利进行奠定良好的基础；将现行文件、档案信息公开展示在数字档案网站中，为高校信息公开提供良好的发布平台。

参考文献

[1] 江莹.基于信息资源建设与读者服务的高校图书馆发展研究 [M].长春：吉林大学出版社，2020.

[2] 段琼慧.高校图书馆读者服务研究 [M].西安：三秦出版社，2020.

[3] 周斌.高校图书馆读者服务工作拓展与创新 [M].北京：现代出版社，2020.

[4] 高树超.杨永华.智慧时代高校图书馆服务创新与发展研究 [M].北京：原子能出版社，2020.

[5] 施纳.高校图书馆服务与大学生入馆教育研究 [M].沈阳：辽海出版社，2020.

[6] 田杰.高校图书馆服务体系研究 [M].长春：吉林科学技术出版社，2020.

[7] 穆桂苹.王鸿博.崔佳音.图书馆管理与阅读服务研究 [M].沈阳：辽海出版社，2020.

[8] 余晓华.高校图书馆信息资源建设与服务 [M].郑州：中原农民出版社，2020.

[9] 周文学.顾洁.大数据时代高校图书馆智慧化服务 [M].哈尔滨：哈尔滨出版社，2020.

[10] 王振伟.新时期高校图书馆读者服务工作研究 [M].北京：北京理工大学出版社，2019.

[11] 周甜甜.高校图书馆管理与读者服务研究 [M].延吉：延边大学出版社，2019.

[12] 肖竹青.高校图书馆文献采编与读者服务研究 [M].北京：企业管理出版社，2019.

[13] 黄娜.高校图书馆与学科建设 [M].长春：吉林人民出版社，2019.

[14] 张理华.大数据时代高校图书馆信息服务创新研究 [M].北京：北京理工大学出版社，2019.

[15] 张丰智.李建章."双一流"建设背景下高校图书馆建设与服务 [M].北京：北京邮电大学出版社，2019.

[16] 陶海柱.杨林霞.协同创新视角下高校图书馆基于 MOOCs 及 SPOCs 的服务研究 [M].南京：河海大学出版社，2019.

[17] 董伟.新媒体时代图书馆管理与服务研究 [M].长春：吉林人民出版社，2019.

[18] 过仕明.图书馆移动服务模式和质量评价研究 [M].哈尔滨：黑龙江人民出版社，2019.

[19] 李鹤飞.李宏坤.袁素娟.高校图书情报与档案信息管理 [M].北京：经济日报出

版社，2017.

[20] 杨政婷．高校档案管理与创新 [M].北京：中国建材工业出版社，2017.

[21] 陈海燕著．高校档案管理研究 [M].长春：吉林大学出版社，2017.

[22] 许文霞．高校档案管理与数字档案馆建设 [M].北京：九州出版社，2017.

[23] 乔硕功．湖南高校档案管理研究与实践第 1 辑 [M].长沙：中南大学出版社，2017.

[24] 魏娟．高校档案管理的理论与实践研究 [M].长春：吉林大学出版社，2017.

[25] 温海萍．互联网视域下我国高校档案管理探索 [M].中国原子能出版社，2017.

[26] 韩雅倩．新时代高校档案管理科学发展研究 [M].北京希望电子出版社，2017.

[27] 赵红霞．高校电子档案管理基础 [M].长春：吉林大学出版社，2017.

[28] 钱震华．汤涛．徐国明．上海高校档案管理研究与实践 [M].上海：上海三联书店，2016.

[29] 刘健美．信息安全视域下高校档案管理研究 [M].北京：国家行政学院出版社，2016.

[30] 孙璐．陈秀丽．刘建巍．高校图书情报与档案信息管理 [M].北京：光明日报出版社，2016.